阿克陶县阔什乌托克达坂

阿克陶县木吉河谷

阿克陶县木吉乡火山口

阿克陶县恰尔隆河谷

阿拉尔市十四团古河道附近的胡杨林

策勒县达玛沟

和静县巴仑台镇

和静县巴音布鲁克镇额尔宾山

和静县察汗努尔达坂

喀什市其尼瓦克英国驻喀什办事处旧址

库车市龟兹故城遗址

库车市克孜尔尕哈烽燧

库车市苏巴什佛寺遗址

民丰县博物馆藏尼雅遗址棉花

皮山县藏桂乡古河道

若羌县米兰佛塔遗址

莎车县赛义德汗麻扎

莎车县叶尔羌河阿热塔什段

疏附县克孜勒苏河

塔什库尔干河与叶尔羌河汇合处

塔什库尔干县库科西鲁格乡

塔什库尔干县提孜那甫乡

尉犁县墩阔坦乡塔里木河段

塔什库尔干县瓦恰乡

尉犁县孔雀河下游

尉犁县营盘古城遗址

温宿县托木尔峰

焉耆县七个星佛寺遗址

本书获国家自然科学基金青年项目
"汉唐时期环塔里木盆地文化地理研究"（41901163）资助

汉唐时期环塔里木盆地文化地理研究

张 弛 著

图书在版编目（CIP）数据

汉唐时期环塔里木盆地文化地理研究／张弛著. —北京：商务印书馆，2023
ISBN 978-7-100-22775-9

Ⅰ.①汉… Ⅱ.①张… Ⅲ.①塔里木盆地－历史地理－研究－汉代-唐代②塔里木盆地－文化地理学－研究－汉代-唐代 Ⅳ.①K924.5

中国国家版本馆CIP数据核字（2023）第142410号

权利保留，侵权必究。

汉唐时期环塔里木盆地文化地理研究
张　弛著

商 务 印 书 馆 出 版
（北京王府井大街36号　邮政编码 100710）
商 务 印 书 馆 发 行
三河市尚艺印装有限公司印刷
ISBN 978－7－100－22775－9

2023 年 12 月第 1 版　　开本 880×1230　1/32
2023 年 12 月第 1 次印刷　印张 9 1/4　彩插16

定价：60.00 元

目录

绪　论 ... 1
　一、引言 ... 1
　二、研究综述 ... 2
　三、研究方法 ... 5

第一章　"楼兰路"史迹补遗 ... 7
　一、"楼兰路"的开通 ... 7
　二、考古所见唐代"楼兰路" ... 13
　三、"楼兰路"详程 ... 22
　四、小结 ... 28

第二章　裕勒都斯草原的古代交通 ... 31
　一、裕勒都斯草原地理概况 ... 31
　二、与天山走廊的交通 ... 36
　三、与伊犁河谷的交通 ... 42
　四、与塔里木盆地的交通 ... 46
　五、与吐鲁番盆地的交通 ... 57

第三章 龟兹交通路线考 66
一、龟兹境内的主要交通路线 68
二、"阿奢理贰伽蓝"方位与龟兹寺窟的空间组合 104
三、安西路绝归不得——吐蕃占领安西四镇问题再探 119

第四章 古代疏勒的交通 136
一、克孜勒苏河流域的交通 136
二、叶尔羌河流域的交通 146

第五章 帕米尔高原古代交通路线调查 160
一、阿克陶县西段的考察 161
二、塔什库尔干县古道考察纪要 170
三、阿克陶县南部的路线调查 177
四、考察后记 181

第六章 古代于阗的交通 187
一、于阗交通路线补证 189
二、玄奘在于阗——于阗史地札记 225

第七章 古代且末的交通 245
一、且末—若羌道 248
二、且末—于阗道 253
三、小结 257

结　语 259
参考文献 261
附　录　尼雅遗址棉桃碳十四数据（BETA 实验室提供）................ 272
后　记 274

绪　论

一、引言

"丝绸之路"研究是国际学界长期关注的学术课题,是一门探究"全人类共同文化遗产"的学问。"丝绸之路"并非一条简单而单一的道路,而是一种将不同文明相联系的动态的文化现象,体现出高度的流动性与交互性。深入剖析"丝绸之路"的历史,感受不同种族、民族、国家之间"你中有我,我中有你"的文明内涵,无疑有助益于建立一种"和谐、平等、博爱"的人类文明新秩序。

2013年,我国政府提出与世界各国共建"丝绸之路经济带"和"21世纪海上丝绸之路"的倡议后,国内外学界掀起了一场探讨"丝绸之路文明"的新热潮。新疆塔里木盆地位于陆上"丝绸之路"的关键节点,西邻中亚五国,北临南西伯利亚,南望南亚次大陆,东接青藏高原与河西走廊,居于欧亚大陆的腹地中心,是古代东西方文化交流的十字路口与"世界四大文明"的交汇之地。自汉代起,中央政府便在塔里木盆地北缘的轮台设立西域都护府,统辖天山南北的广大区域。唐代又在龟兹(今库车市)设立安西都护府,管辖塔里木盆地及周缘地区,并派驻大量士卒屯田驻守,维护丝路畅通。清代在平定准噶尔部及"大小和卓"叛乱之后,仍将西域的治理和经营视为"关乎国运"的头等大事。从政治和经济意义上讲,新疆的长治久安与中华民族的伟大复兴紧密相连。尤其是近年来，国际局势风云变幻，新疆作为"陆上丝绸之路经济带"的桥头堡，其战略地位自然不言而喻。

因此，对汉唐时期塔里木盆地文化地理的研究，能为新时期新疆地区的治理与开发提供一定的学术支持，也是时代发展的必然需要。有鉴于此，笔者尝试撰写一部较为完整、系统探讨塔里木盆地历史交通路线的综合性著作，希望对当今我国的"治疆方略"提供一定的借鉴与参考。

二、研究综述

由于地缘政治的重要性，环塔里木盆地的交通路线一直受到历代中央王朝的重视。自司马迁的《史记》开始，历代史籍都对新疆地区的文化、地理、经济、交通、人口等信息加以记载。我国近代学者的研究发端于清代乾嘉学派，尤以徐松的《西域水道记》《汉书西域传补注》《新疆识略》等为代表，加之大量官修图志及方志（《西域图志》《新疆图志》《新疆乡土志稿》等）、宦游遣戍札记（《莎车行记》《荷戈纪程》《辛卯侍行记》等）资料，构成了一套特定的学术研究传统，体现出"经世致用"的时代特点及精神实质。这一时期的著述，主要集中于对古代史籍的补证和考订，仍属于传统堪舆学、史学及金石学的范畴，考古学、人类学、自然地理学等近代西方科学尚未东渐，大体上仍处于近代学术的萌芽状态。

19 世纪中叶至 20 世纪初，西方探险家纷至沓来，部分考察与探险也涉及塔里木盆地古代文化与交通线路的考察，如斯文·赫定（Sven Hedin）、斯坦因（Aurel Stein）、伯希和（Paul Pelliot）、大谷光瑞（Otani Kozui）等。此类探险虽已具备近代学术的文化视野，但多以盗取劫掠文物为目的，尽管有考察报告、研究著作问世，但整体结构零乱松散，缺乏系统的研究体系。这一时期，较为著名的国外学者有沙畹（Chavannes）、马伯乐（Henri Maspero）、羽田亨、松田寿男等，主要围绕西域史地、佛教东传、胡语文书等领域进行探讨，可以视为"西学东渐"的开端。

20世纪20年代，国内学者怀着"边疆危机"的紧迫感，开始关注新疆塔里木盆地历史地理的相关问题。1927年袁复礼、丁道衡、陈宗器、黄文弼、徐炳昶等学者参与"中国西北科学考察"活动，开始将自然地理与历史地理、考古学等研究相结合，探讨了汉代西域诸城邦的地理分布、张骞出使西域的交通路线、两汉"丝绸之路"的交通路线、罗布泊位置的变迁、新疆汉唐碑刻的历史背景，以及汉晋西域屯田的相关问题等，开创了国内学界以科学视角探讨西域史地的先河，强调实地调查与文献研究相结合的学术理念。但受到国内时局与学科认识的限制，上述研究仍缺乏科学翔实的考古发掘与观测数据，对于胡语文书的解读仍依赖于境外汉学界，尚未建立起成熟的学术理论框架与研究方法体系。

20世纪50—80年代，在新疆考古工作者的努力下，塔里木盆地及周缘区域发现了大量汉唐时期屯田、烽燧、戍堡、墓葬、佛寺、古城等遗迹，并伴随有大量文物出土。这一时期，马雍、王炳华、苏北海、陈戈等学者，结合史料与考古发现，探讨了"伊逻卢城""危须都城""雀离关""柘厥关""盐水关""铁门关""白马渡"等塔里木盆地区域内重要的古城、关隘等遗址的空间方位。宿白、阎文儒、霍旭初等学者对塔里木盆地各绿洲的佛寺、石窟等进行了研究。唐长孺、吴震等利用吐鲁番文书对唐代西域历史地理的若干问题进行了讨论。方豪、岑仲勉、周连宽、史念海、严耕望等对汉唐时期塔里木盆地交通线路变迁进行了分析。季羡林、耿世民等学者对新疆出土的胡语文书进行了初步解读。整体而言，这一时期的学术成果主要基于考古学、历史地理学的学科考量，实地考古调查与发掘仍略显不足，涉及的科技考古成果较为有限，许多问题仍有商榷的空间。

90年代至今，随着科学技术的不断发展，科技考古成果被逐步应用于历史地理、环境考古当中，为研究历史交通变迁提供了新视角。另外，各种专题性调查（"中日尼雅遗址联合考察""楼兰地区古代交通遗迹调查"等）和全国性不可移动文物普查（"第二次不可移动文物普查"和"第三次不可移动文物普查"），已将研究范围覆盖至塔里木盆地及周缘各地，新发现大量墓地、古城、烽燧及屯田遗址，积累了丰富的考古信息。近10年来，新疆维吾尔自治区文物局又启动了"新疆第一次可移动文物普查""新疆境内长城资源调查"等工作，为研究提供了新资料。

这一时期的主要学者，包括孟凡人、林梅村、杨铭、荣新江、刘安志、庆昭蓉、朱丽双、付马等，其研究综合了汉、胡语文书（佉卢文、龟兹文、于阗文、吐蕃文、回鹘文等）研究，涉及安西大都护治所、乌垒州城及关戍遗址、"故达干城"、"白寺城"等诸多问题，偏重于将语言学、历史学、考古学与历史地理学相结合，解决了许多历史遗留问题，但仍缺少系统性的著述，侧重点主要集中于龟兹、于阗及帕米尔高原，对于焉耆、疏勒以及塔里木盆地东部关注较少。

综上所述，我国的历史地理学源自中国传统史学的"舆地之学"，作为现代学术发轫于20世纪初。自诞生以来，许多学者对西域史地与中西交通作了诸多开创性的研究，如冯承钧、张星烺、岑仲勉、黄文弼、谭其骧、史念海等的筚路蓝缕之功，为后世之研究奠定了学术基础。20世纪50年代以来，西方人文社会科学受到新马克思主义、科学主义、后结构主义等文化思潮的影响，出现了明显的"文化转向"。其最突出的特点是将大量自然科学与社会科学的理论与方法，引入人文领域的最前沿，形成了更为广阔的研究视阈与前景。从当前的学术发展来看，汉唐时期环塔里木盆地历史地理的研究成果，主要集中于三个方面：时空分布的个案考察，突出对于"点"的某一时段的研究，如关隘、寺院的考证，此类研究较为细致，但具有一定的"碎片化"倾向；区域性的历史地理研究，主要侧重于交通线路、关防体系的分析，具有一定的宏观视角，但对时空变化的影响因素涉及较少；某一区域的整体性研究，如帕米尔高原、于阗、龟兹等区域的综合研究，此类研究难度较大，需要结合多学科的成果。因此，从未来的学科发展趋势来看，依靠单一的学科背景已不能满足学术研究的要求。打破学科壁垒，融合考古学、历史学与自然科学的综合研究，强调实地的田野调查，将成为未来学术发展的新方向。这也是本书努力尝试的一个重要方向。

三、研究方法

（一）历史文献法。包括对史料的收集、辑录、考证、分析和运用等的一般方法。目前，有关新疆史地文献的整理和公布已较为完备，特别是清代及民国时期的官修图志、宦成游记等，值得格外关注。另外，出土文献的整理和刊布也成果斐然，涉及汉文、佉卢文、龟兹文、于阗文、吐蕃文、回鹘文等多种语言文字，将不同类型的文献结合起来，相互补证，具有重要的学术意义与价值。

（二）考古学研究法。用于对各种形式的考古资料和研究成果的整理，是边疆史地研究不可或缺的方法。对历史研究而言，考古资料都属于"粗料",需作"专业的制备"使之变为史料,其基本内容是考古类型学和年代学的方法。同时利用文献资料与地下出土文物相结合的"二重证据法",去粗取精,去伪存真。另外,考古资料亦能补充文献记载的不足之处,特别是涉及出土文物的分析研究,如服饰、图像、建筑、钱币及艺术品等,都具有特别的研究意义。

(三)田野调查法。通过实地考察、调研来发现问题,除了有助收集客观真实的研究资料外,更重要的是为研究者提供研究的"蓝图",从而达到对史料和考古学材料的深度分析和阐释。另外借助中程理论(The Middle Range Theory)"从静态的现象来解释过去久已消失的动态原因",可以通过民族志与人类学调查材料,解决现实研究中难以理解的现象和问题,建立起沟通古今的认知桥梁。

第一章 "楼兰路"史迹补遗

2019—2022年，国家文物局及新疆文物考古研究所相继公布了尉犁县克亚克库都克烽燧遗址的部分考古成果，其中多件文书、木简涉及唐代孔雀河沿线交通及烽燧的相关情况，证实了唐代"楼兰路"的存在[①]。过去学界普遍认为：376年前秦灭前凉后，楼兰路已渐失交通要道的作用。至隋末"大碛道"关闭，此路线已基本废弃[②]。本章结合文献史料及近年的考古发现，对唐代楼兰路的通行路线及其历史状况进行再探讨。

一、"楼兰路"的开通

"楼兰路"的开通，最早可上溯至青铜时代至早期铁器时代。自2016年起，西北大学文化遗产学院、北京科技大学科技史与文化遗产研究院、新疆文物考古研究所等单位，在若羌县罗布泊镇黑山岭绿松石矿遗址（北纬41°22′40″—41°1′55″，东经92°51′55″—93°4′11″）发现大量骟马文化、火烧沟文化类型的彩陶[③]，可能属于早期"玉石之

---

① 新疆维吾尔自治区文物考古研究所：《新疆尉犁县克亚克库都克唐代烽燧遗址》，《考古》2021年第8期，第23—44页。
② 孟凡人：《丝绸之路史话》，北京：社会科学文献出版社，2014年，第126页。
③ 西北大学文化遗产学院、北京科技大学科技史与文化遗产研究院、新疆文物考古研究所：《新疆若羌黑山岭古代绿松石矿业遗址调查简报》，《文物》2020年第8期，第4—13页。

路"的一部分。根据殷墟妇好墓出土的和田玉判断,至少在商代已存在沟通塔里木盆地与黄河流域的商业贸易[1],在地理空间上完全涵盖了楼兰路的范围。

楼兰路的正式记载始于西汉武帝时期,是当时"政治因素与自然因素的综合使然"[2],也是最早的丝绸之路干道之一。自李广利伐大宛起,汉朝通西域的主要道路即为楼兰路。《汉书·西域传》载:"自敦煌西至盐泽,往往起亭,而轮台、渠犁皆有田卒数百人,置使者校尉领护,以给使外国者。"[3]楼兰路沿线有驻军屯田,用以确保道路的畅通[4]。

楼兰路在汉晋时期被称为"中道"。《魏略·西戎传》载:"从玉门关西出,发都护井,回三陇沙北头,经居庐仓,从沙西井转西北,过龙堆,到故楼兰,转西到龟兹,到葱岭,为中道。"[5]唐代杜佑《通典》亦执此说[6]。东汉时期,班勇建议驻军楼兰以控其道,"遣西域长史将兵五百人屯楼兰,西当焉耆、龟兹径路,南强鄯善、于阗心胆"[7],证明楼兰路是汉代中央政府经营塔里木盆地的主要通道。考古所见土垠遗址、LE古城、LA古城、孤台墓地、平台墓地、老开屏墓地、营盘古城等汉晋遗存,均可与史料记载相互佐证[8]。

陈宗器等认为,都护井位于敦煌汉长城以西的榆树泉一带[9]。《汉

---

[1] 王巍:《考古勾勒出的汉前丝绸之路》,《光明日报》2013年12月14日,第12版。
[2] 纪宗安:《9世纪前的中亚北部与中西交通》,北京:中华书局,2008年,第68—69页。
[3] (汉)班固撰,(唐)颜师古注:《汉书》,北京:中华书局,1964年,第3873页。
[4] 羊毅勇:《从考古资料看汉晋时期罗布淖尔地区与外界的交通》,《西北民族研究》1994年第2期,第28—29页。
[5] (晋)陈寿撰,(南朝宋)裴松之注:《三国志》,北京:中华书局,1964年,第859页。
[6] (唐)杜佑:《通典》,北京:中华书局,1988年,第5194页。
[7] 罗振玉、王国维:《流沙坠简》,北京:中华书局,1999年,第25页。
[8] 王炳华:《西域考古文存》,兰州:兰州大学出版社,2011年,第100页。
[9] 陈宗器:《罗布泊与罗布荒原》,《地理学报》1936年第3卷第1期,第3页。林梅村:《楼兰国始都考》,林梅村著《汉唐西域与中国文明》,北京:文物出版社,1998年,第279—289页。

书·西域传》《魏略·西戎传》所言"三陇沙",《水经注》作"三沙",《肃州新志》作"三断山",即今新疆甘肃交界处疏勒河以西的沙漠。《水经注》载:"(蒲昌海)水积鄯善之东北,龙城之西南。……西接鄯善,东连三沙。"[1]《肃州新志》载:"所谓玉门关外,有三断山,石极大,世谓之三陇山是也。"沙西井,学界认为即今陷车泉或甜水井[2]。笔者浅见,上述水源地位置均过于偏北,非沙西井所在地。

居卢(訾)仓,即今土垠遗址,1930年由黄文弼在罗布泊北岸首次发现。土垠遗址位于若羌县铁板河旁的一处台地上,见多处房屋、烽燧、城墙等建筑遗址,地表散落大量木构件、芦苇和苜蓿等[3]。据土垠汉简13"居卢訾仓以邮行"、简15"河平四年十一月庚戌朔辛酉别守居卢訾仓车师戊校"、简16"交河曲仓守丞衡居卢訾仓"、简17"元延五年二月甲辰朔己未□土□尉临居卢仓以……,即日到守□"等可知,土垠遗址即居卢(訾)仓,年代为汉黄龙元年(前49)至王莽时期。

龙堆,又称"白龙堆",位于罗布泊东北岸一带。《汉书·西域传》孟康注曰:"卑鞮侯井,大井六通渠也。下泉流涌出,在白龙堆东土山下。"《水经注》作"姜赖",阿尔泰语对音Chianglokmal,意为"龙马","龙城"之称即来源于此。《汉书西域传补注》曰:"按,即今噶顺沙碛。"清代《若羌县图》将白龙堆标为"库木塔哈",岑仲勉释作Karakashun,即盐卤、沙碛之地。

---

[1] (北魏)郦道元著,陈桥驿校证:《水经注校证》,北京:中华书局,2013年,第40页。
[2] 中国科学院新疆分院罗布泊综合科学考察队:《罗布泊科学考察与研究》,北京:科学出版社,1987年,第64页。
[3] 黄文弼:《黄文弼历史考古论集》,北京:文物出版社,1989年,第386页。

至前凉时期，由于孔雀河改道，原经 LK 遗址的路线被迫废弃。据《李柏文书》可知，西域长史府治所已迁至海头[1]。海头，即日本学者山章重雄确认的 LA 遗址。1910 年，日本大谷光瑞探险队成员桔瑞超（Tachibana Zuicho）在 LA 发现了《李柏文书》[2]，是前凉西域长史李柏写给焉耆王龙熙的两封书信草稿，内容提及"今奉台使来西，月二日到此"字样。第一件"此"字被圈去，旁注"海头"二字。另一件写为"月二日来到海头"。王国维认为："此地决非楼兰，其地当前凉之世，实名海头。"从《李柏文书》"取道北虏"可知，由 LA 遗址经小河西北古城沿孔雀河西去焉耆的道路，已渐被伊吾—高昌—焉耆的路线取代[3]。近年咸水泉古城的发现表明，途经海头的路线与途经高昌的路线曾同时使用[4]。由此可知，自魏晋以来以罗布泊为交汇点的交通状况虽有变化，但楼兰路仍是经营塔里木盆地的重要通道[5]。

北魏时期，楼兰路因罗布泊水域及地理位置的变化，衍生出新的交通路线。楼兰路从敦煌出发，向西南先抵达鄯善，再由罗布泊西岸北上，沿孔雀河向西进入焉耆，即《魏书·西域传》所载焉耆"东南去瓜州二千二百里"之路程[6]，中原高僧西行求法多走此路线。400 年，法显由敦煌出发，"行十七日，计可千五百里，得至鄯善国……复西北行十五日，到焉夷国（焉耆）"[7]。404 年，释智猛从长安出发，

---

[1] 侯灿：《论楼兰城的发展及其衰废》，《中国社会科学》1984 年第 2 期，第 155—171 页。
[2] 关于《李柏文书》出土地点的争论，详见郝树声：《楼兰遗址百年争论概述》，《中国史研究动态》2010 年第 6 期，第 24—27 页。
[3] 吕厚远、夏训诚等：《罗布泊新发现古城与 5 个考古遗址的年代学初步研究》，《科学通报》2010 年第 3 期，第 237—245 页。
[4] 胡兴军、何丽萍：《新疆尉犁县咸水泉古城的发现与初步认识》，《西域研究》2017 年第 2 期，第 122—125 页。
[5] 侯灿：《高昌楼兰研究论集》，乌鲁木齐：新疆人民出版社，1990 年，第 234 页。
[6] （北齐）魏收：《魏书》，北京：中华书局，1974 年，第 2265 页。
[7] （晋）释法显撰，章巽校注：《法显传校注》，上海：上海古籍出版社，1985 年，第 7—9 页。

出阳关，经鄯善抵达龟兹、于阗等地。《高僧传》载：释智猛"出自阳关，西入流沙，凌危履险，有过前传。遂历鄯善、龟兹、于阗诸国，备瞩风化"[①]。

北魏时期，万度归有关西域的两次军事行动均与楼兰路有关[②]：

（一）太平真君三年（442），北凉沮渠无讳为避北魏军锋芒，弃敦煌，破鄯善，西进焉耆。《魏书》载："无讳遂谋渡流沙，遣安周西击鄯善，鄯善王恐惧欲降，会魏使者劝令拒守，安周遂与连战，不能克，退保东城。"[③]万度归沿楼兰路西进，降服鄯善。故《魏书·西域传》载："世祖诏散骑常侍、成周公万度归乘传发凉州兵讨之，度归到敦煌，留辎重，以轻骑五千渡流沙，至其境。"[④]

（二）太平真君九年（448），北魏万度归二次西征，从敦煌出发击破焉耆，设焉耆仓，亦沿用楼兰路这一通道。据《魏书·西域传》载："世祖怒之，诏成周公万度归讨之，约赍轻粮，取食路次。度归入焉耆东界，击其边守左回、尉犁二城，拔之，进军向员渠。鸠尸卑那以四五万人出城，守险以拒。度归募壮勇，短兵直往冲，鸠尸卑那众大溃，尽虏之，单骑走入山中。度归进屠其城，四鄙诸戎皆降服。焉耆为国，斗绝一隅，不乱日久，获其珍奇异玩殊方谲诡不识之物，橐驼马牛杂畜巨万。"[⑤]

隋代，楼兰路又称"碛路"或"大碛道"。隋大业五年（609）设鄯善、且末、西海、河源等郡，"自西平临羌城以西，且末以东，祁

[①] （南梁）慧皎撰，汤用彤校注，汤一玄整理：《高僧传》卷3，北京：中华书局，1992年，第125页。
[②] 羊毅勇：《论汉晋时期罗布淖尔地区与外界的交通》，穆舜英、张平主编《楼兰文化研究论集》，乌鲁木齐：新疆人民出版社，1995年，第300—315页。
[③] （北齐）魏收：《魏书》，北京：中华书局，1974年，第2210页。
[④] （北齐）魏收：《魏书》，北京：中华书局，1974年，第2261页。
[⑤] （北齐）魏收：《魏书》，北京：中华书局，1974年，第2265—2266页。

连以南，雪山以北，东西四千里，南北二千里，皆为隋有"[1]。《隋书·地理志》载："鄯善郡，大业五年平吐谷浑置，置在鄯善城，即古楼兰城也。并置且末、西海、河源，总四郡。有蒲昌海、鄯善水。统县二，显武、济远。"[2] 由此可知，隋对鄯善、且末的经营借助了楼兰路的部分通道。《旧唐书·西戎传》载，贞观六年（632），"（焉耆王）突骑支遣使贡方物，复请开大碛路以便行李，太宗许之。自隋末罹乱，碛路遂闭，西域朝贡者皆由高昌"[3]。由于焉耆与高昌的敌对关系，焉耆使者只能择大碛路东行。《资治通鉴》载："焉耆王突骑支遣使入贡。初，焉耆入中国由碛路，隋末蔽塞，道由高昌。突骑支请复开碛路以便往来，上许之，由是高昌恨之，遣兵袭焉耆，大掠而去。"[4]

除隋末战乱，楼兰路始终处于通行状态。由敦煌可直抵焉耆，不必绕行高昌。至唐代，楼兰路可分为两条主线：

（一）原西汉开通的楼兰路及其后的衍生路线。由敦煌向西北，出玉门关，沿疏勒河故河道西行至罗布泊北岸，再溯孔雀河而上至焉耆，即学界所述《魏略·西戎传》之"中道"[5]。严耕望指出："沙州至焉耆，亦有捷道，不经高昌，称为大碛路；惟行程不详。可能即汉开西域时之北道欤？"[6]

（二）以石城镇为枢纽，先由敦煌至石城镇，再绕行罗布泊南岸，

---

[1] （唐）魏徵等：《隋书》，北京：中华书局，1982年，第1845页。
[2] （唐）魏徵等：《隋书》，北京：中华书局，1982年，第816页。
[3] （后晋）刘昫等撰：《旧唐书》，北京：中华书局，1975年，第5301页。
[4] （宋）司马光撰，（元）胡三省注：《资治通鉴》，北京：中华书局，1956年，第6096页。
[5] 郑炳林：《试论唐贞观年间所开的大碛路——兼评〈大唐西域记史地研究丛稿〉》，《敦煌学辑刊》1985年第1期，第121—129页。
[6] 严耕望：《唐代交通图考》第2卷，上海：上海古籍出版社，2007年，第478页。

沿孔雀河西行至焉耆的道路。石城镇，又作鄯善城[①]，即今若羌县且尔乞都克古城。王素指出，此路线在唐朝是"畅通的"[②]。据敦煌文书P.5034《沙州地志》载，从石城镇"一道北去焉耆一千六百里，有水草，路当蒲昌海，度计戍河"[③]。学界指出，《沙州地志》文字出自《沙州图经》卷五，唐代前期已成书，说明石城镇交通地位的重要性[④]。

唐朝平定高昌后，长期以吐鲁番盆地为经营西域的战略中心，借此沟通天山南北之交通。唐初，罗布泊及周边有大量粟特人活动，建有弩支城、七屯城、石城镇等聚落[⑤]。《新唐书·地理志》载："又一路自沙州寿昌县西十里至阳关故城，又西至蒲昌海南岸千里。自蒲昌海南岸，西经七屯城，汉伊修城也。又西八十里至石城镇，汉楼兰国也，亦名鄯善，在蒲昌海南三百里，康艳典为镇使以通西域者。又西二百里至新城，亦谓之弩支城，艳典所筑。"[⑥] 因此，唐代粟特商队仍在利用楼兰路从事贸易活动。关于唐代楼兰路的具体里程，史籍多有缺载，而克亚克库都克烽燧遗址的考古发现，为上述研究提供了契机。

二、考古所见唐代"楼兰路"

克亚克库都克烽燧位于尉犁县古勒巴格乡兴地村西南 57 千米的

---

① 荣新江、文欣：《"西域"概念的变化与唐朝"边境"的西移——兼谈安西都护府在唐政治体系中的地位》，《北京大学学报》2012 年第 4 期，第 113—119 页。
② 王素：《高昌史稿·交通篇》，北京：文物出版社，1998 年，第 146 页。
③ 郑炳林校注：《敦煌地理文书汇辑校注》，兰州：甘肃人民出版社，1989 年，第 48 页。
④ 荣新江：《汉唐文献对"丝绸之路"的记载》，《丝路文明》第五辑，上海：上海古籍出版社，2020 年，第 49 页。
⑤ 荣新江：《西域粟特移民聚落考》，马大正等主编《西域考察与研究》，乌鲁木齐：新疆人民出版社，1994 年，第 157—172 页。
⑥ （宋）欧阳修、（宋）宋祁等撰：《新唐书》，北京：中华书局，1975 年，第 1151 页。

荒漠洪积扇处，北依库鲁克塔格（Kuruk tagh）山前地带，南距孔雀河北岸10千米，西侧0.1千米为孔雀河故道，东南47千米为营盘古城①，北距通往吐鲁番盆地的"墨山国之路"约17千米，发掘者认为是唐代焉耆守军所辖"沙堆烽"②。库鲁克塔格，又称"沙山"，位于吐鲁番盆地以南至尉犁东缘的孔雀河谷地带，东西长约400公里，南北宽约40—60公里。《西域图志》卷二十三载："沙山，在博斯腾淖尔南一百二十里，为哈喇沙尔（焉耆）之南屏。"③孔雀河下游河道，又作"库鲁克河"。

克亚克库都克沿线共有烽燧13座，沿孔雀河故道一线摆列，分布于尉犁县至库尔勒市境内，是控制楼兰路、墨山国之路的重要军事设施。

孔雀河沿线烽燧群概况④

序号	烽燧	位置	具体情况
1	脱西克	尉犁县古勒巴格乡兴地村西南40千米	台体底边长10米，顶边长7米，高8.6米，内填黄土，外用土坯、芦苇砌筑，其上有三角形孔。围墙呈方形，边长约25米。
2	脱西克西	尉犁县古勒巴格乡兴地村西南53千米	已坍塌，残长27米，宽17.6米，高7.3米，台体内填黄土，外用土坯、芦苇砌筑，周围见大量碎石、陶片及骨渣。
3	克亚克库都克	尉犁县古勒巴格乡兴地村西南57千米	平面呈正方形，底边长6.2米，残高3.3米，外层土坯垒砌，内层芦苇叠筑，四周有护墙，内见居住遗迹。护墙外以南15米，见南北向"虎落"设施。

---

① 胡兴军：《孔雀河烽燧群调查与研究》，中国社会科学院考古研究所主编《汉代西域考古与汉文化》，北京：科学出版社，2014年，第72—89页。
② 胡兴军：《新疆尉犁县克亚克库都克唐代烽燧遗址出土〈韩朋赋〉释析》，《西域研究》2021年第2期，第99—104页。
③ 钟兴麒等校注：《西域图志校注》，乌鲁木齐：新疆人民出版社，2002年，第342页。
④ 新疆维吾尔自治区文物局编：《新疆维吾尔自治区长城资源调查报告》，北京：文物出版社，2014年，第25—47页。

续表

序号	烽燧	位置	具体情况
4	卡勒塔	尉犁县古勒巴格乡兴地村奥尔唐西南28千米	已坍塌，底径24米，残高约6米，见胡杨木与芦苇层，有人为发掘痕迹，周围散落木梯、圆木及大量芦苇。
5	库木什	尉犁县阿克苏甫乡吉格得巴格村东南42千米	已坍塌，呈四棱锥体，长17.7米，宽16.5米，残高8米，外层土坯垒砌，内层芦苇叠筑，地表散见大量圆木及芦苇堆积。
6	沙鲁瓦克	尉犁县阿克苏甫乡吉格得巴格村东南34千米	遭人为盗掘，呈长方形，长17.3米，宽12.2米，残高7.5米，上层土坯砌筑，下层为土坯、芦苇夹砌，外侧见房屋与围墙遗迹。
7	阿克吾尔地克	尉犁县阿克苏甫乡吉格得巴格村东南30千米	已坍塌，底呈正方形，长7.3米，宽6.5米，残高2米，芦苇与土砌筑，外侧见房屋与围墙遗迹，地面散落大量遗物。
8	萨其该	尉犁县阿克苏甫乡喀尔尕提村东北7千米	坍塌严重，底周长63米，残高7.5米，中心为土与芦苇层筑，外围土坯砌墙，墙外有"虎落"，地面散见陶片、炭粒及畜骨。
9	孙基	尉犁县兴平乡喀拉洪村东21.5千米	坍塌严重。长18米，宽15米，高7.3米，内层土加芦苇夹砌，外体土坯砌垒，附近有一处古墓地。
10	亚克仑	尉犁县兴平乡喀拉洪村东北14千米	坍塌严重，直径约12米，残高4.7米，南侧台地有被盗掘的墓葬，散见黑砾石和陶片，斯坦因曾在此盗取文书与丝绸残片。
11	苏盖提	尉犁县兴平乡喀拉洪村东北21千米	已坍塌，呈长方形，长17米，宽15米，残高2.5米，内层土加芦苇夹砌，外体为土坯砌垒。
12	上恰其	库尔勒市铁其克乡上恰其村	土坯建筑，残高1.7米，平面呈正方形，边长4.7米，周围见灰陶片和人骨，今已不存。
13	库尔楚	库尔勒市库尔楚园艺西南0.3千米	1982年调查时为土坯建筑，1989年仅存基址，周围有红、灰色泥陶片，今已不存。

斯文·赫定[①]、斯坦因[②]是最早关注孔雀河烽燧的西方学者，但二人仅进行了有限的调查与盗掘，并未进行科学严谨的学术研究。

---

① [瑞典]斯文·赫定著，王安洪、崔延虎译：《罗布泊探秘》，乌鲁木齐：新疆人民出版社，1997年，第3—19页。

② [英]斯坦因著，巫新华、秦立彦等译：《亚洲腹地考古图记》第二卷，桂林：广西师范大学出版社，2004年，第1040—1073页。

2016—2022年，新疆文物考古研究所对克亚克库都克烽燧进行了系统发掘，出土了大量唐代纸质文书与木简，涉及"沙堆烽""临河烽""马铺烽""黑河铺""猪泉谷铺""榆林镇""通海镇""于术守捉"等地名，主要为焉耆镇所辖楼兰路沿线军事设施间的符帖牒状文书，反映了唐代焉耆镇境内交通路线及烽戍屯田的具体情况[①]。

唐代设置焉耆镇，与防御吐蕃在西域的活动有关。唐高宗咸亨元年（670）后，吐蕃控制了吐谷浑故地，可由柴达木盆地西缘噶斯山口直入塔里木盆地，打通了进攻安西四镇的门户。据《通典》载"（交河郡）南至三百五十里，过荒山千余里至吐蕃"[②]，表明吐蕃与塔里木盆地东南缘毗邻。楼兰路自然成为唐与吐蕃争夺的前沿。《武周张怀寂墓志》提及张怀寂破吐蕃收复焉耆之事，也间接证明了楼兰路的重要性[③]。

另一重要证据是敦煌发现的《唐景龙三年（709）张君义文书残卷》，其中钤有"渠黎州之印"。《汉书·西域传》载："乌垒南三百三十里至渠犁……东北与尉犁、东南与且末、南与精绝接。"《释迦方志》载："（河水）又东三百五十里经乌垒国南，此即汉时都护所治也……河又东南三百四十里至渠犁国南。"《太平寰宇记》载："渠犁城在（龟兹）国东南五百八十里，汉屯田校尉所理城也。"刘安志考证，渠犁州位于龟兹东境，与焉耆交界[④]。郭声波等认为渠犁（kurli）为今库尔勒之音转，为汉魏尉犁之地，乃后世将"渠犁""尉

---

① 新疆维吾尔自治区文物考古研究所：《新疆尉犁县克亚克库都克唐代烽燧遗址》，《考古》2021年第8期，第23—44页。
② （唐）杜佑撰，王文锦等点校：《通典》，北京：中华书局，1988年，第4557页。
③ 陈国灿：《跋〈武周张怀寂墓志〉》，《文物》1981年第1期，第47—50页。
④ 刘安志：《敦煌所出张君义文书与唐中宗景龙年间西域政局之变化》，刘安志著《敦煌吐鲁番文书与唐代西域史研究》，北京：商务印书馆，2011年，第116—150页。

犁"两名颠倒之故[①]。尉犁,岑仲勉释读为吐火罗语 vāirya 或梵语 Vārya。林梅村认为,渠犁在今尉犁县克亚孜库勒古城[②]。斯坦因在尉犁营盘处所获《唐右厢第二队上应请官牛数状》等 4 件文书,均涉及"渠犁州"之地名[③],说明渠犁即位于尉犁县孔雀河流域,是控制楼兰路的要冲。

《吐蕃大事纪年》载:"及至猴年(720 年)……征集大藏之王田全部土地贡赋……攻陷唐之索格松城。"[④]索格松城(Sog song),即粟特人所建石城镇[⑤]。开元十五年(727),吐蕃与突骑施的军事行动,沿用了由图伦碛东南进入焉耆的路线[⑥],即前文所述的楼兰道。岑参作《献封大夫破播仙凯歌六首》所述天宝十三载(754)封常清破播仙一役,亦取道楼兰路击败吐蕃[⑦]。20 世纪 80 年代,在楼兰 LA 遗址附近曾发现近千枚开元通宝,表明经过罗布泊的交通路线在唐代仍在通行[⑧]。有学者指出,克亚克库都克烽燧出土文书中"麻泽贼路"之"贼",即指吐蕃[⑨]。

安史之乱爆发后,安西、北庭驻军分批入关勤王,焉耆镇兵力空虚,防线收缩。森安孝夫认为,唐肃宗上元年间,吐蕃已完全控制若

---

① 郭声波、颜培华:《渠犁、阇甄、妼塞:唐中期新置西域羁縻都督府探考》,《中国边疆史地研究》2010 年第 1 期,第 91—99 页。
② 林梅村:《考古学视野下的西域都护府今址研究》,《历史研究》2013 年第 6 期,第 43—58 页。
③ 陈国灿:《斯坦因所获吐鲁番文书研究》,武汉:武汉大学出版社,1995 年,第 475—478 页。
④ 王尧:《王尧藏学文集》卷 1,北京:中国藏学出版社,2011 年,第 203 页。
⑤ 王小甫:《唐、吐蕃、大食政治关系史》,北京:中国人民大学出版社,2009 年,第 150 页。
⑥ 王小甫:《唐、吐蕃、大食政治关系史》,北京:中国人民大学出版社,2009 年,第 166—168 页。
⑦ 党琳、张安福:《克亚克库都克烽燧所见唐代西域治理》,《史林》2021 年第 5 期,第 36—45 页。
⑧ 羊毅勇:《论丝绸之路中道的兴衰》,《新疆文物》2003 年第 1 期,第 38—46 页。
⑨ 党琳:《克亚克库都克烽燧与唐代焉耆交通研究》,《敦煌学辑刊》2021 年第 1 期,第 77—90 页。

羌、米兰及罗布泊一带,并以此为据点继续西进①。西州在吐蕃与唐、回鹘的反复争夺中多次易手,吐蕃对西域的军事行动也多沿楼兰路展开②。安史之乱后吐蕃利用楼兰路的情况,可见《九姓回鹘可汗碑》第16行:

　　□□遗弃后,吐蕃大军攻围龟兹。天可汗领兵救援,吐蕃落荒,奔入于术,四面合围,一时扑灭,尸骸臭秽非人所堪,遂筑京观,败没余烬。崩后,登里逻汩没密施合毗伽可汗继承□□□。

对上述史料的认识,学界亦有争议。羽田亨作"自西州遗弃后",林梅村释曰"自龟兹遗弃后"③。据吐鲁番出土摩尼教文书可知,803年回鹘可汗曾亲临高昌④,"西州遗弃说"恐难成立。另据近年释读的龟兹语题记及出土文书考证,803年的龟兹地区仍在使用唐制的"馆"、"贴"(牒)等公文格式,暗示唐军仍在有效控制龟兹,"龟兹遗弃说"亦与史实不符⑤。森安孝夫、吉田丰根据王国维、罗振玉本中"残留的半部分'月'字",推测为"甲胄遗弃"⑥。笔者浅见,"月"

---

① [日]森安孝夫著,劳江译:《吐蕃在中亚的活动》,王尧主编《国外藏学研究译文集》第一辑,拉萨:西藏人民出版社,1986年,第64—130页。
② 朱悦梅:《唐代吐蕃用兵西域之相关问题研究》,《西藏民族大学学报》(哲学社会科学版)2018年第2期,第21—30页。
③ 林梅村、陈凌、王海城:《九姓回鹘可汗碑研究》,《欧亚学刊》第一辑,北京:中华书局,1999年,第161—164页。
④ 荣新江:《中古中国与外来文明》,北京:生活·读书·新知三联书店,2014年,第342—348页。
⑤ 庆昭蓉:《吐火罗语世俗文献与古代龟兹历史》,北京:北京大学出版社,2017年,第140—141页。
⑥ [日]森安孝夫、[日]吉田丰著,乔玉蕊、白玉冬译:《喀剌巴剌噶孙碑文汉文版的新校注与译注》,《丝绸之路考古》第5辑,北京:科学出版社,2021年,第160—211页。

恐为"耆"字下半部"日"之误，与粟特文 ctβ'r twγr'ystn（"四吐火罗"）相对应，故释读为"自焉耆遗弃后"，亦可与汉文后句"吐蕃落荒，奔入于术"之地理位置相吻合。

焉耆地势险要，"四面有大山，道险隘"①，是天山南北的交通枢纽。焉耆北及东北有银山道、墨山国道通西州，东南经楼兰路可抵渠犁州、石城镇及沙州，西有于术守捉、榆林守捉连接安西都护府驻所龟兹，可谓战略咽喉。因此，唐朝在焉耆设七屯，负责境内的边防屯垦②。《新唐书·地理志》载："自焉耆西五十里过铁门关，又二十里至于术守捉城，又二百里至榆林守捉，又五十里至龙泉守捉，又六十里至东夷僻守捉，又七十里至西夷僻守捉，又六十里至赤岸守捉，又百二十里至安西都护府。"③

于术为焉耆镇所属守捉城，是通往安西四镇的要地，故张九龄言："吐蕃背约，入我西镇，观其动众，是不徒然。必与突骑施连谋，表里相应。或恐贼心多计，诸处散下，铁关千（于）术，四镇咽喉，倘为贼所守，事乃交切。"④清代徐松考证，于术守捉在"库尔勒庄"（今库尔勒市）⑤。张平、陈戈分别推定为玉孜干（Uzgen）与夏渴兰旦（Shah Kalandar，今称"夏哈勒墩"）遗址⑥。笔者认为即今库尔勒市29团砖厂北遗址。由《九姓回鹘可汗碑》可知，吐蕃控制焉耆后，曾举兵围攻龟兹。回鹘入援后，吐蕃向东欲沿楼兰路后撤，至于术被回鹘

---

① （唐）房玄龄等：《晋书》，北京：中华书局，1974年，第2542页。
② （唐）李林甫等撰，陈仲夫点校：《唐六典》，北京：中华书局，2014年，第223页。
③ （宋）欧阳修、（宋）宋祁等撰：《新唐书》，北京：中华书局，1975年，第1151页。
④ （清）董诰等：《全唐文》，北京：中华书局，1983年，第2909页。
⑤ （清）徐松著，朱玉麒整理：《西域水道记（外二种）》，北京：中华书局，2005年，第103页。
⑥ 陈戈：《焉耆尉犁危须都城考》，陈戈著《新疆考古论文集》，北京：商务印书馆，2017年，第644—657页。

围歼。

大英图书馆藏斯坦因所获吐蕃文书中，反映了吐蕃控制并经营楼兰路的具体情况。吐蕃文书 M.I.xxviii.005 提到："我已抵达 Byevu-ling，护卫虽已掉队，但不久会赶上。"[1] Byevu-ling 乃"榆林"之对音，即《新唐书·地理志》所述之"榆林守捉"。克亚克库都克烽燧遗址出土《开元四年八月四日牒下界内所由为加远番探侯防备等事》文书，称"榆林镇"[2]。《新唐书·兵志》载："唐初，兵之戍边者，大曰军，小曰守捉、曰城、曰镇，而总之者曰道。"[3] 因此榆林镇、榆林守捉与 Byevu-ling 同为一地，即今轮台县野云沟附近[4]。

吐蕃在楼兰路沿线大罗布（Nob-ched-por）、小罗布（Nob-chungu）、七屯（rtse-vthon）等地安置部众，派节儿（rtse）、守备长（dgra bion）、岸本（mngan）等官员驻守[5]，对楼兰路的控制十分严密。编号 Or.15000/536《上城致节度使官吏书》文书正面："营田规则与四城（makhar bzhi）长官、大罗布（nob che）……的请示……"[6] 编号 Or.15000/476《小罗布某地土地册》正面："守备长（dgra bion）的两突，岸本（mngan）的……半突，……用小麦耕地的……"[7] 斯坦因《西域考古记》认为，大罗布城（Castle of Great Nob）即今若羌县

---

① ［英］F. W. 托马斯编著，刘忠、杨铭译注：《敦煌西域古藏文社会历史文献》，北京：商务印书馆，2020 年，第 165 页。
② 新疆维吾尔自治区文物考古研究所：《新疆尉犁县克亚克库都克唐代烽燧遗址》，《考古》2021 年第 8 期，第 31—32 页。
③ （宋）欧阳修、（宋）宋祁等撰：《新唐书》，北京：中华书局，1975 年，第 1328 页。
④ 钟兴麒编著：《西域地名考录》，北京：国家图书馆出版社，2008 年，第 1132 页。
⑤ 胡静、杨铭编著：《英国收藏新疆出土古藏文文献叙录》，北京：社会科学文献出版社，2017 年，第 107 页。
⑥ 杨铭、贡保扎西、索南才让编著：《英国收藏新疆出土古藏文文书选译》，乌鲁木齐：新疆人民出版社，2014 年，第 159 页。
⑦ 胡静、杨铭编著：《英国收藏新疆出土古藏文文献叙录》，北京：社会科学文献出版社，2017 年，第 173 页。

且尔乞都克古城，小罗布城（Castel of little Nob）即磨朗（Miran）。吐蕃语 Nob 及《大唐西域记》所载"缚波故"（Kroraina），汉文又作"楼兰"。清代《若羌县图》所标"磨朗"，学界认为即今若羌县 36 团场的米兰古城。编号 Or.15000/448《契约残卷》正面："朗赤烈（rlang khri slebs）把九克麦子粉和青稞粉借给七屯部落（rtse vthon gyi sde）……"①编号 Or.15000/480《节儿论致论·塔藏大人书》背面："小罗布的节儿论（rtse rje blon）。"②《世界境域志》第十一章提到"Azayur 有牧场草地和一些吐蕃人的毡房"，Azayur 即罗布泊之南，乃"七屯"（rtse vthon）之对音。

综上所述，自贞观九年（635）大碛路重开后，楼兰路始终处于通行状态，但鉴于唐、吐蕃间的复杂关系，此线路并非商旅、使节的首选。唐代河西走廊与西域的主要通道仍是伊州道。楼兰路的军事作用较为突出，成为唐与吐蕃争夺的重点。至归义军时期，楼兰路仍在军事、文化及外交等领域发挥着一定的作用③，如《钢和泰藏卷》（*Manuscrit Staël-Holstein*）、《于阗使者行记》（《使河西记》）及高居诲《使于阗国行程记》中，均涉及楼兰路的部分路段④，特别是《钢和泰藏卷》提及的帕德里克（padakä）古城，有学者认为即麦德克古城⑤。

---

① 胡静、杨铭编著：《英国收藏新疆出土古藏文文献叙录》，北京：社会科学文献出版社，2017 年，第 148 页。
② 胡静、杨铭编著：《英国收藏新疆出土古藏文文献叙录》，北京：社会科学文献出版社，2017 年，第 156—157 页。
③ 李宗俊：《唐代河西通西域诸道及相关史事再考》，《中国历史地理论丛》2010 年第 1 期，第 128—139 页。
④ 荣新江：《敦煌文献所见公元 10 世纪的丝绸之路》，荣新江、党宝海主编《马可·波罗与 10—14 世纪的丝绸之路》，北京：北京大学出版社，2019 年，第 190—205 页。
⑤ 林梅村：《敦煌写本钢和泰藏卷所述帕德克城考》，林梅村著《汉唐西域与中国文明》，北京：文物出版社，1998 年，第 265—278 页。

三、"楼兰路"详程

由于历史原因,清代之前关于楼兰路的记载并不详细。乾隆平定准噶尔部与大小和卓之乱后,大量内地官员、戍人往来于内地与新疆间,加之"盛世修志"观念与乾嘉学派的兴起,促使有识之士重新关注连接河西走廊与塔里木盆地的通道,并对其详程进行考述。乾嘉时期,清廷虽无复通楼兰路的举措,但文献已略有提及。如《钦定皇舆西域图志》载,由楼兰路东端敦煌出发,至"(哈喇)淖尔当安西州之西北境,诸水东南入之……过此以西,则地多沙碛"[1]。由哈喇淖尔向西可通罗布泊,《西域水道记》引《肃州新志》载:"自沙州之哈喇淖尔正西,小径达罗布淖尔,计程不及一月。"[2] 从罗布泊沿孔雀河(开都河下游)向东抵尉犁、焉耆,焉耆清代称"喀喇沙尔",如《回疆通志》"喀喇沙尔"条载:"又东南流数百里,入罗卜淖尔。"[3] 从上述史料可知,楼兰路东、中、西三段仍具备通行条件。

平定阿古柏之乱后,清廷出于长治久安的考量,尝试在楼兰路沿线重设驿站,屯垦实边。1890 年前后,新疆巡抚刘锦棠及继任者魏光涛遣郝永刚、贺焕湘、刘清和等人,分别探查敦煌至罗布淖尔、尉犁的通行状况,沿途绘制地图,记录里程、水草等情况[4]。此后,陶葆廉综合郝永刚等人的探查成果,提出复通楼兰路的建议,并将具体路线记录如下:

---

[1] 钟兴麒等校注:《西域图志校注》,乌鲁木齐:新疆人民出版社,2002 年,第 356 页。
[2] (清)徐松著,朱玉麒整理:《西域水道记(外二种)》,北京:中华书局,2005 年,第 123 页。
[3] (清)和宁撰,孙文杰整理:《回疆通志》,北京:中华书局,2018 年,第 228 页。
[4] 聂红萍:《论光绪朝对罗布淖尔垦区的开发》,《青海民族大学学报》2015 年第 4 期,第 64—69 页。

（一）玉门关路，由敦煌通往新平（今尉犁县）。新平，又称"喀喇工""喀喇洪"（Karakum），意为"大沙包"。光绪二十五年（1899）设新平县，以喀喇工为治所。

据《辛卯侍行记》载，"北道出敦煌西门，渡党河，西北行戈壁，七十里碱泉，五十里大泉，四十里大方盘城，四十里小方盘城，七十里清水沟，折西北七十里芦草沟，西行六十里五棵树，西南行六十里新开泉，西行七十里甜水泉，六十里沙沟，西南行八十里星子山，八十里土台山，西北七十里野牲泉，西九十里咸水泉，九十里蛇山，九十里土梁子，七十里沙堆，八十里黑泥海子，四十里芦花海子，九十里阿不旦，西北四次渡河（塔里木河），六站共五百五十里都纳里，东北九十里浣溪河（今孔雀河）"①，沿河向西可达新平境内。

（二）阳关路，由敦煌通往卡克里克（若羌县）。《辛卯侍行记》载："敦煌西南行七十里石俄卜，七十里南湖，即阳关。西行七十里戈壁推莫兔，七十里胡卢斯台②，七十里毛坝，三十里安南坝，西行八十里野马泉，西北一百里深沟，四十里龙尾沟，一百二十里聚水沟，九十六里一碗泉，七十里双泉子，六十里野马沟，六十里红柳沟卡，八十里红柳沟口，六十五里双石墩，七十五里大土墩，一百二十里密阮，西行一百里卡克里克（今若羌县驻地）。"③

清代阳关路与民国时期的"若羌敦煌道"较为接近。1947年《若羌县兵要地志》载，由若羌至敦煌的路线全长453.5公里，沿途各

---

① （清）陶葆廉著，刘满点校：《辛卯侍行记》，兰州：甘肃人民出版社，2002年，第350—351页。
② 胡卢斯台，又称"胡卢碛"。《高居诲使于阗记》载："沙州西曰仲云，其牙帐居胡卢碛。"《世界境域志》第九章载："胡特姆（Khutem）其地荒无人烟，仅发现有一个兴旺的偶像寺。"
③ （清）陶葆廉著，刘满点校：《辛卯侍行记》，兰州：甘肃人民出版社，2002年，第351—353页。

站里程如下：若羌至羊大什克（羊达什喀克）31 公里，无人家，有泉水；至米兰村（米兰农场）42 公里，至巴塔布拉克（帕合塔布拉克）20.5 公里，无人家，有井水；至东格里克（墩力克）24 公里，无人家，有井水；至红柳沟 41.5 公里，无人家，无水；至一水泉子 23.5 公里，无人家，有泉水；至巴什（库尔干）30 公里，无人家，有泉水；至金雁山（金鸿山）35.5 公里，无人家，无水；至梭尔库里（索尔库里）78.5 公里，无人家，有井水；至红水 31 公里，无人家，有泉水；至红泉 32 公里，无人家，无水；至苦木阿 32 公里，无人家，有井水；至敦煌 32 公里[①]。

除玉门关路、阳关路之外，若羌与尉犁间尚有多条道路通行。《新疆图志》对其官驿行程有详细记载：

（一）新平与若羌的官道。据《新疆图志》载："（新平）城东南三十里渡孔雀河，四十里英气盖驿（今群克村），六十里河拉驿（今卡拉水库西北部），折东行八十里英格可力驿（今 31 团驻地），七十里乌鲁可力（今 32 团驻地），七十里古斯拉克驿（今库孜来克村），八十里合什墩驿（今大西海子水库东南），六十里都拉里驿，三十里铁里木河（塔里木河），接若羌西北境官道。"[②] 此线路由尉犁沿孔雀河、塔里木河至若羌之大道，沿途均设有官驿。

由若羌至新平段官道。"（若羌）县北十里罕拉里克，十里二十里铺，十里他列克日卡，四十里拉禁白泾，五十里卡拉曰里，十八里罗布堤桥，二里罗布驿（驿东即罗布淖尔，支路二：一沿淖尔北岸东行百五十里托素庄，百八十里加以庄，百二十里托克庄；一北

---

① 新疆维吾尔自治区档案馆档案，卷号：军 3-1-21。
② （清）王树枏等纂修，朱玉麒等整理：《新疆图志》，上海：上海古籍出版社，2017 年，第 1542 页。

行二百七十里至起克庄），二十里乌里可雀，二十里合罕驿，五十里一克不雀，二十里罕尔奈土何的，二十里托和莽驿（今托尕木村），二十里塔尔卡庆，四十里密吉八盖提，三十里阿拉竿驿（今阿尔干村），二十里阿夹日卡其，二十里一克里克，二十里喀喇台驿（今喀尔达依村），十里加一塔芋，十里坤拉斯，十里铁里木河，接新平东境官道。"①

（二）新平与若羌的支线。尉犁通若羌的支线早期并无官驿，主要是商队、牧民及猎户活动的通道。《新疆乡土志稿》载，光绪二十二年（1896）刘四伏之乱时，焉耆清军曾沿孔雀河向东至罗布淖尔堵击叛军，并招抚流民安置于罗布泊附近的蒲昌城②，设蒲昌营游击以防民变再生③。据《新疆图志》载："（新平）城东四百三十里至合什墩驿，分路东行，八十里蒲昌城（驻游击），渡河七十里，至铁里木河止（北岸属新平，南岸属若羌）。"④尉犁通往若羌的支线也是楼兰路的重要分支，至19世纪末仍在通行。

另外，由新平至吐鲁番也有道路通行，即墨山道⑤。《汉书·西域传》载："山国，王去长安七千一百七十里……西至尉犁二百四十里，西北至焉耆百六十里，西至危须二百六十里。东南与鄯善、且末接。"《水经注》又载："河水又东径墨山国南，治墨山城，西至尉犁

---

① （清）王树枏等纂修，朱玉麒等整理：《新疆图志》，上海：上海古籍出版社，2017年，第1543页。
② （清）佚名著，马大正等整理：《新疆乡土志稿》，乌鲁木齐：新疆人民出版社，2010年，第280页。
③ 赖小云：《清末塔里木河下游蒲昌城相关问题考述》，《西域研究》2006年第1期，第79—85页。
④ （清）王树枏等纂修，朱玉麒等整理：《新疆图志》，上海：上海古籍出版社，2017年，第1542页。
⑤ 罗新：《墨山国之路》，罗新主编《王化与山险——中古边裔论集》，北京：北京大学出版社，2019年，第44—74页。

二百四十里。"① 根据考古调查与文献记载，墨山道又可以分为二支：

（一）由鄯善县鲁克沁镇出发，经迪坎儿乡东南行，经库台克里克布拉克，沿觉罗塔格山西南行，由亚尔沙布拉克南行，翻越库米什岭进入库米什盆地，经沙布拉克、帕尔萨依布拉克，抵达辛格尔，再由此南下进入孔雀河流域。据《辛卯侍行记》载吐鲁番南下孔雀河的道路："（吐鲁番）厅城东南一百三十里鲁克沁。又自沙白特坎尔西南行（多沙阜，且卤），三十余里入觉洛塔克山峡，七十里克子里山（产煤，一名伊格达坂，回语马鞍曰伊格尔），八十里阿习布拉克（言水苦也），西南过库什尔达坂，一百七十里乌宗布拉克（弥望坚卤，其白如雪，中有一水，咸不可饮。回语长流曰乌宗），西南入孔木达坂（回语沙曰孔木，又曰浑），六十里帕沙布拉克（井水咸），折西八十里生额尔（或名五户地，有池及树，缠回一家，地三十亩，半耕半牧），六十里阿子杆布拉克，转西南六十里（逾卡卡苏达坂，东西连山，又名库图洛克塔克，犹言无水草荒山也），托呼喇布拉克。（以上七程须驮负淡水，冬则熬冰雪以饮。）五十里（出峡）营盘海子（周约三十余里，海西十余里有废垒。西南平沙宽广，相传此处本在泽中，为浣溪河游沙所堙。疑古时此海与蒲昌海合也）。西南四十里浣溪河（回语曰共奇达里雅。共奇，古墓也。达里雅，河也。汉人讹其音曰浣溪河，或曰孔雀河，实即喀喇沙尔之海都河也）。"②

（二）由托克逊县西南库米什镇桑树园出发，经张郭庄戍堡（破城子），过扎木克特布拉克、西泉、兴地，至孔雀河下游都纳里驿。《新疆图志》卷八十载："城西南三百五十里桑树园驿，二十里折南入山，五十里苦水井，一百里干草湖，六十里破城子，一百二十里四马

---

① （北魏）郦道元著，陈桥驿校证：《水经注校证》，北京：中华书局，2013年，第40页。
② （清）陶葆廉著，刘满点校：《辛卯侍行记》，兰州：甘肃人民出版社，2002年，第408页。

哈泉，七十里胡桐泉，七十五里胡桐窝，七十里浣溪河（即孔雀河下游），渡浣溪河东南行八十里都纳里，又一百里卡拉达雅，一百里阿拉港，八十里吐浑，九十里和儿罕，渡塔里木河，四十里七克里克庄，庄南涉水，四十里罗布邨，四境多沮洳，即蒲昌海之西畔，古称牢兰海。"① 《新疆图志·道路三》载，由都纳里驿渡浣溪河，"八十里旧营盘，九十里胡桐泉，九十里茨花泉，一百里破城子，九十里干草湖，接吐鲁番南境歧路"②。都纳里驿，又称"都拉里驿"。由合什墩驿至都拉里驿六十里，位于尉犁与若羌交界处。清光绪十八年（1892）筑蒲昌城，与都拉里驿站相邻，移招徕局及屯营驻守。

结合上述史料可知，从乾隆时期至清末，楼兰路沿线一直处于通行状态。至新疆建省后，楼兰路沿线尉犁至若羌段，还设有官驿和民屯。特别是郝永刚等测绘的楼兰路行程及里数，对于研究汉唐时期楼兰路具有重要意义。晚清民国时期的西方探险家，如普尔热瓦尔斯基③、斯文·赫定④、斯坦因⑤、贝格曼⑥ 等，均借助楼兰路深入罗布泊腹地进行学术考察。民国时期，许崇灏所著《新疆志略》亦提及"焉耆婼羌线"的基本情况："自焉耆南新平至婼羌，共十六站，一千一百九十里。"⑦

---

① （清）王树枏等纂修，朱玉麒等整理：《新疆图志》，上海：上海古籍出版社，2017 年，第 1523—1524 页。
② （清）王树枏等纂修，朱玉麒等整理：《新疆图志》，上海：上海古籍出版社，2017 年，第 1542 页。
③ ［俄］尼·费·杜勃罗文著，吉林大学外语系译：《普尔热瓦尔斯基传》，北京：商务印书馆，1978 年，第 195—200 页。
④ ［瑞典］斯文·赫定著，林晓云译：《穿越亚洲腹地》，广州：广东旅游出版社，2021 年，第 271—301 页。
⑤ ［英］斯坦因著，向达译：《西域考古记》，北京：商务印书馆，2013 年，第 144—160 页。
⑥ ［瑞典］贝格曼著，王安洪译：《新疆考古记》，乌鲁木齐：新疆人民出版社，1997 年，第 360—376 页。
⑦ 许崇灏编著，阿地力·艾尼点校：《新疆志略》，哈尔滨：黑龙江教育出版社，2015 年，第 250 页。

四、小结

综上所述，楼兰路开通于西汉武帝时期，最初路线为敦煌—玉门关—土垠遗址—LE 遗址—咸水泉古城—营盘古城—尉犁。至前凉时期，由于河流改道，LE 遗址的中转地位被 LA、LK 替代，出现了由 LA、LK 遗址经小河西北古城西去焉耆的路线。5 世纪后，由于罗布泊湖面位置的偏移，楼兰路转变为敦煌—鄯善（若羌县且尔乞都克遗址）—麦德克（Merdek）古城—小河西北古城—孔雀河—尉犁之新路线。至隋唐时期，楼兰路经历了隋末的"碛路闭"与唐初的"复开"，但孔雀河沿线烽燧仍是唐军楼兰路沿途的重要防御设施，吐蕃则利用楼兰路，侵袭、争夺塔里木盆地诸绿洲。至晚清民国时期，西方探险家仍多次借助楼兰道对罗布泊进行考察。

结合史料及考古发现，楼兰路的路线变迁可归纳为三个因素：

（一）环境因素，主要与塔里木河-孔雀河水系的改道及罗布泊的迁移有关[1]。西汉初年，塔里木河-孔雀河水系均注入罗布泊，为楼兰路的开辟创造了客观条件。至东汉初期，塔里木河-孔雀河水系南河道开辟，罗布泊湖面逐渐缩小，台特马湖及喀拉和顺湖开始形成，楼兰路开始向南偏转，这一现象一直持续到 20 世纪初。《太平御览》引《凉州异物志》："姜赖之墟，今称龙城，恒溪无道，以感天庭，上帝赫怒，海溢荡倾。"[2] 上述史料是对罗布泊干涸带有神话色彩的一种描述，反映出罗布泊水域缩减的事实。1921 年，由于塔里木河-孔雀河水系再度回归北河道，台特马湖和喀拉和顺湖干涸，罗布泊水域才再度扩大。贝格曼、黄文弼等人沿重归的北河道发现了罗布泊附近的

---

[1] 黄文弼：《西域史地考古论集》，北京：商务印书馆，2015 年，第 424—443 页。
[2] （宋）李昉等：《太平御览》，上海：上海古籍出版社，2008 年，第 3840 页。

汉晋时期遗址①。因此，罗布泊的迁移与塔里木河-孔雀河水系密切相关。楼兰路的路线变化，始终与塔里木河-孔雀河水系及罗布泊的迁移同步②。

（二）政治因素，基于中原王朝的外交及边疆政策。汉代楼兰路的开辟，本身就是经营西域的战略举措："汉又西通月氏、大夏，又以公主妻乌孙王，以分匈奴西方之援国。"③至汉晋时期，由于西域长史府驻地的改变，楼兰路的具体路线亦发生变化。隋末大乱，楼兰路因时局动荡一度中断，故有焉耆请开大碛道之故。至吐蕃崛起，窥伺西域，楼兰路成为吐蕃与唐争夺的要道。安史之乱后，吐蕃借楼兰路与回鹘继续争夺西域霸权。归义军时期，楼兰路部分路段仍保持通行状态。晚清收复新疆，重置楼兰路驿站，屯垦戍边，以求稳固边疆。上述事实皆体现出政治因素的重要性，楼兰路之兴废变迁与政治因素密切相关。

（三）人为活动，与劳动生产有关。张广达指出："我们如果更多地着眼于古代、中世纪的跨度较大、空间伸延较广的常年积累的历史缓慢运动，我们就会发现，社会变革速度远远超过地理因素的缓慢变化。"④自汉代西域屯田以来，楼兰路沿线增加了大量的屯田及水利设施，自然景观发生了变化。如《水经注》卷二载，敦煌索劢"将酒泉、敦煌兵千人，至楼兰屯田。起白屋，召鄯善、焉耆、龟兹三国兵各千，横断注滨河……灌浸沃衍，胡人称神。大田三年，积粟百万，

---

① 王新春：《西域考古时代的终结——西北科学考察团考古学史》，兰州：甘肃文化出版社，2019年，第167页。
② 何宇华、孙永军：《空间遥感考古与楼兰古城衰亡原因的探索》，《考古》2003年第3期，第269—273页。
③ （汉）司马迁：《史记》，北京：中华书局，1963年，第2913页。
④ 张广达：《古代欧亚的内陆交通》，中国史学会编《第十六届国际历史科学大会中国学者论文集》，北京：中华书局，1985年，第268页。

威服外国"[1],反映了筑坝截流改变河流走向的史实,而类似的屯田遗迹及水利设施在楼兰路沿线已多有发现[2]。1921年塔里木河-孔雀河水系的改道,正是由当地人在铁曼坡筑坝拦截孔雀河造成的[3]。1952年,塔里木河与孔雀河被人为分开,前者注入台特马湖而后者注入罗布泊,从而导致罗布泊水域发生变化[4]。1972年后,铁干里克附近修建大西海子水库,自此塔里木河-孔雀河水系下游河道完全断流,下游湖泊也最终干涸[5]。上述环境变化均与人为活动直接相关。

---

[1] (北魏)郦道元著,陈桥驿校证:《水经注校证》,北京:中华书局,2013年,第37页。
[2] 达吾力江·叶尔哈力克:《汉武边塞与西域屯田——轮台、渠犁屯田考古发现初论》,《历史研究》2018年第6期,第154—166页。
[3] 黄文弼:《西域史地考古论集》,北京:商务印书馆,2015年,第212—226页。
[4] 梁匡一:《遥感影像上的罗布泊及其变迁》,《环境遥感》1987年第4期,第285—295页。
[5] 中国科学院《中国自然地理》编委会:《中国自然地理总论》,北京:科学出版社,1985年,第391页。

第二章 裕勒都斯草原的古代交通

一、裕勒都斯草原地理概况

裕勒都斯（Yultuz），又称"鹰娑""鹰娑川""尹秃司""准土斯""朱勒都司""珠勒都司""朱尔图斯""珠尔土斯"等，地处天山山脉的中央地带，今隶属于巴音郭楞蒙古自治州和静县，是连接吐鲁番盆地、焉耆盆地、塔里木盆地、天山走廊及伊犁河谷的重要枢纽。

6世纪中叶，隋代西突厥处罗可汗所立小可汗，即建牙于"鹰娑川"。《旧唐书·突厥传》载："西突厥本与北突厥同祖。初，木杆与沙钵略可汗有隙，因分为二。其国即乌孙之故地，东至突厥国，西至雷翥海，南至疏勒，北至瀚海，在长安北七千里。自焉耆国西北七日行，至其南庭，又正北八日行，至其北庭。"《隋书·北狄传》载："处罗可汗居无恒处，然多在乌孙故地，复立二小可汗分统所部。一在石国北，以制诸胡国。一居龟兹北，其地名应娑。"《旧唐书·苏定方传》载，苏定方与程知节至鹰娑川，遇突厥及鼠尼施等军，"率五百骑驰往击之，贼众大溃"[1]。《通鉴》"显庆元年（656年）十二月"条，胡三省注曰："鼠尼施，咄陆五啜之一也，居鹰娑川，后置鹰娑都督府。"[2]《唐会要》"安西都护府"条载："以鼠尼施处半部为鹰娑都

---

[1] （后晋）刘昫等撰：《旧唐书》，北京：中华书局，1975年，第2777页。
[2] （宋）司马光撰，（元）胡三省注：《资治通鉴》，北京：中华书局，1956年，第6299页。

督府。"① 陕西乾陵蕃臣像背刻"左威卫将军鹰娑都督鼠尼施处半毒勤德"衔名亦可为证。《新唐书·回鹘传》载:"契苾亦曰契苾羽,在焉耆西北鹰娑川,多览葛之南。"② 裕勒都斯,回鹘文作 Yultuz,见于俄罗斯圣彼得堡藏 SI 2Kr 17 号西州回鹘文书第 9—11 行③。另见于回鹘文书 xj222-0661.09 号(13—14 世纪)第 N 节:"他们将[其威名]在大地上传颂:[从]受监视的、由外族建立的三唆里迷(Üc Solmï)的谷地等,直到大裕勒都斯(Uluɣ Yultuz)。"④

(一)山系

裕勒都斯,由小裕勒都斯盆地、大裕勒都斯盆地及周缘的山地组成,属于海拔 2400—2600 米的高位山间盆地,面积约 3480 平方千米。裕勒都斯盆地年降水量约 270 毫米,山地降水略多,气候湿冷,无霜期仅 30 天,坡地雪岭云杉茂盛,盆地内草原广阔,为发展畜牧业创造了良好条件。大、小裕勒都斯盆地以额尔宾山为界,小裕勒都斯盆地位于北部,由依连哈比尔尕山、那拉提山环绕;大裕勒都斯盆地位于南部,由那拉提山、科克铁克山、霍拉山环绕⑤。

额尔宾山,又称"艾尔温根""艾尔宾""遏索山",蒙古语意

---

① (宋)王溥:《唐会要》,上海:上海古籍出版社,1991 年,第 1323 页。
② (宋)欧阳修、(宋)宋祁等撰:《新唐书》,北京:中华书局,1975 年,第 6142 页。
③ 李经纬、耿世民及李树辉等均对俄藏 SI 2Kr 17 号文书进行过释读,详见李经纬:《回鹘文社会经济文书研究》,乌鲁木齐:新疆大学出版社,1996 年,第 191—198 页。耿世民:《回鹘文社会经济文书研究》,北京:中央民族大学出版社,2006 年,第 64—70 页。李树辉:《圣彼得堡藏 SI 2Kr 17 号回鹘文文书研究》,新疆吐鲁番研究院编《语言背后的历史——西域古典语言学高峰论坛论文集》,上海:上海古籍出版社,2012 年,第 145—159 页。
④ 付马:《丝绸之路上的西州回鹘王朝——9—13 世纪中亚东部历史研究》,北京:社会科学文献出版社,2019 年,第 279 页。
⑤ 胡汝骥主编:《中国天山自然地理》,北京:中国环境科学出版社,2004 年,第 53 页。

为"草山",是裕勒都斯草原的中心制高点。《资治通鉴》载,唐贞观十六年(642):"(西突厥)乙毗咄陆(可汗)又遣处月、处密二部围天山,(郭)孝恪击走之,乘胜进拔处月俟斤所居城,追奔至遏索山,降处密之众而归。"《新唐书·突厥传》曰:"咄陆以处月、处蜜兵围天山而不克,孝恪追北,拔处月俟斤之城,抵遏索山,斩千余级,降处蜜部而归。"《旧唐书·突厥传》载"咄陆又遣处月处密等围天山县",天山县在今托克逊县。《阿史那忠碑》提及"处月焉耆,各为唇齿"[1],反映出二者间特殊的地缘政治关系。松田寿男、岑仲勉等认为,西突厥势力主要盘踞于裕勒都斯草原[2]。拜占庭史料称额尔宾山为"爱克塔山"(Ektag),据米南德(Menander)载:"蔡马库斯一行至突厥可汗驻跸之地,其地在爱克塔山。"[3]吴玉贵等认为,Ektag 即 Ak-tag 之异译,汉文史料称"阿羯田山"[4]。室点密(Istami)牙帐在裕勒都斯草原的中心,即额尔宾山附近。

额尔宾山为西北东南走向,长约 170 公里。唐代作"三弥山",《新唐书·突厥传》载:"(西突厥)曷萨那朝隋,国人皆不欲,既被留不遣,乃共立达头孙,号射匮可汗,建廷龟兹北之三弥山,玉门以西诸国多役属。"清代史料将额尔宾山分为"额勒伯克鄂拉"(Elbeg-aula)"拜拉克塔克"(Bayrak-tag)和"鄂兰达巴"(Olon-daba)三段:

(1)额尔宾山西段称"额勒伯克鄂拉",最宽处约 10 公里。《西域图志》卷二十一载:"额勒伯克鄂拉,在鄂兰达巴西南五十里,东

---

[1] (清)董诰等编:《全唐文》,北京:中华书局,1983 年,第 10259 页。
[2] [日]松田寿男著,陈俊谋译:《古代天山历史地理学研究》,北京:中央民族学院出版社,1978 年,第 294—347 页。
[3] [法]沙畹著,冯承钧译:《西突厥史料》,北京:中华书局,2004 年,第 208—216 页。
[4] 吴玉贵:《高昌供食文书中的突厥》,吴玉贵著《西暨流沙:隋唐突厥西域历史研究》,上海:上海古籍出版社,2020 年,第 89 页。

裕勒都斯郭勒南。自鄂兰达巴西又南逾山口，为裕勒都斯东西两郭勒合流东注海都郭勒处。"《新疆图志》卷六十载："准语额勒伯克，丰裕之谓。山多生殖，故名。"[1]

（2）额尔宾山中央，称"拜拉克塔克"。《西域同文志》载："回语，拜拉克，谓富厚人也。山间水草丰茂肥美，故名。"[2]《西域图志》卷二十三载："拜拉克塔克，在达兰达巴西北三百里，西裕勒都斯支河发源北麓。"[3]《新疆图志》卷六十载："拜拉克山，当即今图之巴图拉山或作巴音布鲁克，有水南流入于大朱勒都斯河。"

（3）额尔宾山东段，称"鄂兰达巴"。《西域同文志》载："准语，鄂兰，多也。"《西域图志》卷二十一载："鄂兰达巴，在们都招达巴西南一百里，东裕勒都斯郭勒南。自们都招达巴南行五十里，过东裕勒都斯发源处，折而西五十里至其地。"[4]《焉耆府图》标为"土克达坂"。《新疆图志》卷六十载："楚尔岭即鄂兰岭，今焉耆府图之土克达坂也。"[5]

（二）水系

裕勒都斯草原河流、湿地星罗棋布，土地肥沃，水草丰美，《西域同文志》载："裕勒都斯，即星也，发源处泉眼如星，故名。"[6]其主要水系为大、小裕勒都斯河及其汇合而成的开都河（Kaydu）。《西域

---

[1] （清）王树枏等纂修，朱玉麒等整理：《新疆图志》，上海：上海古籍出版社，2017年，第1068页。
[2] （清）傅恒等撰：《钦定西域同文志》，乌鲁木齐：新疆文化出版社，2017年，第320页。
[3] 钟兴麒等校注：《西域图志校注》，乌鲁木齐：新疆人民出版社，2002年，第343页。
[4] 钟兴麒等校注：《西域图志校注》，乌鲁木齐：新疆人民出版社，2002年，第320页。
[5] 冯志文、吐尔迪·纳斯尔等编著：《西域地名词典》，乌鲁木齐：新疆人民出版社，2004年，第44页。
[6] （清）傅恒等撰：《钦定西域同文志》，乌鲁木齐：新疆文化出版社，2017年，第403页。

水道记》卷一载:"(小裕勒都斯河)又西南,与大裕勒都斯河会。会处有二水,往乌什卡克山东西来汇,地当西域东西之中。"[1]《新疆图志》卷七十一引《新疆识略》载,大、小裕勒都斯河合流,"复分为二支,皆东流。南支行三百余里,绰罗特克岭水、杨河沙尔水、扣克纳克岭水、厄西谟水、乌柯克岭水自南来注。北支亦行三百余里,有乌尔图水、萨必尔图水、郭尔和水、台里布水、雅玛图哈布齐尔水、乌兰岭水、固尔班敖克克水自北来入之。二水复合而东,有恭哈布齐尔水、察罕乌苏水、达兰岭水自北来注之,自此会"[2]。

开都河,古称"敦薨之水",又作"海都郭楞""凯都河""通天河"等。《水经注》载,敦薨之水"出焉耆之北敦薨之山,在匈奴之西,乌孙之东"[3]。《西域同文志》载:"回语,海都,曲折之谓。海都河出其山麓,水流曲折,故名。"《西域图志》卷二十三载:"海都塔克,在楚辉塔克西二百五十里,哈布齐垓南,哈喇沙尔北,哈布齐垓郭勒、裕勒都斯郭勒,咸会而南行,出此山之口,为海都郭勒。"[4]《清史稿·地理志》载:"开都河,俗名通天河,源出大雪山,经喀喇沙尔西门外,水势甚宽。"[5]今开都河源于天山中部依连哈比尔尕山哈尔尕特达坂,主流在哈尔尕特沟,流域蜿蜒盘旋,由东向西流经裕勒都斯盆地、科克铁克山、霍拉山等,经焉耆盆地汇入博斯腾湖,全长约560千米[6]。因此,《突厥语大词典》称博斯腾湖为"裕勒都斯湖"

---

[1] (清)徐松著,朱玉麒整理:《西域水道记(外二种)》,北京:中华书局,2005年,第105页。
[2] (清)王树枏等纂修,朱玉麒等整理:《新疆图志》,上海:上海古籍出版社,2017年,第1295—1296页。
[3] (北魏)郦道元著,陈桥驿校证:《水经注校证》,北京:中华书局,2013年,第37页。
[4] 钟兴麒等校注:《西域图志校注》,乌鲁木齐:新疆人民出版社,2002年,第342页。
[5] 赵尔巽等撰:《清史稿》,北京:中华书局,1998年,第2448页。
[6] 《中国河湖大典》编撰委员会:《中国河湖大典·西北诸河卷》,北京:中国水利水电出版社,2014年,第37页。

（Yulduz kol）。

二、与天山走廊的交通

（一）玛纳斯—裕勒都斯道

玛纳斯—裕勒都斯道，由今玛纳斯县城出发，沿玛纳斯河南行，经旱卡子滩、清水河、大白杨沟，翻越也盖孜达坂、查干萨拉台买克孜恩达坂，进入和静县境内。玛纳斯，古称"仰吉八里"，其名源自玛纳斯河东岸的阳八勒噶逊，蒙古语作 Yaŋï balɣasun[①]。回鹘文书 xj222-0661.09（13—14 世纪）第 W 节提到："以斯拉菲尔太子、其子吐尔迪太子、也地不花长史为首的诸特勤离开他们的故地之后，迁徙到这里定居，住在仰吉八里（Yaŋï Balïq）的下方。他们的人数比当地原著居民还要多。"[②]《突厥语大词典》载，Yaŋï Balïq 为回鹘境内五座大城之一，意为"新城"。《经世大典图》《元史·地理志》均作"仰吉八里"，《海屯行纪》作 Yangibaleɣ。"仰吉八里的下方"，即裕勒都斯盆地。

清代史料提及玛纳斯—裕勒都斯道的情况。《清史稿·端济布传》载："乾隆二十二年，上令选兵千佐定边将军兆惠出西路。自朱尔图斯赴玛纳斯，获得木齐鄂罗斯并所部三百人，马驼牛羊二千余。"[③]朱尔图斯，即裕勒都斯的另译，其行程由玛纳斯河沿河向南，翻越查干萨拉达坂。查干萨拉达坂，又称"乔境山"。《新疆图志》卷

[①] 刘迎胜：《察合台汗国史研究》，上海：上海古籍出版社，2006 年，第 590 页。
[②] 付马：《丝绸之路上的西州回鹘王朝——9—13 世纪中亚东部历史研究》，北京：社会科学文献出版社，2019 年，第 276 页。
[③] 赵尔巽等撰：《清史稿》，北京：中华书局，1998 年，第 10716 页。

六十载:"(乔境山)在乌兰乌苏之东南一百里,乌浪漂立克西北五十里。"① 即今和静县北部乌兰布鲁克西北与沙湾县、玛纳斯县交界处,其北为塔西河②,玛纳斯河发源处;南为哈布其罕沟水发源处。由查干萨拉达坂经扎格斯台达坂(Zagastan),可进入哈布其罕沟。

扎格斯台达坂以东,清代称"库舍图达巴"(Kushitudab)。《西域图志》卷二十一载:"库舍图达巴,在额林哈毕尔噶鄂拉西南五十里,巴伦哈布齐垓郭勒经其东麓。"上述区域清代称"哈屯博克达鄂拉"。《西域同文志》载:"准语哈屯,显者妻也。博克达鄂拉为最高峰,而哈屯博克达鄂拉为之配。故名。"《西域图志》卷二十一载:"哈屯博克达鄂拉,在孟克图达巴西北三百里,绥来县南。哈布齐垓北,哈齐克、玛纳斯西郭勒发源北麓,多木达都哈布齐垓郭勒出其南。"③ 玛纳斯河西源称"呼斯台郭勒",发源于依连哈比尔尕山,依连哈比尔尕山清代作"额林哈毕尔噶"(Ereen-habirgar)。《西域图志》卷二十一载:"额林哈毕尔噶鄂拉,旧音额林哈毕尔罕,在古尔班多博克鄂拉西北六十里,和尔郭斯、安济哈雅两郭勒发源北麓,巴伦哈布齐垓郭勒出其南。"清代在此设有台站。据《清史稿·兆惠传》载:"是岁(乾隆三十年)阿睦尔撒纳叛,陷伊犁。命兆惠移驻巴里坤,兼督额林哈毕尔噶台站。"④

(二)呼图壁—和静道

呼图壁—和静道,由今呼图壁县城经裕勒都斯草原至和静的道

---

① (清)王树枏等纂修,朱玉麒等整理:《新疆图志》,上海:上海古籍出版社,2017年,第1542页。
② 塔西河,唐代作"叶叶河"。《新唐书·地理志》载:"又渡叶叶河,七十里有叶河守捉。"
③ 钟兴麒等校注:《西域图志校注》,乌鲁木齐:新疆人民出版社,2002年,第319页。
④ 赵尔巽等撰:《清史稿》,北京:中华书局,1998年,第10669页。

路。民国时期，上述路线属"景化焉耆道"分段。据民国陆军整编第七十八师《天山兵要地志调查日记》载："景化至宁州户约三十余华里，自宁州户傍右三十华里至独山子，约九十华里至石梯子，石梯子至二道水六十华里，二道水至五巴老七十华里，五巴老至空沙拉八十华里，空沙拉至可克申八十华里，可克申至夜里满津八十华里，夜里满津至空炸一百十一华里，空炸至香诺克一百十五华里，香诺克至错窝落八十华里，错窝落至和靖一百华里，和靖至焉耆七十华里。"①

景化即今呼图壁县，《新唐书·地理志》作"乌宰守捉"，《元史·地理志》《经世大典图》作"古塔巴"，《海屯行纪》作 Xut'ap'ay，德藏吐鲁番回鹘文书 U 5265 作 Qutaba②，清代又称"胡图克拜"。《西域同文志》载："准语，胡图克拜，吉祥之谓，犹云吉祥河也。"③《西域图志》卷十载："呼图克拜（旧对音呼图壁），在芦草沟西二十里，东距昌吉县治九十里。"④

宁州户，今呼图壁县宁洲户一队。独山子，今独山子乡。石梯子，今石梯子乡。二道水，今昌吉市阿什里乡二道水村（奥尔塔克斯套）。五巴老，又作渥巴洛，位于今阿什里哈萨克族乡南部山区。《天山兵要地志调查日记》载："由二道水向东，皆为无松树之草山。连续翻越，山沟出入口皆以木栅封锁，以备冬季牲畜之饲料。约行廿里，又至松树区，道路如在林孔中穿行，又十五里即渥巴洛。"⑤

空沙拉，位于三屯河南源下游（今布格萨拉开增附近）。据《天

---

① 新疆维吾尔自治区档案馆档案，卷号：军 3-1-22。
② 付马：《丝绸之路上的西州回鹘王朝——9—13 世纪中亚东部历史研究》，北京：社会科学文献出版社，2019 年，第 273 页。
③ （清）傅恒等撰：《钦定西域同文志》，乌鲁木齐：新疆文化出版社，2017 年，第 357 页。
④ 钟兴麒等校注：《西域图志校注》，乌鲁木齐：新疆人民出版社，2002 年，第 192 页。
⑤ 新疆维吾尔自治区档案馆档案，卷号：军 3-1-22。

山兵要地志调查日记》载:"由五巴老(渥巴洛)向南沿干沟前行,出沟,有一河滚滚东流……涨时,乘马亦不能渡,此即三屯河西源。过渡,南进入空沙拉(大沟之意)。沟中有水一道,由南而北入于三屯河。"三屯河西源,即今小三屯河。

可克申,原名及地点已不可考。根据空沙拉与夜里满津的位置推断,大致在今昌吉市与呼图壁县交界处令皮孜达坂附近。

夜里满津,位于呼图壁县艾尔买勒金牧业点。据《天山兵要地志调查日记》载:"可克申西南行四十里经三通河脑子,西南行四十里至夜里满津。"三通河脑子,即今三屯河源头。

空炸,位于和静县阿乌吐赫吐鲁牧业点东南。《天山兵要地志调查日记》载:"自夜里满津向西南曲折缓升约一小时许,见冰大坂岭,冰雪皑皑,左右冰山复叠,积雪深厚不可测,雪平列下趋若爪纹,此融雪之水痕也。过雪线时驮马一匹,不幸滑落雪涧,人均着特制之脚码子,蠕行约五分钟。过冷岭后……沿冰峡南行,数度起伏,至午后八时露宿于东都呼图壁河滨。东都呼图壁河源出于乌拉默伦大坂北麓之哈来哈地。此处露宿地称为空炸。"呼图壁河,又称呼图克拜郭勒。《西域图志》卷二十五载:"呼图克拜郭勒,在罗克伦郭勒西一百里,地当孔道。有五源,出天山北麓。"《清史稿·地理志》载:"呼图壁河源出塔拉盘山西,自焉耆府北流入。枣沟水南来注之,又北经草达坂,东分头工渠,西分土古里渠,又北至呼图壁城。复分二渠,东曰梁渠,西曰西河,北经牛圈子、三家梁至双岔子,合洛克伦河,西北入绥来,潴于阿雅尔淖尔。"[①] 塔拉盘山,即和静县北部乌兰莫仁达坂北面。

---

① 赵尔巽等撰:《清史稿》,北京:中华书局,1998年,第2376页。

香诺克（Sanrock），位于和静县巴伦台镇北查干诺尔达坂东南。查干诺尔达坂，又作"扎格斯台达坂""查汗努尔达坂"。《天山兵要地志调查日记》载："由香诺克沿凹龙沟原路折返，转入乌拉默伦沟南行至白吉尔，地形开阔，水草丰美。"白吉尔，今作"布然拜勒其尔"。

错窝落（Zovle），位于和静县乌拉斯台村之南。《天山兵要地志调查日记》载，由白吉尔出发，"午后八时四十分抵错窝落露营。此间南距屋瓦门四十里，北距乌拉斯台十里"①。屋瓦门，今作"尕哈图阿门"，位于今克尔古提乡境内，由此南下可进入焉耆盆地。

（三）乌鲁木齐—巴伦台道

乌鲁木齐—巴伦台道，由乌鲁木齐南郊乌拉泊古城出发，自水西沟向南抵达永丰乡烽燧，自此沿大西沟向南至乌鲁木齐南山，经达坂沟抵达后峡，从后峡溯大西沟而上抵达天格尔山胜利达坂。由胜利达坂西南行过黑熊沟、乌拉斯台可直抵巴伦台镇。上述线路大抵与今G216国道重合。《新唐书·突厥传》载："处月朱邪孤注者，引兵附贼，据牢山。建方等攻之，众溃，追行五百里，斩孤注，上首九千级，虏其师六十。"《资治通鉴》将此史料置于"永徽三年（652）正月"条。《西域图志》卷二十一载："则当时处月附贺鲁而据牢山，应属今迪化州南境之山，托克喇、阿拉癸、哲尔格斯、乌可克诸鄂拉达巴，盖必居一于此也。"②岑仲勉、吴玉贵等认为，牢山位于今阿拉沟附近③。

乌鲁木齐，唐代称"轮台"，《钢和泰藏卷》于阗文部分第22行

---

① 新疆维吾尔自治区档案馆档案，卷号：军3-1-22。
② 钟兴麒等校注：《西域图志校注》，乌鲁木齐：新疆人民出版社，2002年，第318—319页。
③ 吴玉贵：《突厥汗国与隋唐关系史研究》，北京：商务印书馆，2017年，第341页。

作 Yirrūmcinä，学界认为即 Ürümči（乌鲁木齐）。德藏回鹘文书 *U9241（TM 69）第 2 行结尾有地名 ywrwnkcyn，阿拉特（Arat）等释作 urumçı（乌鲁木齐），松井太（Matsui）释为 yuruŋlčin，即突厥语词源"白色（ürüŋ-yürüŋ）"与汉语"镇（čin）"的结合，或由唐代吐鲁番文书之"白水镇"演化而来①。白水镇，应是唐轮台下辖军镇。

托克喇鄂拉，又作"恰克马克""七个达坂""齐克达坂"。《三州辑略》载："齐克达巴罕，在乌鲁木齐城南二百三十里喀喇巴尔噶逊营东十里。山巅崎岖，道途磽砾，七上七下，四十余里，俗名七个达坂。"即位于乌鲁木齐市达坂城区南郊，清代设军台。

哲尔格斯鄂拉（Zergs-aula），位于乌鲁木齐南山东段。《西域同文志》载："准语，哲尔格斯，相并之意，山峰高下齐列，故名。"《西域图志》卷二十一载："哲尔格斯鄂拉，在阿拉癸鄂拉西北三十里，迪化州南。古尔班哲尔格郭勒出其西。"阿拉沟，清代作"阿拉癸"，详见后文裕勒都斯与吐鲁番盆地的交通。古尔班哲尔格郭勒，即乌鲁木齐县水西沟乡的水西沟。

乌可克达巴，在今和静县乌拉斯台北与乌鲁木齐县交界处。《西域同文志》载，"乌可克"准语"小柜"之义，下岭入两崖间，左右逼仄，境若深藏，故名。《西域图志》卷二十一载："乌可克达巴，在哲尔格斯鄂拉三十里，为迪化州西南屏。阿勒塔齐郭勒，发源北麓。"②阿勒塔齐郭勒，即乌鲁木齐河。《平定准噶尔方略》作"乌克克岭"，《新疆图志》作"乌可克岭"。乌可克达巴以西为"博尔图山"，位于乌鲁木齐县、昌吉市与和静县交界处。乌可克山南为开都河支流

---

① 付马：《丝绸之路上的西州回鹘王朝——9—13 世纪中亚东部历史研究》，北京：社会科学文献出版社，2019 年，第 271 页。
② 钟兴麒等校注：《西域图志校注》，乌鲁木齐：新疆人民出版社，2002 年，第 318 页。

乌兰乌苏河发源地，山北为乌鲁木齐河发源地。

巴伦台，清代作"巴勒干"。《新疆图志》载："巴勒干岭，巴勒干台之水出焉，西南流入于哈布齐垓河。此岭在焉耆府城北土尔扈特部落东南，与萨萨克岭接，蒙古语，红柳山也。山麓即今土尔扈特卓里克图汗布彦蒙库府，府东侧有黄寺三座，毡帐百余。喇嘛终年集此诵经，盖其俗重黄教也。"[①]《焉耆府图》标示巴勒干台水在乌拉苏台水之南，汇入哈布齐垓河。

三、与伊犁河谷的交通

霍城—裕勒都斯道

霍城—裕勒都斯道，又称"惠远珠尔土斯道"，即伊犁霍城县惠远古城至裕勒都斯盆地的通道。刘锦棠《请按约索还乌什之贡古鲁克地方折》指出由焉耆通伊犁之捷径，其一"自那喇特卡伦，经朱勒都斯、察罕通格两山，以达喀喇沙尔"[②]。据《伊江汇览》记述，清代伊犁将军每年利用此路线进行围猎，借机训练驻军，其具体路线如下："由伊犁惠远城至沙拉托海五十里，至哈什河沿七十五里，至察汉托海六十里（过伊犁河，过渡），吉尔噶图托海六十里（经沙里巴台达坂），特们胡珠五十里（过达坂，系平滩），都尔博谨五十里，至塔木哈拉托罗海六十里，至土尔埂六十里，至空吉斯河沿六十里，至长漫北口五十里（过空吉斯河，系达坂），乌那古特打坂北口五十五里，

[①] （清）王树枏等纂修，朱玉麒等整理：《新疆图志》，上海：上海古籍出版社，2017年，第1062页。
[②] （清）王树枏等纂修，朱玉麒等整理：《新疆图志》，上海：上海古籍出版社，2017年，第1865页。

至打坂南口五十五里，至大珠尔土斯，经克拉哈达至凯都河沿五十里（渥巴锡游牧处）。回程由小珠尔土斯至阿奇里图口七十里（经呼奇尔图），那拉特东口四十里（过达坂），长漫五十里（过达坂、空吉斯河），空吉斯河沿五十里，至空吉斯河下稍六十里，至土尔埂六十里，至塔木哈拉托罗海六十里（过乌尔图达坂），松姐图六十里（过呼奇尔图达坂），哈什河沿六十里，自此经回矣。"[1]

沙拉托海，在今伊宁市喀尔敦乡境内。察汉托海，即今伊宁县巴依托海镇境内，喀什河与伊犁河在此汇流。吉尔噶图托海，即今巩留县吉尔格郎乡。都尔博谨，即新源县喀拉布拉镇境内。塔木哈拉托罗海，在今新源县塔勒德镇境内。土尔埂，即今新源县吐尔根乡。

空吉斯（Kongils），《西域行程记》作"孔葛思"，《哈密至准噶尔路程》作"孔济斯"，《西域图志》作"空格斯"，即今巩乃斯河。巩乃斯河源头，又称"乌得音郭勒"（Udeyingol），位于和静县西北部艾肯达坂，巩乃斯河发自其西北麓。《西域同文志》载："准语，乌得，门也；音，语词；郭勒，河也。山口如门，濒河，故名。"《西域图志》卷二十一载："乌得音郭勒达巴，在额布图达巴西南五十里，东裕勒都斯郭勒西，空格斯郭勒发源西麓。"[2]《新疆图志》卷六十载："乌得音郭勒之岭，其上多松林，其西麓空格斯之水出焉。西流合特克斯、哈什两水而入伊犁河，其东麓有温泉、石甃存焉。"

长漫北口，在今坎苏乡境内。乌那古特，即今那拉提乡乌拉斯台附近达哈特岭。《新疆图志》卷六十引《新疆图说》载："（达哈特）今名塔格特达坂，在哈喇沙尔城西北七百五十里。昌曼河西北流经昌曼卡伦。又西北，经达哈特岭北，其岭水又西北流，入于空格斯河

---

[1] 钟兴麒编著：《西域地名考录》，北京：国家图书馆出版社，2008年，第434—435页。
[2] 钟兴麒等校注：《西域图志校注》，乌鲁木齐：新疆人民出版社，2002年，第315页。

(巩乃斯河)。"[1] 大珠尔土斯，在今和静县巴音布鲁克镇政府驻地。小珠尔土斯，在今和静县额勒再特乌鲁（Elezayt-ulus）乡。额勒再特乌鲁，蒙古语，意为"吉祥山"。阿奇里图，即今巩乃斯河上游阿尔夏附近。那拉特，即今和静县与新源县之间的那拉提达坂，亦称"纳喇特达巴""克木拉克山"。《新疆图志》卷六十引《新疆图说》："克木拉克山，亦名那喇特岭，在喀喇沙尔西北五百余里。"《西域图志》卷二十一载："纳喇特达巴，在乌得音郭勒达巴南六十里，空格斯南。"[2]《西陲总统事略》《西域水道记》记有"纳喇特卡伦"。《大清一统志》载"纳喇特岭又东北六十里，为乌得音岭"，即巩乃斯河之源头。

陈诚《西域行程记》对上述路线有详述，大体与霍城—裕勒都斯道相同。明永乐十二年（1414），陈诚等由吐鲁番崖儿城（交河故城）出发，经托逊（今托克逊县）、阿鲁卜古迹里（阿拉沟）、哈喇卜剌、博脱秃、塔把儿达剌，到达尹秃司（巴音布鲁克镇政府驻地）。此后向西南行约百余里，到达斡鹿海牙西南山口处附近，向西行，至阿达打班[3]。

哈喇卜剌，今作"哈布齐垓"，又称"古尔班哈布齐垓"，位于和静县北部哈屯博格达岭之南，博尔图山之西。《西域同文志》载："哈布齐垓，准语，谓山峡中路也。"哈布齐垓山口有三水，又作"三哈布齐垓河"：西河，即巴伦哈布齐垓河（巴伦，准语，西也）；中河，即多木达哈布齐垓河（多木达，准语，谓中道也）；东河，即准哈布齐垓河（准，准语，谓东也）[4]。《哈密至准噶尔路程》载："正月

---

[1] （清）王树枏等纂修，朱玉麒等整理：《新疆图志》，上海：上海古籍出版社，2017年，第1050页。
[2] 钟兴麒等校注：《西域图志校注》，乌鲁木齐：新疆人民出版社，2002年，第320页。
[3] 王继光：《陈诚西域资料校注》，乌鲁木齐：新疆人民出版社，2021年，第161—162页。
[4] 乌云毕力格、张闶：《同文之盛——〈西域同文志〉整理与研究》，上海：上海古籍出版社，2022年，第16、95页。

初九日，自伊拉里克一百四十里住阿拉癸峪口，初十日仍在阿拉癸峪内六十里住，十一日仍在阿拉癸峪内七十里住。出阿拉癸山口，七十里至古尔班癸努勒台，望西北有三山，即古尔班哈布齐垓山。山三口俱流水。自登努勒台逾第一哈布齐垓小山梁，凡六十里至中哈布齐垓山。自中哈布齐垓山，经哈屯博格达山南峪外，路有石，渡河数次，凡七十里至第三哈布齐垓山。"《西域水道记》卷二载："（哈布齐垓）向皆汇于乌兰乌苏，今泉势微弱，出谷之水仅溉克札一区蒙古田，无汇乌兰乌苏者。"①

博脱秃，即哈屯博克达，位于和静县西哈布齐垓之西、大小布尔古斯一带。《哈密准噶尔路程》载，由哈屯博克达南峪经过，路有石头，渡河数次。塔把儿达剌，《哈密至准噶尔路程》作"插汉鄂博图"，即今和静县查干诺尔达坂，又作"查汗努尔达坂"。

尹秃司，《哈密至准噶尔路程》作"准土斯"，即裕勒都斯之音异，在今巴音布鲁克镇政府驻地。斡鹿海牙，在今和静县巩乃斯镇境内。阿达打班，即今达格特达坂，又作"那拉特达坂"，位于新源县恰合普河上游。后文所记驻地"纳剌秃"，即新源县那拉提镇。北行过山，遇一大川，"有河水西流"，地名"孔葛思"，即巩乃斯河。向西约50余里，至"忒勒哈剌"，即新源县东铁勒喀拉村。

清代《哈密至准噶尔路程》所载裕勒都斯至巩乃斯河谷行程，与陈诚所经路线大致相同②。只是由"准土斯"（裕勒都斯）西行，未经那拉提达坂，而是越"阿敦苦鲁岭"西去，顺"孔济斯"（巩乃斯河）

---

① （清）徐松著，朱玉麒整理：《西域水道记（外二种）》，北京：中华书局，2005年，第105页。
② 陈戈：《明陈诚使西域经行新疆路线略疏》，陈戈著《新疆考古论文集》，北京：商务印书馆，2017年，第677页。

而下，可到达策旺阿拉布坦驻地。阿敦苦鲁岭，即和静县巴音布鲁克煤矿东北与巩乃斯沟之间的分水岭，G217国道图兰沙拉一带[1]。

四、与塔里木盆地的交通

（一）轮台—裕勒都斯道

轮台—裕勒都斯道，属于"轮台伊犁道"其中一段。轮台，又称"玉古尔"（Yūgùr）、"布古尔""布告尔"（Bugur）。《西域土地人物略》作"淤泥泉"，即今轮台县政府驻地。《西域同文志》载："玉古尔，回语，临阵奋勇前进之谓。"《西域图志》卷十五载："玉古尔，在英噶萨尔西一百二十里，逾伊兰布拉克至其地。"[2]《西域水道记》卷二载："玉古尔者，汉轮台地。《西域传》载：'轮台、渠犁，地相近也。'庄南四十里有故小城，又南二十里有故大城，又南百余里，尤多旧时城郭。田畴阡陌，畎陇依然，直达河岸（塔里木河），疑官田所治矣。"[3]《新疆识略》载："布告尔，蒲滩芦泊，渺绵无际，为西入回地之咽喉。"《魏书·唐和传》载：万度归、唐和、车伊洛共击焉耆，"和奉诏，会度归喻下柳驴以东六城"[4]。柳驴，林梅村考证为《汉书·西域传》载西域都护府所在地垺娄城，即轮台县奎玉克协海尔古城[5]。据1948年《轮台县兵要地志》载，可分为两条支线：

---

[1] 王启明：《清代伊犁通库车及喀喇沙尔路史实钩沉》，《新疆社科论坛》2011年第6期，第68—71页。

[2] 钟兴麒等校注：《西域图志校注》，乌鲁木齐：新疆人民出版社，2002年，第345页。

[3] （清）徐松著，朱玉麒整理：《西域水道记（外二种）》，北京：中华书局，2005年，第102页。

[4] （北齐）魏收：《魏书》，北京：中华书局，1974年，第962页。

[5] 林梅村：《考古学视野下的西域都护府今址研究》，《历史研究》2013年第6期，第43—58页。

(1)第纳尔河（Dinalrgöl）谷道。由轮台县治西北 40 公里，有第纳尔山口至哈里克立达坂，往哈立灰益达坂及哈尔古尔达坂，及尤鲁土斯（裕勒都斯）可通伊犁。此路冬夏无阻，人马尚可通行，车辆不易通过。第纳尔河，今称迪那尔河，汉代仑头及唐代乌垒州均位于此流域下游区域。《西域同文志》载："第纳尔，回语，药名，滨河产此，故名。"《西域图志》卷二十七载："库车，在第纳尔郭勒西二百五十里。"沿迪那尔河谷可至的拉尔山。的拉尔山，清代称"哈喇库尔达巴"（Karakur Dawan）。《西域同文志》载："回语库尔，层折之谓。岭形层折，石色近黑，故名。"《西域图志》卷二十三载："哈喇库尔达巴，在乌什噶克塔克西南一百里，鄂颇尔西，玉古尔北，岩崖高峻，为天山支峰之杰出者，第纳尔郭勒、伊兰布拉克发源南麓。"《新疆图志》卷六十载："的拉尔山，的拉尔水出焉，南流入于恰阳河。""哈喇库尔岭，伊兰之水、第纳尔之河出于其麓，南流均伏于沙。"[1]"的拉尔"为"第纳尔"之另译，第纳尔河发源处即位于轮台县、库车市与和静县之间的拜克铁盖塔乌克。

（2）阳霞河谷道。沿阳霞河至卡勒雅北行入山口，至夏勒根达坂，经木孜达坂，可达裕勒都斯，但此路崎岖险峻，冬季积雪，山路被封，夏秋可行。阳霞（Yangihisar），《西域土地人物略》称"察力察井"，《西域同文志》作"英阿萨尔"，《西域图志》作"英噶萨尔"。《西域图志》卷十五载："英噶萨尔，在策特尔西七十里，东北距哈喇沙尔城五百六十里。旧有城。"张平认为《新唐书·地理志》所载"龙泉守捉"位于阳霞境内于阔那巴扎村，清代设"龙泉驿"。[2]

---

[1] （清）王树枏等纂修，朱玉麒等整理：《新疆图志》，上海：上海古籍出版社，2017 年，第 1068 页。
[2] 张平：《唐代龟兹烽戍守捉遗址考实》，张平著《龟兹文明——龟兹史地考古研究》，北京：中国人民大学出版社，2010 年，第 245—246 页。

龙泉，维吾尔语作"依兰布拉克"，直译为"蛇泉"。

卡勒雅，清代称"鄂颇尔"，位于今轮台县阳霞镇北部。《西域同文志》载："鄂颇尔，回语，沙土之地，山泉冲激成沟渠也。"《西域图志》卷十五载："鄂颇尔，在英噶萨尔北三十里，东距哈喇沙尔城五百九十里。自英噶萨尔经此西行，可通库车。"阳霞河，清代称"恩楚鲁克郭勒"。《西域同文志》载："恩楚鲁克，回语，分而有之之谓。居人分立河界，引水灌田，故名。"《西域图志》卷二十七载，恩楚鲁克郭勒流经英噶萨尔（轮台县阳霞镇），今作阳霞河。《大清一统志》载："（恩楚鲁克河）水流众道交错，绕英噶萨尔左右皆浅小可涉。"木孜达坂一带，清代称"乌什噶克塔克"。《西域同文志》载："乌什噶克塔克，回语，山峰险滑之谓。"《西域图志》卷二十三载："乌什噶克塔克，在拜拉克塔克西一百里，西裕勒都斯支河发源北麓。"[1]

（二）库车—裕勒都斯道

库车—裕勒都斯道，从库车市出发，沿库车河北行，途经兰干村苏巴什古城至阿格乡，沿斯迪克村、克孜勒亚、库车大峡谷至阿艾阿克孜，再东北行经塔力克、库如力至库车河上游克其克库勒，由此翻越克其克木孜力克达坂东北行，可抵和静县干吉尔，由此进入巴音布鲁克。大体与217国道路线相近。

兰干村，清代称"奇里什"，附近为苏巴什古城。《西域同文志》载："奇里什，回语，地傍高山，下临溪涧之谓。"《西域图志》卷十五载："奇里什，在库车城东北六十里。其正北境，当天山正干阿

---

[1] 钟兴麒等校注：《西域图志校注》，乌鲁木齐：新疆人民出版社，2002年，第343页。

尔坦呼苏南麓，距库车城一百里。"①

阿格（Aghe），又作"阿艾"，维吾尔语意为"两山之间"，在库车市城北28公里处。阿格乡西北有铜山。《新疆图志》卷六十载："铜山，其上多铜、多石油。"又引《光绪丁未年（1907）勘矿公牍》曰："库车铜山距城一百二十余里，出北门四十里许，至苏巴什，道路平坦。由苏巴什北行二十里，至老铜厂，此厂早已停办。再北行四十里，抵新铜厂。由厂西行十五里，进山口。又循山口东行约十里，系小河沟，始抵铜山麓。"②

阿格乡以北山区，即《隋书·西域传》《新唐书·西域传》所称的"阿羯田山"。阿羯田，有学者释作 Ak-tagh，即"白山"之意。《新唐书·西域传》载："龟兹一曰丘兹，一曰屈兹，东距京师七千里而嬴，自焉耆西南步一百里，度小山，经大河二，又步七百里乃至。君姓白氏，居伊逻卢城，北倚阿羯田山，亦曰白山，常有火。"③清代称哈尔克山，又作"额什克巴什鄂拉"（Öchkbashtag）。"额什克"，维吾尔语"小山羊"；"巴什"意为"头"，其山形似山羊头，阿羯田山或取其"义"，羯，本意"羊"也。《西域图志》卷二十一载："额什克巴什鄂拉，在汗腾格里鄂拉南二百里。山形宽广，产硫黄，哈喇库勒发源东南麓，赫色勒郭勒东一源出西南麓，又东一源出南麓，是山为库车北屏，距库车城百里。"《新疆图志》卷六十载："（额什克巴什山）是山也，常有火，多硫磺、铜、铁。鸟多孔雀，兽多麋、良马、牦牛。多药草，侧柏、黄连、麻黄、甘草、雪莲、夏枯草、虫草

---

① 钟兴麒等校注：《西域图志校注》，乌鲁木齐：新疆人民出版社，2002年，第249页。
② （清）王树枏等纂修，朱玉麒等整理：《新疆图志》，上海：上海古籍出版社，2017年，第1049—1050页。
③ （宋）欧阳修、（宋）宋祁等撰：《新唐书》，北京：中华书局，1975年，第6230页。

之属。赫色勒之水有三源焉，其二源则兹山之所出也。东南之麓，哈喇之水出焉。"①《西域图志·天山南路图二》标示，库车河又称"额什克巴什郭勒"。《新疆图志》引《讯鲜录》载："硇砂山，在（库车）城北百余里，山皆培塿，多石洞，硇砂产洞中，形如钟乳。"②

克其克木孜力克达坂附近，清代称"泰来买提达坂"，今作铁力买提达坂，是库车市与和静县间科克铁克山东端的隘口，海拔3608米，人畜可在夏秋两季通行。《新疆图志》卷六十载："泰来买提，托克拉苏水出焉，南流入于库克纳克河。"《库车乡土志》载："（库车）城北二百五十里泰来买提达坂，界焉者府属之著勒都斯。"③

（三）拜城—裕勒都斯道

拜城—裕勒都斯道，从拜城县黑英山乡出发，自哈拉克买里斯沿克孜勒河支流西北行至托利瓦伊，经依兰勒克、奥日伊拉克东北行，翻越合同萨拉达坂，顺合同萨拉水进入大裕勒都斯盆地。沿途有多处早期铁器时代的墓地及遗址。

合同萨拉达坂，清代作"浩腾萨拉达坂"、"汗腾格里鄂拉"（Hantgly-aula）。《西域图志》卷二十一载："汗腾格里鄂拉，在纳喇特达巴西五百里，特克斯郭勒发源北麓，东北距伊犁一百五十里，南距库车三百里。"④《新疆图志》卷六十引《库车乡土志》载："城北面山自迤西千佛洞，山势拗折蜿蜒，东趋绵亘全境。北岸达坂，名称各

---

① （清）王树枏等纂修，朱玉麒等整理：《新疆图志》，上海：上海古籍出版社，2017年，第1045页。
② （清）王树枏等纂修，朱玉麒等整理：《新疆图志》，上海：上海古籍出版社，2017年，第1045—1046页。
③ （清）佚名著，马大正等整理：《新疆乡土志稿》，乌鲁木齐：新疆人民出版社，2010年，第321页。
④ 钟兴麒等校注：《西域图志校注》，乌鲁木齐：新疆人民出版社，2002年，第321页。

异，统为汗腾格里山，即自葱岭来之北山，西接阿克苏之木素尔岭，东达布告尔之博罗图山。"由此可知，清末将绵亘库车北部的达坂统称为汗腾格里山，和静县与拜城县交界称为"浩腾萨拉达坂"，即"汗腾格里"之音转。温宿以西之汗腾格里峰与库车北山应加以区分。

（四）焉耆—裕勒都斯道

焉耆（Agni），即今巴音郭楞蒙古自治州焉耆县。《汉书·西域传》载："西域诸国大率土著，有城郭田畜，与匈奴、乌孙异俗，故皆役属匈奴。匈奴西边日逐王置僮仆都尉，使领西域，常居焉耆、危须、尉黎间，赋税诸国，取富给焉。"[①] "焉耆国，王治员渠城，去长安七千三百里……西南至都护治所四百里，南至尉犁百里，北与乌孙接。"[②] 尼雅出土佉卢文书作 arig[③]。《晋书》《魏书》《周书》《隋书》均称"焉耆"。《法显传》载："复西行十五日，到焉夷国。"《魏书·世宗纪》载："景明三年（502）乌稽、阿喻陀诸国并遣使朝贡。"《新唐书·地理志》载："焉耆都督府，贞观十八年（644）灭焉耆置。"《大唐西域记》作"阿耆尼"，释为梵文 Agni 之译音，意为火。《一切经音义》卷八十二载："阿耆尼国，两碛之西第一国也。耆音祇。古曰婴夷，或曰乌夷，或曰乌耆，即安西镇之中是其一镇，西去安西七百里……"[④]《释氏西域志》《续高僧传》《悟空入竺记》及唐代吐鲁番文书[⑤]均作"乌耆"。吐鲁番出土 9 世纪粟特语文书《地

---

① （汉）班固撰，（唐）颜师古注：《汉书》，北京：中华书局，1964 年，第 3872 页。
② （汉）班固撰，（唐）颜师古注：《汉书》，北京：中华书局，1964 年，第 3917—3918 页。
③ 孟凡人：《尼雅遗址与于阗史研究》，北京：商务印书馆，2017 年，第 240 页。
④ 徐时仪校注：《一切经音义》，上海：上海古籍出版社，2008 年，第 1950 页。
⑤ 国家文物局古文献研究室、新疆维吾尔自治区博物馆、武汉大学历史系编：《吐鲁番出土文书》第 7 册，北京：文物出版社，1983 年，第 92—93 页。

名表》（*Nāfnāmak*）称焉耆为 'rcyk[①]。《钢和泰藏卷》于阗语部分作 Argīñvā bise kaṃtha。《世界境域志》（*Ḥudūd al-'Ālam*）作 ARK，米诺尔斯基（V. Minorsky）释作 azal[②]。

宋代之后，焉耆的称谓发生变化。《元史·哈剌亦哈赤北鲁传》载："国王月仙帖木儿亦都护闻其名，自唆里迷国征为断事官。"[③]哈密出土回鹘文《弥勒会见记》亦用"唆里迷"（Solmï）称呼焉耆。其他元明时期史料还作 Damna、Chalisc、Cialis、Djalich、Seriek 等[④]。《大清一统志》载："喀喇沙尔，宋为回鹘地，元为伊勒巴拉城地，明时巴什伯里部（别失八里）自天山北徙，据其地，仍要号伊勒巴拉。本朝乾隆二十四年，西域平，入版图，有旧城二皆废圮，移建新城于喀喇沙尔。"《西域同文志》载："回语，沙尔，城也。其城年久色黑，故名。"[⑤]《西域图志》卷十五载："哈喇沙尔，在辟展西一千六十里。逾哈喇乌苏至其地，距京师九千一百里。""有旧城二，一在海都勒西十里，一在海都郭勒西南二十里，久废。今移建新城于哈喇沙尔，周一里五分。"[⑥]《西域水道记》卷二载："哈喇沙尔城，乾隆二十三年建，高丈三尺，周二百五十四丈，东西门二。"[⑦]《莎车行记》载，"喀喇沙尔，城名协顺"，为清道光八年（1828）所赐，即喀喇沙尔（Karashar）旧城，又作"哈喇沙尔"。

---

① 毕波：《粟特人在焉耆》，《西域研究》2020 年第 1 期，第 23—24 页。
② 付马：《丝绸之路上的西州回鹘王朝——9—13 世纪中亚东部历史研究》，北京：社会科学文献出版社，2019 年，第 145 页。
③ （明）宋濂等撰：《元史》，北京：中华书局，1976 年，第 3046 页。
④ 李之勤：《西域史地三种资料校注》，乌鲁木齐：新疆人民出版社，2012 年，第 27 页。
⑤ 乌云毕力格、张闶：《同文之盛——〈西域同文志〉整理与研究》，上海：上海古籍出版社，2022 年，第 29 页。
⑥ 钟兴麒等校注：《西域图志校注》，乌鲁木齐：新疆人民出版社，2002 年，第 241 页。
⑦ （清）徐松著，朱玉麒整理：《西域水道记（外二种）》，北京：中华书局，2005 年，第 112 页。

裕勒都斯草原与焉耆的交通，大致可分为和通道、曲惠道、清水道、察吾乎沟道和霍拉山道五条主要路线。

（1）和通道。由和静县巴伦台镇出发，经和静县城，东南行至乃门莫敦乡，再南行至焉耆县。和静县城治所，清代称"和通"（Khotong），光绪二十四年（1898）将土尔扈特汗王驻牧地定名为"和通苏木"。1939年成立和通县，后改为"和靖县"，1965年定名"和静"。乃门莫敦（Namemodun），蒙古语"八棵树"之意。和通道是清代土尔扈特部众游牧、朝圣的主要路线。巴伦台，亦称"天桥"或"哈拉莫敦"，蒙古语意为"有沙红柳的地方"。《天山兵要地志调查日记》载："自错窝落至屋瓦门曲折傍水西行，轻步缓坡，心旷神怡，沟中洼湿，但无草蛇，十一时抵天桥。"[1]民国时期，国军一二八旅三八三团三营驻军于此，是重要的交通枢纽。

（2）曲惠道。由和硕县曲惠镇曲惠古城顺曲惠水西北行，经曲惠沟口石围遗址、红蝶谷戍堡遗址可至吉田克什维，经乃木拉生至老巴伦台，由此西去裕勒都斯。另外，也可由红蝶谷戍堡遗址北行进入阿拉沟[2]。

曲惠（Chokkur），又称"左回""楚辉""曲会"。《魏书·焉耆传》载："成周公万度归入焉耆东界，击其边守左回、尉犁二城。"《西域同文志》载："楚辉，回语，新茁之草。山多产此，故名。"[3]《西域图志》载："楚辉塔克，在哈喇沙尔城北十里，阿拉癸鄂拉分支也。奇尔归图郭勒发源南麓，南流至楚辉城东，资以灌田。"《西域图志》

---

[1] 新疆维吾尔自治区档案馆档案，卷号：军 3-1-22。
[2] 新疆维吾尔自治区文物局编：《不可移动的文物：巴音郭楞蒙古自治州卷（1）》，乌鲁木齐：新疆美术摄影出版社，2015 年，第 600—622 页。
[3] （清）傅恒等撰：《钦定西域同文志》，乌鲁木齐：新疆文化出版社，2017 年，第 317 页。

卷十五载:"楚辉,在乌沙克塔勒西五十里,察罕通格西南七十里。有城垣。西距哈喇沙尔城一百三十五里。"①《大清一统志》载:"楚辉河,在喀拉沙尔东,源出楚辉山南麓,南行经楚辉城西十里入于地。"《新疆图志》卷六十载:"楚辉山,其南楚辉之水出焉,南流入于地;奇尔归图之水出焉,西南流入于博斯腾淖尔。"②楚辉河,即"楚辉之水",今作"曲惠河"。《新疆识略》作"曲惠",《清史稿·左宗棠传》作"曲会"。

(3)清水道。由和硕县特吾里克镇出发,沿清水河北行,经克尔古提乡西北行,经代吾松其阿木西行,可抵巴伦台镇。

特吾里克(Towilgha),即汉代"危须",唐代"火烧城",清代作"特伯勒(尔)古""清水河驿"。《汉书·西域传》载:"危须国,王治危须城,去长安七千二百九十里……西至都护治所五百里,至焉耆百里。"《水经注》载:"(敦薨之浦)东源东南流,分为二水,但涧澜双引,洪湍浚发,俱东南流,径出焉耆之东,导于危须国西。国治危须城,西去焉耆百里。"③"涧澜双引"指曲惠河与清水河,二者在曲惠乡南合入博斯腾湖。《新唐书·西域传》载:"楚客等因建遣摄御史中丞冯嘉宾持节安抚阙啜,以御史吕守素处置四镇,以牛师奖为安西副都护,代元振领甘、凉兵,召吐蕃,并力击娑葛。娑葛之使娑腊知楚客谋,驰报之。娑葛怒,即发兵出安西、拨换、焉耆、疏勒各五千骑。于是阙啜在计舒河(塔里木河)与嘉宾持节会。娑葛兵奄至,禽阙啜,杀嘉宾,又杀吕守素于僻城、牛师奖于火烧城,遂陷安西,四

---

① 钟兴麒等校注:《西域图志校注》,乌鲁木齐:新疆人民出版社,2002年,第315页。
② (清)王树枏等纂修,朱玉麒等整理:《新疆图志》,上海:上海古籍出版社,2017年,第1062页。
③ (北魏)郦道元著,陈桥驿校证:《水经注校证》,北京:中华书局,2013年,第39—40页。

镇路绝。"①《西域同文志》载："特伯勒古，回语，柽也。南人谓之西河柳，北人谓之山川柳。地多产此，故名。"②《西域图志》卷十五载："特伯勒古，在塔噶尔齐西十五里，逾奇尔归图郭勒至其地。有小城，西距哈喇沙尔城八十里。"③《西陲总统事略》卷十记"特伯尔古军台"。《大清一统志》载："特伯勒古泉，在特伯勒古西十里，当孔道北，周五里许，无支流。"

清水河，又称"淡河""奇尔归图河"。《新唐书·地理志》载：自西州西南，"经新城馆，渡淡河，至焉耆镇城"。新城馆具体位置不详，严耕望认为即《西域图志》所载"塔噶尔齐"（Tagharche，今和硕县塔哈其乡）与"塔未戞"（Tawigha，特吾里克镇）附近④。《大清一统志》载："奇尔归图河在喀喇沙尔东，塔哈尔齐西十里，源出楚辉山南麓，偏西南流一百里，入博斯腾池。按当即《唐书·地理志》之淡河。"《西域图志》卷二十七载："焉耆镇城，当属今之哈喇沙尔城。淡河居其东北，则正今之奇尔归图郭勒也。"⑤《新疆图志》卷七十一载："奇尔归图河，一名清水河……又南流百三十里，至清水河驿。"⑥

（4）察吾乎沟道。由焉耆县西北行，经巴润哈尔莫敦镇、哈尔莫敦镇西北行，沿察吾乎沟翻越哈合仁达坂，西北行可抵巴音布鲁克区政府驻地。察吾乎，蒙古语意为"有悬崖的山沟"。

哈尔莫敦（Kharmodun），蒙古语意为"有榆树之地"。哈尔莫敦

---

① （宋）欧阳修、（宋）宋祁等撰：《新唐书》，北京：中华书局，1975年，第4364—4365页。
② 乌云毕力格、张闶：《同文之盛——〈西域同文志〉整理与研究》，上海：上海古籍出版社，2022年，第30页。
③ 钟兴麒等校注：《西域图志校注》，乌鲁木齐：新疆人民出版社，2002年，第243页。
④ 严耕望：《唐代交通图考》第二卷，北京：北京联合出版社，2007年，第467页。
⑤ 钟兴麒等校注：《西域图志校注》，乌鲁木齐：新疆人民出版社，2002年，第390页。
⑥ （清）工树枏等纂修，朱玉麒等整理：《新疆图志》，上海：上海古籍出版社，2017年，第1297页。

村北 20 公里即察吾乎沟墓群，距今约 1800—3000 年，附近还有大量青铜时代至早期铁器时代的墓地与聚落遗址，如红山沟遗址及墓地、乌兰托里盖墓地等[①]。

哈合仁达坂，清代作"哈哈尔山"。《新疆图志》卷六十载："哈哈尔山有水焉，入于小裕勒都斯河。此山在焉耆府城西北土尔扈特部落，西与丹布山接，上有鄂博，土人相传准格尔辉特伪台吉之冢埋于其下，人欲近之，必暴风大作，其山有道险窄，为土尔扈特部贝勒辅国公及台吉等赴珠勒都斯游牧之捷径。"[②]《焉耆府图》标示，哈哈尔山位于小珠勒都斯河源南，与丹布山口相接，位于哈布其罕沟西南。

（5）霍拉山道。起点为焉耆县七个星镇，清代作"硕尔楚克"（Sh-orchuq），附近有唐王城遗址和七个星佛寺遗址，是古代焉耆的佛教中心，出土有纸质龟兹语"头陀行"（Dhūtagu·nas）写本（THT 558-562）[③]。焉耆唐王城遗址，即克亚克库都克烽燧出土文书所载焉耆守捉城，硕尔楚克即"守捉"之音转。《西域同文志》载："硕尔楚克，回语，硕尔，硝也；楚克，有也，与里克鲁克同义，其地产硝，故名。"[④]《西域图志》卷十五载："硕尔楚克，东北距哈喇沙尔城四十里。有水草，可驻牧。其东北二十里有旧城。"[⑤]《西域图志》所言"旧城"，即唐王城遗址。由此出发经巴伦渠沿道路西北行，可抵达霍拉山千佛洞。

[①] 新疆维吾尔自治区文物局编：《不可移动的文物：巴音郭楞蒙古自治州卷（1）》，乌鲁木齐：新疆美术摄影出版社，2015 年，第 89—97 页。

[②] （清）王树枬等纂修，朱玉麒等整理：《新疆图志》，上海：上海古籍出版社，2017 年，第 1067 页。

[③] 荣新江：《纸对丝路文明交往的意义》，《中国史研究》2019 年第 1 期，第 177—182 页。

[④] 乌云毕力格、张闶：《同文之盛——〈西域同文志〉整理与研究》，上海：上海古籍出版社，2022 年，第 30 页。

[⑤] 钟兴麒等校注：《西域图志校注》，乌鲁木齐：新疆人民出版社，2002 年，第 243 页。

至霍拉山千佛洞处，为三岔路口：向东北有路通往乃们莫墩镇，西北与察吾乎沟道相汇；西北行至乃明莫墩三队，东北行至和静县伊辉臣村，与察吾乎沟道相汇；西南行，沿霍拉沟经阿合买丹村至许古尔鲁克，由此南下经央布拉克、阿克布拉克可至铁门关。由许古尔鲁克西北行，顺霍拉沟而上，经乌希开乌勒德村可抵达霍拉沟上游乌尊其格能郭勒，由此翻越萨依亨达坂可至和静县阿帕勒德，由此进入开都河流域，继续西北行即裕勒都斯盆地。霍拉山道沿线分布有大量的烽燧遗址，有学者称其为"霍拉山军事防御带"[1]。

五、与吐鲁番盆地的交通

裕勒都斯草原与吐鲁番盆地的交通是学界历来关注的热点。日本学者松田寿男指出，裕勒都斯草原与吐鲁番盆地的交通，早在汉晋时期就已通行[2]。托克逊县在地理上与和静县、和硕县相邻，是连接吐鲁番盆地与焉耆盆地的纽带。托克逊（Tokson），《梁书·高昌传》《慈恩寺三藏法师传》作"笃进"，《旧唐书·程知节传》作"怛笃"，《新唐书·地理志》作"天山县"，《元史·西北地附录》作"他古新"，清代作"托克三"。《西域同文志》载："回语，托克三，九十数也。九十户居之，故名。"《西域图志》卷十四载："托克三，在布干西南六十里，东距辟展城四百十三里。有城周二里许，西北直都鲁达巴。"[3]《吐鲁番乡土志》载："（托克逊）城西百五十里曰托克逊山，

---

[1] 张安福：《天山廊道军镇遗存与唐代西域边防》，北京：社会科学文献出版社，2021年，第321—326页。
[2] [日] 松田寿男著，陈俊谋译：《古代天山历史地理学研究》，北京：中央民族学院出版社，1978年，第103—105页。
[3] 钟兴麒等校注：《西域图志校注》，乌鲁木齐：新疆人民出版社，2002年，第236页。

即夹尔盖斯山,有河出迪化,东南流经托克逊城东而南。"①

(一)阿拉沟道

阿拉沟(Alģui)道,是由托克逊县伊拉湖镇沿阿拉沟河向西抵达鱼儿沟的道路。伊拉湖,《西域行程记》作"奚者儿卜剌",《哈密至准噶尔路程》作"衣拉里刻"。由阿拉沟向西有两条路线:第一条沿艾维尔沟河西北行,可进入乌鲁木齐南山牧场;第二条沿阿拉沟西行抵达和静县巴伦台镇,再西行可进入裕勒都斯盆地或南行进入焉耆盆地。阿拉沟道冬季多雪,春季融雪性洪水频发,夏秋两季便于通行。阿拉沟河,清代称"阿罗果勒水",其上游为乌拉斯台水。《新疆图志》卷六十载:"阿罗果勒水出焉,东流入吐鲁番之伊拉湖。"②王炳华曾对阿拉沟口的一座古戍堡遗址进行发掘,拼合出9件较为完整的唐代文书,其中多次提及"鸜鹆镇"及下属的"鸜鹆烽""名岸烽"等③,可以确定唐代鸜鹆镇在今阿拉沟附近。

阿拉沟是吐鲁番盆地进入裕勒都斯的重要通道。明清史料又称"阿鲁卜古碛里""阿拉癸""阿尔灰""阿勒辉"。④《西域同文志》载:"准语,阿拉癸。危险之意,山势高峻艰于行旅,故名。"《西域图志》卷二十一载:"阿拉癸鄂拉,在托克喇鄂拉西南二十里,迪化州南。"⑤《哈密至准噶尔路程》载:"自衣拉里刻(伊拉里克)住阿尔灰(阿拉沟)峪口,此站有一百四十里,俱无水草。"清代在此设"阿勒辉台

---

① (清)佚名著,马大正等整理:《新疆乡土志稿》,乌鲁木齐:新疆人民出版社,2010年,第134页。
② (清)王树枬等纂修,朱玉麒等整理:《新疆图志》,上海:上海古籍出版社,2017年,第1058页。
③ 蒲宣伊、孟宪实:《从名岸战役看唐西州府兵》,《西域研究》2019年第2期,第28—38页。
④ 王继光:《陈诚西域资料校注》,乌鲁木齐:新疆人民出版社,2021年,第161—162页。
⑤ 钟兴麒等校注:《西域图志校注》,乌鲁木齐:新疆人民出版社,2002年,第318页。

站"。《清史稿·满福传》载：乾隆二十二年（1757），"定边将军成衮扎布出珠勒都斯（裕勒都斯），令满福将三百人巡视阿勒辉至乌纳哈特（那拉提达坂）十三台站，搜剿吗（玛）哈沁。"①

阿拉沟山西南为田吉克（Tinjik）山，《新疆图志》卷六十载："田吉克山，木图特水出其北，干纠尔图水出其南，合而东流曰作洛满苔之水，入于吐鲁番之伊拉湖。其南则色勒格勒水之所出也，南流八十里，伏于地。"②《吐鲁番厅图》在阿拉癸山西北标有"洛满若水"，即《新疆图志》"洛满苔水"。

（二）吾斯提沟（Usti-sai）道

由托克逊县博斯坦镇西南行至吾斯提沟，溯乌苏图恩郭勒而上，可进入和硕县北部纳林奇喇塔克山，经伯信特向西可抵达佐尔曼特达坂。再向西可至和静县巴伦台镇，由此西行进入裕勒都斯草原或南行进入焉耆。此线路夏秋干热，冬春季易行，是对阿拉沟路线的补充。

博斯坦镇博斯坦村西南35千米处有吾斯提沟烽燧，南依觉罗塔格山，地势三面环山，西北与吾斯提沟口墓群隔沟相望，北临荒漠戈壁，是进入吾斯提沟的咽喉地带。烽火台平面呈长方形，东西长4.3米，南北宽3.9米，残高1.5米。基体由砾石块垒砌，石层中泥土夹有树枝，东侧中间凹进③。吾斯提沟烽燧或为唐代"曷畔戍"。

"曷畔戍"一名，见于美国普林斯顿大学盖斯特图书馆（Firestone

---

① 赵尔巽等撰：《清史稿》，北京：中华书局，1998年，第10715页。
② （清）王树枏等纂修，朱玉麒等整理：《新疆图志》，上海：上海古籍出版社，2017年，第1045—1046页。
③ 新疆维吾尔自治区文物局编：《不可移动的文物——吐鲁番地区卷（5）》，乌鲁木齐：新疆美术摄影出版社，2015年，第48—49页。

Library）收藏吐鲁番文书《唐西州高昌县下武城城牒为贼至泥岭事》[1]：

    1 高昌县　　　牒武城城

    2 牒：令日夜三更，得天山县五日午时状称：得曷畔戍主张长年

    3 等状称：今月四日夜黄昏，得探人张父师、簿君洛等二人口云：

    4 被差往鹰娑已来探贼，三日辰时行至泥岭谷口，遥见山头

    5 两处有望子，父师等即入柳林里藏身，更近看，始知是人，见两

    6 处山头上下，始知是贼。至夜黄昏，君洛等即上山头望火，不见

    7 火，不知贼多少。即得此委，不敢不报者。张父师等现是探子。

    （后缺）

"曷畔戍"亦见于吐鲁番文书《唐西州都督府上支度营田使牒为县报当州诸镇戍营田顷亩数事》，涉及西州"当州诸镇戍营田"数目，其排列为赤亭镇、维摩戍、柳谷镇、酸枣戍、白水镇、曷畔戍、银山戍。学界认为，上述列名由东往西排列，曷畔戍即位于银山戍以北之天山县界内[2]。

---

[1] 陈国灿：《美国普林斯顿所藏几件吐鲁番出土文书跋》，《魏晋南北朝隋唐史资料》第十五辑，武汉：武汉大学出版社，1997年，第109—117页。
[2] 李方：《唐西州军政官吏的本地升迁》，殷晴主编《吐鲁番学新论》，乌鲁木齐：新疆人民出版社，2006年，第510—530页。

纳林奇喇塔克（Nalinchilataq），又称"瑚洛海""那林哈那山"。《西域同文志》载："纳林奇喇塔克，准语，纳林，谓细，犹云小山梁也。"《西域图志》卷二十三载："纳林奇喇塔克，在苏巴什塔克西五十里，其东谷口在托克三西南九十里。"[1]《新疆图志》卷六十一载："此山（纳林奇喇）当即旧图之瑚洛海达坂。"[2]《焉耆府图》标示那林哈那山在和硕县榆树沟东北。由纳林奇喇塔克山口逾博罗图谷口抵楚辉，是托克逊进入焉耆盆地及裕勒都斯草原的另一捷径。

（三）银山道

银山道是由吐鲁番盆地进入焉耆盆地、裕勒都斯草原的交通枢纽。唐贞观十八年（644），焉耆王叛投西突厥欲谷设可汗，太宗命郭孝恪为西州道行军总管，出银山道率军讨伐。《新唐书·地理志》载："银山碛四十里，至焉耆界吕光馆。"吐鲁番文书《唐西州都督府上支度营田使牒为县报当州诸镇戍营田顷亩数事》提到的"银山戍"，即与"银山碛"及"银山道"有关。林梅村认为，银山碛在阿拉沟烽火台西南110公里托克逊县库米什（Kumush）镇[3]。王仲荦考证："银山碛，今新疆托克逊县西南库穆什（库米什）者。库穆什者，维吾尔语银也。"[4] 陈国灿、王素亦赞同此说[5]。《世界境域志》"托古兹古思"（Tuġuzuġuz）辖地作 KMSYĠYA，哈密屯释读为 *kümüš taγ，即

---

[1] 钟兴麒等校注：《西域图志校注》，乌鲁木齐：新疆人民出版社，2002年，第341页。
[2] （清）王树枏等纂修，朱玉麒等整理：《新疆图志》，上海：上海古籍出版社，2017年，第1081—1082页。
[3] 林梅村：《古道西风——考古新发现所见中西文化交流》，北京：生活·读书·新知三联书店，2000年，第275—276页。
[4] 王仲荦：《敦煌石室地志残卷考释》，北京：中华书局，2007年，第212页。
[5] 王素：《高昌史稿·交通编》，北京：文物出版社，2000年，第5页。

汉语"银山"①。《西域同文志》作"库穆什鄂拉",《西域图志》作"库木什阿克玛塔克",《西陲总统事略》卷十记此处有"库木什阿哈玛军台"②。

库米什镇东北约 30 公里的阿格尔布拉克（Arghai-bulak）,即唐代"阿父师泉"（Arġilbulak）。《大慈恩寺三藏法师传》载:"从此西行至阿耆尼国阿父师泉。泉在道南沙崖,崖高数丈,水自半而出。法师与众宿于泉侧。明发,又经银山。"《西域图志》卷二十三载:"库木什阿克玛塔克,在苏巴什塔克北谷口西南一百四十里。自苏巴什北谷迤逦西南行十里,渐闻水声,遍谷皆浅水,山势渐狭,两崖壁立,人行其间,如一线天。又里许,即沙滩。又二十里,有大石崎岖者二处,车不能行,为古车师国西境关隘。又二十里,至艾噶尔布拉克。又五十里,出南谷口。"③艾噶尔布拉克,即阿格尔布拉克,《三州辑略》作"哈尔起布拉克",《清史稿·董福祥传》作"阿哈布拉",《清史稿·阿里衮传》作"阿斯罕布拉克",今称桑树园子。乾隆二十二年（1757）九月,"阿里衮与都统满福自阿斯罕布拉克,和什特克取道至哈喇沙尔搜山杀敌"④。

从托克逊县库米什阿克玛塔克山西行 20 公里,可至托克逊县石棉矿以北,由此岔路二支:

（1）由石棉矿西行,经和硕县榆树沟、新井子,可抵乌什塔拉乡,由此西南行进入焉耆盆地。

---

① 付马:《丝绸之路上的西州回鹘王朝——9—13 世纪中亚东部历史研究》,北京:社会科学文献出版社,2019 年,第 145 页。
② （清）汪廷楷辑,（清）祁韵士编,（清）松筠修:《西陲总统事略》,北京:中国书店,2010 年,第 177 页。
③ 钟兴麒等校注:《西域图志校注》,乌鲁木齐:新疆人民出版社,2002 年,第 342 页。
④ 赵尔巽等撰:《清史稿》,北京:中华书局,1998 年,第 12632、10676 页。

榆树沟，又称"榆树塘"，清代设榆树沟驿，在额格尔齐塔克附近。《西域同文志》载："回语，额格尔齐，马鞍之谓，山形如之，故名。"①《西域图志》卷二十三载："额格尔齐塔克，在库木什阿克玛塔克西南一百三十里。自库木什阿克玛塔克东口西行四十里，入南山之北口，折而东南，又迤逦西南行三十里出南口，又转而西行六十里，至西山下，玲珑怪石，遍地苇草，掘之得水。"学界认为，"榆树沟以东的旧房川一带"即唐代吕光馆②。

新井子，又作"星井子""新井子尖"，位于榆树沟与乌什塔拉之间。《莎车行记》载："二十一日新井子尖（七十里），宿乌沙他拉（八十里）。"③《叶栎纪程》卷二载："（榆树沟驿）七十里至星井子。"

乌什塔拉（Ouchak-tal 或 Ushal-tal），又作"乌沙克塔勒""乌沙克塔尔""乌什他拉"。岑仲勉考证《西域土地人物略》之"阿剌木"，即乌什塔拉。《西域同文志》载："回语乌沙克，小也。其地有小柳林，故名。"《西域图志》卷十五载："乌沙克塔勒，在哈喇沙尔城东二百十五里"。《清史稿》卷七十八载："察汗通格山在乌沙克塔勒西，西南距喀喇沙尔城百九十五里，地有废城，城西有泉，委折而南，经乌沙克塔勒城东，分导灌田，自辟展西入纳林奇喇塔克、博罗图塔克谷口，循博罗图郭勒，逾塔什海，至其地，为喀喇沙尔东北境。"④

《清史稿》卷七十八所言"地有废城"，即唐代张三城守捉遗址。《新唐书·地理志》载："吕光馆又经盘石百里，有张三城守捉。"《世界境域志》载"托古兹古思"（Tuġuzuġuz）辖地作 STKT，米诺尔斯

---

① （清）傅恒等撰：《钦定西域同文志》，乌鲁木齐：新疆文化出版社，2017年，第319页。
② 孟凡人：《丝绸之路史话》，北京：社会科学文献出版社，2014年，第119页。
③ （清）倭仁著，李正宇点校：《莎车行记》，胡大浚主编《西北行记丛萃》，兰州：甘肃人民出版社，2002年，第81页。
④ 赵尔巽等撰：《清史稿》，北京：中华书局，1998年，第2448页。

基释读为 *šykat，哈密顿等认为即"张三城"之转写①。《西域图志》载："乌沙克塔勒（乌什塔拉）东之额格尔齐塔克，为《唐书·地理志》所载之盘石。由是西行，得乌沙克塔勒之废城，应即所谓张三城者也，唐置守捉于此。"②《西陲总统事略》卷十载，此地清代设"乌沙克塔尔军台"。盘石，即和硕县榆树沟一带。《西域水道记》卷二作"哈喇和色尔"（Kara-kizil），《新疆识略》作"喀喇和色尔"，清代设喀喇河色尔军台。

（2）由石棉矿西北行，有两条进入裕勒都斯的通道：

第一条，经查汗通古进入和硕县乃仁克尔乡，由乃仁克尔翻越乃仁塔格，可达和静县克尔古提乡。

察罕通古（Chagan-tungi），又作"察罕通格"。《西域同文志》载："准语，通格，玉草也，色白。其地产此，故名。"《西域图志》卷十五载："察罕通格，在乌沙克塔勒西，西南距哈喇沙尔城一百九十五里。"《西陲总统事略》卷十记有"察汉通格卡伦"③。和硕之名，源于中路和硕特部三旗。《清史稿·地理志》载，中路和硕特部三旗："（牧地）东至乌沙克塔尔，南至开都河，西至小珠勒都斯，北至察汗通格山。"④

克尔古提（Kergut），蒙古语意为"半岛""沙洲"，清代作"克里古图"。《新疆图志》卷六十载："克里古图山，有水焉，南流入于清水河。此山在沙札盖图之东三十里，山脉与沙札盖图山相接，蒙古语，

---

① 付马：《丝绸之路上的西州回鹘王朝——9—13世纪中亚东部历史研究》，北京：社会科学文献出版社，2019年，第145页。
② 钟兴麒等校注：《西域图志校注》，乌鲁木齐：新疆人民出版社，2002年，第242—243页。
③ （清）汪廷楷辑，（清）祁韵士编，（清）松筠修：《西陲总统事略》，北京：中国书店，2010年，第177页。
④ 赵尔巽等撰：《清史稿》，北京：中华书局，1998年，第2448页。

霜山也。其水入清水河，南流入博斯腾淖尔。"① 乃仁克尔（Narenker），蒙古语"枣红骝马"之意，清代作"纳阴克尔"（Nayinker）。《新疆图志》卷六十载："纳阴克尔山，在察罕通格山之北六十里，博罗图山之东南七十里，为察罕通格北出的支山。"

第二条，由包尔图西行，经喇嘛庙过东塔西哈河，沿努茨根乃郭勒前行，翻越纳依特达坂进入和静县，由此西行可达巴伦台镇。

包尔图（Bortu），清代作"博罗图""博尔吐""博尔图"。《西域同文志》载："准语，博罗，雨也，山间时有雨泽，故名。"②《西域图志》卷二十三载："博罗图塔克，在纳林奇喇塔克西五十里，当哈喇沙尔东北境。"③《新疆识略》作"博尔图"。《大清一统志》载，博罗图山"在纳林奇喇山西五十里，与阿拉癸山南北相接，形如锁钥，吐鲁番西南境一大关隘。当哈喇沙尔东北境。山多积雪，博罗图河发源其北"。《叶枀纪程》卷二载："同治年间，库车变乱，安酋乘变乱窃据南疆，和硕特部众亦丧大半。所余户口，赖札萨克头等台吉札希德勒克聚集子遗，避居博尔吐山中，竭力保守，未遭浩劫。"

东塔西哈河，清代称"东塔什海"。《新疆图志》卷六十载："刀连山有水焉，东北流入于察罕通格山。此山在克里古图山之东六十里，山脉与克里古图相接。蒙古语，斜坡山也。山阴斜坡，有深沟三道，曰中塔什海、东塔什海、西塔什海，为和硕特中旗盟长、左右旗台吉游牧之处。"清代《焉耆府图》标示东西塔什水均南流，经察汗通古至乌什塔拉南。

---

① （清）王树枏等纂修，朱玉麒等整理：《新疆图志》，上海：上海古籍出版社，2017年，第1062页。
② （清）傅恒等撰：《钦定西域同文志》，乌鲁木齐：新疆文化出版社，2017年，第316页。
③ 钟兴麒等校注：《西域图志校注》，乌鲁木齐：新疆人民出版社，2002年，第341页。

第三章　龟兹交通路线考

龟兹，又称"屈支""丘慈""丘兹""屈茨""拘夷""归兹""曲子"，元明时期作"苦先""苦叉"，清代作"库车""巩乎"。《汉书·西域传》载："龟兹国，王治延城，去长安七千四百八十里……南与精绝、东南与且末、西南与扜弥、北与乌孙、西与姑墨接。能铸冶，有铅。东至都护治所乌垒城三百五十里。"[1]《水经注》曰："北河又东径龟兹国南，又东，左合龟兹川水，有二源，西源出北大山南……其水南流径赤沙山……东川水出龟兹东北，历赤沙、积梨南流，枝水右出，西南入龟兹城，音屈茨也，故延城矣。"[2] 尼雅出土佉卢文书作 Kuci[3]。《一切经音义》卷八十二载："屈支国。上君物反。古名月支，或名月氏，或曰屈茨，或名乌孙，或名乌垒。案蕃国多因所亡之王立名，或随地随城立称，即今龟兹国也。安西之地是也。如上多名，并不离安西境内。"[4]《出三藏记集》卷十一作"拘夷"。列维（Sylvain Lévi）释曰："今之库车，中国史书固名龟兹，但佛经中亦有作丘慈或归慈者。《梵汉字汇》中有一书，名《梵语杂名》，于纪元850年为一日本沙门携归日本，今尚存在。此书即为归兹翻经大德礼言所撰，其

---

[1]（汉）班固撰，（唐）颜师古注：《汉书》，北京：中华书局，1964年，第3911页。
[2]（北魏）郦道元著，陈桥驿校证：《水经注校证》，北京：中华书局，2013年，第39页。
[3] 孟凡人：《尼雅遗址与于阗史研究》，北京：商务印书馆，2017年，第240页。
[4] 徐时仪校注：《一切经音义》，上海：上海古籍出版社，2008年，第1950页。

归兹之对音即为 kucina。"[1]

唐代在龟兹境设安西都护府。《旧唐书·玄宗纪》："(开元十五年)闰(九)月庚子，突骑施苏禄、吐蕃赞普围安西，副大都护赵颐贞击走之。"龙谷大学图书馆藏大谷文书编号 7466 粟特语残片将"龟兹人"称为'kwcyk，马苏迪（Masʻūdī）《黄金草原》（Muruğ al-Zahab）作 KWSAN。龟兹语（Archaic Tocharian B）主格形式为 *Kuśi，回鹘语作 Küsän，均源自 Kuci 一词。吐蕃文《于阗国授记》作 Gu-Zan，源于于阗语转写之龟兹语 Küsän。《吐蕃编年史》载：猪年（687）夏，"论钦陵率军前往突厥（Drugu）Gu-zan 之境"。《突厥语大词典》"曲先"（Küsän）条作："曲先，苦叉（Quča）城之[别]名，是回鹘人的边界。"库车之名，应由 Quča 一词演化而来[2]。波斯文献《列王纪》（Kūshnāma）写作 Kujā，即 Kuchā 的转写[3]。

至清代，"库车"之名始见于典籍。清代库车绿洲城镇主要分布于库车河沿线。《西域水道记》卷二载："（库克讷克）[4]岭下水三支，南流经库克讷克卡伦西，又西南流，经草岭西，又西南，经石岭西，又西南，至博勒齐尔山后，左右分注，一经其右，二经其左。二里许，汇为一，西南流，经铜厂山西，至山外，经破城东，复分为三。最西者曰密尔特彦河，南流，经沙满巴克庄、科科弓把庄西。又南，经库车东门，《水经注》所谓'枝水入龟兹城'也。又南，经稻田东、

---

[1] [法]列维著，冯承钧译：《所谓乙种吐火罗语即龟兹语考》，伯希和等著，冯承钧译《吐火罗语考》，北京：中华书局，2004 年，第 65 页。
[2] 付马：《丝绸之路上的西州回鹘王朝——9—13 世纪中亚东部历史研究》，北京：社会科学文献出版社，2019 年，第 38 页。
[3] 刘英军：《从〈库什王纪〉看古代伊朗与东亚之交通》，《西域研究》2007 年第 1 期，第 67—68 页。
[4] 《西域图志》卷二十三载："库克纳克达巴，在爱呼木什塔克西五十里，额什克巴什郭勒发源南麓。"

萨伊巴克庄西,又南,经喀喇爱里克庄西,又南,经达和赖庄东,折而东南流,凡百八十余里,入沙哈里克湖。次东者曰乌恰尔萨依河,自分支后,东南经胡木里克庄西、比架克庄东,又东南,经喀喇墩庄西、乌恰尔庄东,又东南,经萨罕辉庄西,又东,经阿克塔齐庄南,又东,经鲁楚尔庄南,又东,经博斯腾庄南,又东,经寅合庄南,又东南,经扣库什庄西,亦百八十余里,入沙哈里克湖。最东者曰叶斯巴什河,自分支东流,经玛札普团庄北,又东,经明迈里雅木阿塔庄北,折而东南流,凡五十余里,入阿提委讷克湖,谚曰头道、二道、三道河,即龟兹东川也。"①《莎车行记》载:"库车城名巩平,办事一员,驻守汉兵三百二名。"

一、龟兹境内的主要交通路线

(一)焉耆—龟兹道

焉耆—龟兹道是汉唐时期塔里木盆地北缘的主要交通路线之一。《新唐书·地理志》载:"自焉耆西五十里过铁门关,又二十里至于术守捉城,又二百里至榆林守捉,又五十里至龙泉守捉,又六十里至东夷僻守捉,又七十里至西夷僻守捉,又六十里至赤岸守捉,又百二十里至安西都护府。"②

汉唐时期焉耆的中心在今焉耆县博格达沁(Baghdad-Shahri)古城③。《汉书·西域传》载:"焉耆国,王治员渠城,去长安七千三百

---

① (清)徐松著,朱玉麒整理:《西域水道记(外二种)》,北京:中华书局,2005年,第102页。
② (宋)欧阳修、(宋)宋祁等撰:《新唐书》,北京:中华书局,1975年,第1151页。
③ 韩翔:《焉耆国都、焉耆都督府治所与焉耆镇城——博格达沁古城调查》,《文物》1982年第4期,第8—12页。

里……西南至都护治所四百里，南至尉犁百里，北与乌孙接。"①《水经注》卷二载："（敦薨之水）二源俱道，西源东流，分为二水，左水西南流，出于焉耆之西，径流焉耆之野，屈而东南流，注于敦薨之渚。右水东南流，又分为二，左右焉耆之国。城居四水之中，在河水之洲，治员渠城，西去乌垒四百里，南会两水，同注敦薨之浦。"②《新唐书·地理志》载："焉耆都督府，贞观十八年（644）灭焉耆置。"《大唐西域记》作"阿耆尼"，梵文作 Agni，意为火。《一切经音义》卷八十二载："阿耆尼国。两碛之西第一国也。耆音祇。古曰婴夷，或曰乌夷，或曰乌耆，即安西镇之中，是其一镇。西去安西七百里。"③《唐垂拱元年（685）康义罗施等请过所案卷》亦作"乌耆"。龙谷大学图书馆藏大谷文书编号 7466 粟特语残片称焉耆人为 'rkcyk④。吐鲁番吐峪沟出土西州回鹘早期写本《造塔功德记》作"鄢耆"⑤。法藏敦煌写卷（P.3552）《儿郎伟》第三首作："四方宴然清帖，猃狁不能犯边。甘州雄身中节，温末送款旌旃。西州上拱（贡）宝马，焉祁（耆）送纳金钱。从此不闻枭鸱，敦煌太平〔万年〕。"⑥回鹘文献中，常用 üč solmï uluš（三唆里迷）指焉耆，回鹘文译经《弥勒会见记》胜金口本作 agnides uluš，付马认为 agnides 的词源即梵文 Agni Désa⑦。

---

① （汉）班固撰，（唐）颜师古注：《汉书》，北京：中华书局，1964 年，第 3918 页。
② （北魏）郦道元著，陈桥驿校证：《水经注校证》，北京：中华书局，2013 年，第 39 页。
③ 徐时仪校注：《一切经音义》，上海：上海古籍出版社，2008 年，第 1950 页。
④ 付马：《丝绸之路上的西州回鹘王朝——9—13 世纪中亚东部历史研究》，北京：社会科学文献出版社，2019 年，第 38 页。
⑤ 荣新江：《〈西州回鹘某年造佛塔功德记〉小考》，张定京等主编《突厥语文学研究：耿世民教授八十华诞纪念文集》，北京：中央民族大学出版社，2009 年，第 182—190 页。
⑥ 荣新江：《归义军史研究——唐宋时代敦煌历史考索》，上海：上海古籍出版社，1996 年，第 205—207 页。
⑦ 付马：《丝绸之路上的西州回鹘王朝——9—13 世纪中亚东部历史研究》，北京：社会科学文献出版社，2019 年，第 241 页。

铁门关是唐代"十三中关"之一[①]。铁门关遗址群位于今霍拉山与库鲁克塔格山之间的高岗处，由一系列石构建筑组成，地势险要，可俯瞰整个哈满沟河谷。据《焉耆府乡土志》载，哈满沟"道路约二十余里，仅能并行两车，侧立嵯峨山石，俯视深沟急湍，水声奔流，势极险恶。往年道路系由达坂经过，稍有疏虞，人马倾跌沟内，多致不救，往来行人，咸视为畏途"[②]。吐鲁番阿斯塔那墓地M509所出《唐开元二十年（732）瓜州都督府给西州百姓游击将军石染典过所》[③]文书，提及"西已来，路由铁门关"等内容，说明铁门关是控制焉耆盆地至龟兹的重要关隘。《唐律疏议》载："水陆等关，两处各有门禁，行人来往皆有公文，谓驿使验符券，传送据递牒，军防、丁夫有总历，自余各请过所而度。"[④]由此可知，唐代的"关"配置有一套完整的防御设施。根据目前的考古调查资料，铁门关遗址群包括"三普"材料所描述的"铁门关遗址""铁门关墓地""铁门关电站北遗址""铁门关电站北墓地"，甚至还涉及"红光厂西南遗址"等。整个遗址区呈长条形，在南北长约1200米、东西最宽约600米的范围内，散见十余处卵石、片砾岩修筑的房屋、烽燧、马厩、垒石、冶炼遗址等，房屋墙体土石混筑并夹草，面积10—20平方米不等。遗址区地面及附近山坡，散见大量轮制夹砂红、灰陶片，芦苇，枯枝，以及陶盏、木梳、石磨盘等遗物[⑤]。

[①] （唐）李林甫等撰，陈仲夫点校：《唐六典》，北京：中华书局，2014年，第195—196页。
[②] （清）佚名著，马大正等整理：《新疆乡土志稿》，乌鲁木齐：新疆人民出版社，2010年，第283页。
[③] 国家文物局古文献研究室、新疆维吾尔自治区博物馆、武汉大学历史系编：《吐鲁番出土文书》第7册，北京：文物出版社，1983年，第40—43页。
[④] 刘俊文：《唐律疏议笺解》，北京：中华书局，1996年，第640—641页。
[⑤] 新疆文物考古研究所等：《巴音郭楞蒙古自治州文物普查资料》，《新疆文物》1993年第1期，第1—94页。新疆维吾尔自治区文物局编：《不可移动的文物：巴音郭楞蒙古自治州卷（1）》，乌鲁木齐：新疆美术摄影出版社，2015年，第11—19页。

《叶迪纪程》对铁门关的位置及交通路线变化有详细描述："折向东,上坡,过石硖,阔仅通车,长十丈,荦确崎岖,峰回路转。数里,下坡,路南一河,水势奔进而来,雪翻縠转,水色绀绿,而银涛喷涌,岸宽八九丈,深不测,湍急怒号。路左山石壁悬欲坠,斧斫剑划陡绝。又缘石径旋折,载起载跌,车不方轨,马不并驰。又上坡,石子路。土人云:'此处常覆车。'又下坡,高二十余丈,颇峻峭,逼近河崖,水则洄漩叫啸,啮石撼崖。复缘河崖,三里,有卡房一所。又溯河而上,循河排行,缭曲往复,古时称为铁关谷,又称为开都关。石壁间凿有二十余字,年久摩灭。卡房西山腰,有洞穴,可容车马。土人云:'旧时路径在焉,光绪初年,在河边另辟新路,而旧路遂废。'又十余里,出山硖。"[1]

于术,缪勒(Müller)勘同为Šorčuq(硕尔楚克),吉田丰认为即突厥卢尼文'wcwr,但《九姓回鹘可汗碑》粟特文部分未见[2]。据张九龄《敕西州都督张待宾书》载:"吐蕃背约,入我西镇,观其动众,是不徒然。必与突骑施连谋,表里相应。或恐贼心多计,诸处散下,铁关千(于)术,四镇咽喉,倘为贼所守,事乃交切。"[3] 徐松考证,于术守捉在库尔勒庄(今库尔勒市区)[4]。陈戈认为在库尔勒市夏渴兰旦(Shah Kalandar)遗址[5],张平认为在玉孜干(Uzgen)古城[6]。根据

---

[1] 邓缵先著,潘震勘定,黄海棠、邓醒群点校:《叶迪纪程》,上海:华东师范大学出版社,2012年,第55页。
[2] 白玉冬、杨富学:《新疆和田出土突厥卢尼文木牍初探——突厥语部族联手于阗对抗喀喇汗朝的新证据》,《西域研究》2016年第4期,第39—49页。
[3] (清)董诰等编:《全唐文》,北京:中华书局,1983年,第2909页。
[4] (清)徐松著,朱玉麒整理:《西域水道记(外二种)》,北京:中华书局,2005年,第103页。
[5] 陈戈:《焉耆尉犁危须都城考》,陈戈著《新疆考古论文集》,北京:商务印书馆,2017年,第644—657页。
[6] 张平:《唐代龟兹烽戍守捉遗址考实》,张平著《龟兹文明——龟兹史地考古研究》,北京:中国人民大学出版社,2010年,第269—274页。

近年中国国家博物馆的考古发掘判断，玉孜干古城可能是战国至西汉时期的尉犁城，且夏渴兰与玉孜干旦不在库尔勒通往轮台的交通线上，因此并非于术守捉。今库尔勒市库尔楚园艺场西北1.5千米处的29团砖厂北遗址，位于铁门关以南霍拉山山前台地处，与于术的位置相符合。《西域同文志》载："库尔楚，准语，忌讳之词也。多古墓，经者多病，故名。"[1]黄文弼曾于1928年在此调查，遗址周长约6千米，地表分布有大量陶片。1979年，新疆博物馆在此发现过土坯建筑遗迹。此后由于砖厂取土、自然风化等原因，遗址已遭严重破坏[2]。

榆林守捉，张平、钟兴麒认为即野云沟乡艾西买艾肯河畔的阿克墩遗址。艾西买艾肯河，清代作"额什墨河"。《大清一统志》载："额什墨河，在车尔楚河西南一百里。水流浊，源出北山南麓，西南流一百八十里，入于沙碛。"阿克墩遗址规模较小，并不符合守捉城形制。据"三普"材料及卫星图片可知，榆林守捉应在今轮台县策大雅乡吾里旁古城。策大雅，又称"策特尔"（Chadir），林梅村认为即汉代的捷枝[3]。《西域同文志》载："策特尔，回语，谓毡庐也，旧曾安营于此。"《西域图志》卷十五载："策特尔，在车尔楚西一百四十里。"[4]《大清一统志》载："策特尔河，在喀喇沙尔西南，额什墨河西六十里，源出天山南麓。"

龙泉守捉，《西域图志》以"伊兰布拉克"当之，钟兴麒赞同其说，并认为在塔尔拉克乡吐孜鲁克沟境内。张平等认为，龙泉守捉遗

---

[1] （清）傅恒等撰：《钦定西域同文志》，乌鲁木齐：新疆文化出版社，2017年，第132页。
[2] 新疆维吾尔自治区文物局编：《不可移动的文物：巴音郭楞蒙古自治州卷（1）》，乌鲁木齐：新疆美术摄影出版社，2015年，第17页。
[3] 林梅村：《考古学视野下的西域都护府今址研究》，《历史研究》2013年第6期，第43—58页。
[4] 钟兴麒等校注：《西域图志校注》，乌鲁木齐：新疆人民出版社，2002年，第244页。

址在阳霞乡塔拉布拉克附近①。笔者赞同钟说,并认为龙泉守捉即今轮台县塔尔拉克乡喀塔墩遗址。

龙泉守捉西南为轮台县城,即汉代"仑(轮)头(台)",治所乌垒城。《史记·大宛列传》载:"(贰师军)至仑头,仑头不下,攻数日,屠之。"《汉书·西域传》载:"(昭帝时)以扜弥太子赖丹为校尉,将军田轮台。"《汉书·西域传》载,"郑吉为安远侯并护车师以西北道,督察乌孙诸国,故号都护,治乌垒城。""乌垒,其南三百三十里至渠犁。"岑仲勉考证:"乌垒,《切韵》ouljwi,《火教经》文 uruyāp, 义为 des wasser sich waithin-erstrecht, 犹云水之远及,语尾 P 转为 V, 颇与乌垒相当。"岑仲勉据《西域图志》内容,将乌垒比定在策特尔一带。《后汉书》载:"东汉建武中,莎车王贤攻并龟兹,自立其子则罗为龟兹王。后以则罗年少,分其地为乌垒国,徙妫塞王驷鞬为乌垒王。数岁龟兹国人杀之,乃复入龟兹。"由此可知,乌垒紧邻龟兹,观轮台之境,轮台县治附近之迪那尔河三角洲面积最大,其地当为乌垒。《魏书·唐和传》载:唐和与万度归"因共击波居罗城"②,"波居罗"疑为"乌垒"之音异,即 Bögür, 唐代乌垒州亦在此地。考古发现表明,轮台境内出土有多件汉唐时期的铁犁铧,应是中原屯田戍卒遗留的生产工具③。《突厥语大词典》载:"轮台(Bögür),在山顶的戍堡,地在苦叉(Quča)和回鹘(Uyɣur)之间。"④光绪十二年(1886)在轮台设布古尔(Bügür)巡检,光绪

---

① 冯志文、吐尔迪·纳斯尔等编著:《西域地名词典》,乌鲁木齐:新疆人民出版社,2004年,第280页。
② (北齐)魏收:《魏书》,北京:中华书局,1974年,第962页。
③ 张弛:《两汉西域屯田的相关问题——以新疆出土汉代铁犁铧为中心》,《贵州社会科学》2016年第11期,第70—75页。
④ 付马:《丝绸之路上的西州回鹘王朝——9—13世纪中亚东部历史研究》,北京:社会科学文献出版社,2019年,第153页。

二十八年（1902）改轮台县。

东夷僻守捉，钟兴麒认为在轮台县迪那尔河东阳霞镇境内。《西域图志》卷十五载："英噶萨尔，在策特尔西七十里，东北距哈喇沙尔城五百六十里。旧有城。"《西域同文志》作"英阿萨尔"，即轮台县阳霞乡。张平认为，东夷僻守捉为阳霞乡的恰库木排来克戍堡。笔者认为，轮台县群巴克乡拉依苏烽燧的可能性更大。拉依苏烽燧以东为玉其艾肯河故道，由此向西至却勒阿瓦提（吐尔）烽戍共有多条干河道。玉其，维吾尔语意为"三"，疑为"夷僻"之音转。东汉《龟兹左将军刘平国治关城诵》提及的"东乌累关城"[1]，即位于这一区域。据《资治通鉴》载，贞观二十二年唐军平定焉耆、龟兹之役，"引兵自焉耆西，趋龟兹北境"，其行军路线就在迪那尔河一带[2]。

西夷僻守捉，《西域图志》以库车市"塔什阿里克郭勒东之阿尔巴特"当西夷僻守捉。阿尔巴特（Arbat），又名"阿巴特"，《西域同文志》载："阿巴特，回语，欣幸之词，其地旧为瘠土，后生水草，宜耕种居人，从而幸之也。"《西域图志》卷十五载："阿巴特，为库车最东境，西距库车城二百里。西濒奇里什郭勒。"奇里什郭勒，即《西域土地人物略》之"樆子河"。钟兴麒认为西夷僻守捉在轮台县群巴克乡境内，张平认为在轮台、库车交界处的拉伊苏烽戍。笔者认为，却勒阿瓦提（吐尔）烽戍及附近遗址应为西夷僻守捉。《魏书·西域传》载，龟兹"东阙城戍，寇窃非一"[3]，而《北史·龟兹传》"阙"作"关"[4]，但均指龟兹东境的城戍设施，其功能类似于焉耆国

---

[1] 新疆维吾尔自治区博物馆编：《新疆出土文物》，北京：文物出版社，1975年，第25页，图版41。
[2] （宋）司马光撰，（元）胡三省注：《资治通鉴》，北京：中华书局，1956年，第6375页。
[3] （北齐）魏收：《魏书》，北京：中华书局，1974年，第2267页。
[4] （唐）李延寿：《北史》，北京：中华书局，1974年，第3218页。

的"东关七城"[①]。

赤岸守捉,《西域图志》认为在"塔什阿里克郭勒西",今库车市雅克拉镇东部大涝坝道班。塔什阿里克郭勒,即塔什阿里克河,《西域土地人物略》作"察兀的河"。《大清一统志》载:"塔什阿里克河,在第纳尔西六十里,源出北山南麓,流一百三十里,入于巴巴池。"钟兴麒认为,赤岸守捉应在库车市二八台牧场附近。二八台即"阿尔巴特"之异译。张平认为,赤岸守捉在二八台农场以南却勒阿瓦提(吐尔)烽戍。闫雪梅依据近年的考古调查指出,库车市雅克拉镇附近的吾孜塔木戍堡为赤岸守捉。闫说除里程数接近外,吾孜塔木戍堡附近还有丘甫吐尔烽火台、脱盖塔木戍堡及火台等大量遗址,构成一套完整的防御体系[②]。吾孜塔木戍堡紧邻干河道,当地人称此河道为"克孜勒艾肯",维吾尔语意为"红河",与"赤岸"语义相对。

赤岸以西至龟兹王城的路线,《新唐书·地理志》无详程记载,仅有"又百二十里至安西都护府"一句。据《新唐书·西域传》载:"社尔次碛石,去王城三百里,先遣伊州刺史韩威以千骑居前,右骁卫将军曹继叔次之。至多褐,与王遇,其将羯猎颠兵五万合战。威伪北,王见威兵少,麾而进。威退与继叔合,还战,大破之,追奔八十里,王婴城,社尔将围之。王引突骑西走,城遂拔。"[③] 文中所言"多褐"城距龟兹王城八十里,学界考证应在今库车市牙哈镇托克乃村一带。托克乃(Tohinay),又作"托和鼐""托和奈"。《西域文志》载:"托和鼐,亦名雅哈托和鼐。雅哈,谓边界,托和鼐,谓路湾也。"《西域图

[①] 谢振华:《隐没的龟兹王:北魏慕容归事迹考》,《西域研究》2022 年第 1 期,第 14—25 页。
[②] 闫雪梅:《赤岸守捉考》,《丝绸之路研究集刊》(第五辑),北京:商务印书馆,2020 年,第 64—70 页。
[③] (宋)欧阳修、(宋)宋祁等撰:《新唐书》,北京:中华书局,1975 年,第 6231 页。

志》卷十五载:"托和鼐,在阿巴特西南一百四十里。西距库车城六十里。"①《新疆图志》卷七十六记有"大托和奈渠""小托和奈渠"②。

牙哈镇以西至乌尊镇境内仍有大量烽燧群,属于唐代龟兹的军事防御体系。今库车市乌恰镇西南大哈拉村,清代称"哈鲁纳斯"(Halnas)。《西域同文志》载:"回语,哈鲁,瞭望兵也;纳斯,与里克同义。旧为瞭望之所,故名。"《西域图志》卷十五载:"哈鲁纳斯,在库克体骞北十里,东北距库车城十五里。"据《叶迪纪程》载,清代由轮台至库车共有五驿:"由东行,距布告尔,即今之轮台县,一站曰阿尔巴特,即二八台;逾一站为哈尔巴,即大涝坝;再一站为托和鼐;再一站入县城;城西一站为托和旦,即咸水沟。大涝坝之称,以其地居戈壁,初无居民,仅驿舍一,由南山引水蓄池,为人马饮料。"③从路线上看,清代轮台至库车的五驿与唐代乌垒至龟兹的路程一致。

(二)计戍水道

计戍水道是指由新和县南部屯田区沿塔里木河,经沙雅县塔里木乡、库车市塔里木乡,进入轮台县南境至尉犁县的交通路线。上述路线汉文史料无详细记载,仅见零星史料。如《高僧传》载,释智猛"出自阳关,西入流沙,凌危履险,有过前传。遂历鄯善、龟兹、于阗诸国,备瞩风化"④。未提及途经焉耆之事,应由鄯善沿塔里木河直

---

① 钟兴麒等校注:《西域图志校注》,乌鲁木齐:新疆人民出版社,2002年,第248页。
② (清)王树枏等纂修,朱玉麒等整理:《新疆图志》,上海:上海古籍出版社,2017年,第1424页。
③ 邓缵先著,潘震勘定,黄海棠、邓醒群点校:《叶迪纪程》,上海:华东师范大学出版社,2012年,第47页。
④ (南梁)慧皎撰,汤用彤校注,汤一玄整理:《高僧传》卷3,北京:中华书局,1992年,第125页。

抵龟兹境。有学者称这一道路沿线为"沙雅—塔里木"军防[①]。

计戍水，即塔里木（Tarim）河，又作"斯陀""徙多""私多""私陀""私他""死多""桌多""塔里木"，学界认为由梵语 Sita 演化而来。沙畹《西突厥史料》注曰："徒多河应为徙多河之讹。此河在佛经中有私陀、移多、私他、斯陀诸译，乃 Sita 之对音。今叶尔羌河与塔里木河之梵名也。"[②]

《后汉书·班超传》载，永元三年（91）："龟兹、姑墨、温宿皆降，乃以超为都护……超居龟兹它乾城。"今学界多将"它乾城"比为新和县玉奇喀特乡尤勒滚村玉奇喀特古城。该遗址周围遍布烽燧、戍堡及屯田遗迹，应是汉唐时期的重要屯戍区域[③]。《后汉书·班超传》载"它乾城"，可释读为 Tarim-kand，意为"塔里木城"，其位置应在库车市东南部塔里木乡附近。当地分布有大故城、唐王城等一系列城址、要塞及屯田遗存，毗邻轮台县南部的汉代西域都护府驻地。唐代称此区域为"东城"。《旧唐书·西戎传》载："及阿史那社尔之讨龟兹，阿那支大惧，遂奔龟兹，保其东城，以御官军，社尔击擒之，数其罪而斩焉。"《突厥语大词典》载："Tarïm，流入沼泽和流沙的河道"，"Tarïm，地名，在回鹘的边境上，在苦叉（Quča）附近，被称作 Üsmi Tarïm，有条河流经。"安部健夫提出，Tarïm 即元代汉文史料所见"曲先塔林"之"塔林"[④]。刘迎胜进一步认为，"塔林"在元代指流经库车地区的塔里木河及其流域地区[⑤]。

[①] 张安福：《天山廊道军镇遗存与唐代西域边防》，北京：社会科学文献出版社，2021年，第454页。
[②] [法]沙畹著，冯承钧译：《西突厥史料》，北京：中华书局，2004年，第116页。
[③] 谭其骧：《中国历史地图集》第二册，北京：中国地图出版社，1996年，第65—66页。
[④] 付马：《丝绸之路上的西州回鹘王朝——9—13世纪中亚东部历史研究》，北京：社会科学文献出版社，2019年，第126页。
[⑤] 刘迎胜：《元代曲先塔林考》，《中亚学刊》第1辑，北京：中华书局，1983年，第243—252页。

《大清一统志》载，库克纳克河（库车河）东支叶斯巴什河流经牙哈乡，南入库车河下游尾闾湖"阿提委纳克"。今地图标有"玉奇艾肯"的季节湖，《新疆图志》作"曲玉坎"①，应是阿提委纳克湖的旧湖床，由此西南即唐王城遗址。学界指出，唐王城一带分布有大面积的草湖，应是安西都护府饲养军马的牧业中心②。清代在库车河下游亦设置有马场，负责军马的饲养。据《大清一统志》载，库车河中支乌恰尔萨依河流经库车市乌恰乡，"百八十里，入沙哈里克湖"。沙哈里克湖，今图标为巴依孜库勒，位于今库车市塔里木乡，至今仍保留有清代的马场遗迹。

　　清代文献提及的"沙雅尔特里木"，即今沙雅县塔里木乡。《西域图志》载："塔里木，在沙雅尔城南，南临大河。"沙雅（Shahyar），又作"沙雅尔"。《西域同文志》载："沙雅尔，回语，沙，部长之谓；雅尔，轸恤之词。旧有伯克轸恤部人于此，故名。"《西域图志》卷十五载："沙雅尔，北距库车城一百五十里，逾乌恰特达里雅而至，距京师一万二百三十里。城周二里许，高一丈四尺，南北二门。"③沙雅县英买力镇央达克夏古城出土的"薛行军"陶瓮表明，塔里木河沿线曾驻扎有一定数量的屯戍军士④。沙雅县塔里木乡，《西陲总统事略》卷十作"沙雅尔特里木卡伦"⑤。《西域水道记》卷二载："既径沙雅尔城，又径沙山南，折而北，地曰塔里木，西北距沙雅尔城二百许里。准语、回语谓可耕之地曰塔里木，言滨河居人以耕为业也。河北岸置卡伦，

---

① 《新疆图说》载："拉依苏水在库车城东二百六十里，源出城东北托干奇恰山，南流一百八十里，折而东南流一百五十里，至曲玉坎，伏于草湖。"《莎车行记》作"喇依素河"。
② 张平：《库车市唐王城调查》，《新疆文物》2003年第1期，第28—35页。
③ 钟兴麒等校注：《西域图志校注》，乌鲁木齐：新疆人民出版社，2002年，第249页。
④ 吴疆：《"薛行军"陶罐考》，《新疆社会科学》1986年第1期，第76—77页。
⑤ （清）汪廷楷辑，（清）祁韵士编，（清）松筠修：《西陲总统事略》，北京：中国书店，2010年，第177页。

筑土为台，高二丈许，上设毡帐凉棚，作瞭望所。河径卡伦东，复折而东趋，水宽五十余丈，是河名所由来矣。（一作塔里母河，又作特里木、铁里木，皆音转也。）"①《回疆通志》载，准噶尔部曾试图由沙雅塔里木取道入侵藏地："领其众遣沙雅尔回酋向导，全军尽没，策妄喇布坦怒杀之，乃复遣策凌敦多布改由和阗取道戈壁抵藏。"②

（三）安西—拔达岭道

1. 盐关路

盐关路起点为龟兹城（今库车市皮朗古城），西北行经克孜尔尕哈烽燧，过盐水沟关垒遗址，沿却勒塔格山北麓经克孜尔乡、赛里木镇、拜城县城、大桥乡、察尔齐镇，与柘厥关道汇合于温宿县喀拉玉尔滚站以北兰干村一带。

皮朗古城，汉作"延城"，唐称"伊逻卢城"，为唐代龟兹都城及安西都护府所在地，即今库车市皮朗古城。《汉书·西域传》载："龟兹国，王治延城，去长安七千四百八十里……东至都护治所乌垒城三百五十里。"《新唐书·西域传》载："龟兹一曰丘兹，一曰屈兹，东距京师七千里而赢，自焉耆西南步一百里，度小山，经大河二，又步七百里乃至。……（君）姓白氏，居伊逻卢城，北倚阿羯田山，亦曰白山。"《新唐书·地理志》载："龟兹都督府，本龟兹国。其王姓白，……贞观二十二年（648），阿史那社尔破之，虏龟兹王而还。乃于其地置都督府，领蕃州之九。"唐时龟兹城有胡、汉城之分，《旧唐书·封常清传》载："（封常清）外祖犯罪流安西效力，守胡城南

---

① （清）徐松著，朱玉麒整理：《西域水道记（外二种）》，北京：中华书局，2005年，第89页。
② （清）和宁撰，孙文杰整理：《回疆通志》，北京：中华书局，2018年，第218—219页。

门。"学界曾对龟兹迁都问题展开过讨论①。《钢和泰藏卷》于阗语部分作 'Ermvā bise kamtha，贝利释读为"在 'Erma 的城"，黄盛璋认为在龟兹境内②。'Erma 即汉之"延城"、唐之"伊逻卢城"的音译③。近年有关库车皮朗古城、库车友谊路墓地的考古调查及发掘表明：汉唐时期的皮朗古城即龟兹都城。

克孜尔尕哈（Kizilegarha）烽燧是龟兹盐关道上的重要军事设施之一，采用夯筑技术修建，泥土中横竖平铺树枝或芦苇，类似于汉代河西长城烽燧的修筑方式④。附近为克孜尔尕哈石窟，即唐代"阿奢理贰伽蓝"（aśari）⑤。

盐水沟，《新疆图志》卷六十作"托和拉旦"，在今库车西北约30千米处。《库车乡土志》载："（库车）城西北九十里托和拉旦达坂，界拜城县属之和色尔地方。"⑥盐水沟出土龟兹文书中所记"盐关"（Salyinsai yonyai），位于清代夏德郎卡伦附近。列维《所谓乙种吐火罗语即龟兹语考》载，龟兹文木简中"盐关之原名，为 Salyinsai yonyai，应为伯希和君发见木简古垒吐火罗语之名称"。夏德郎（Xaldirang）卡伦，《平定准噶尔方略》作"沙勒达朗"，《回疆通志》

---

① 闫雪梅：《龟兹都城探析》，《考古与文物》2021 年第 4 期，第 87—93 页。
② 黄盛璋：《于阗文〈使河西记〉的历史地理研究》，《敦煌研究》1986 年第 2 期，第 1—18 页。黄盛璋：《于阗文〈使河西记〉的历史地理研究（续完）》，《敦煌研究》1987 年第 1 期，第 1—13 页。
③ 林梅村认为，'Erma 指样磨人（Yaghma）。参见林梅村：《中亚写本中的样磨与巴尔楚克》，林梅村著《西域文明——考古、民族、语言和宗教新论》，北京：东方出版社，1995 年，第 371—384 页。
④ 冯锴、薛程、王超翔、刘璐：《汉代西域烽火台夯筑工艺研究——以克孜尔尕哈烽火台为例》，《文博》2018 年第 5 期，第 83—93 页。
⑤ 张弛、朱玆：《"阿奢理贰伽蓝"地理方位与玄奘西行"跋禄迦"的交通路线》，《历史地理研究》2019 年第 2 期，第 145—148 页。
⑥ （清）佚名著，马大正等整理：《新疆乡土志稿》，乌鲁木齐：新疆人民出版社，2010 年，第 321 页。

作"沙尔达朗卡伦"[①]，位于拜城县黑英山乡东南，距库车市区西北23千米，距克孜尔乡政府驻地东北36千米，有季节性河流从此流入克孜勒河。《新疆图志·道路三》载："（库车）城西四十里夏德郎（沙尔达朗）卡伦，三十里托和拉旦驿（驿傍山麓，官店一，俗名盐水沟）；二十里托和拉旦达坂，俗称胡杨林客栈。"[②]盐水沟托和拉旦附近有小道通克孜尔石窟。《库车州乡土志》载："托和拉旦达坂之西南俯瞰渭干河，有千佛洞，山之上下前后凿洞四五百处，皆五彩金粉，绘西番佛像甚庄严，最高一洞三楹壁，凿白衣大士像，汉楷《轮回经》一部，余皆西番字迹，不知谁氏之为。"[③]

克孜尔（Kizil），又作"赫色勒""河色尔""西牙城"，位于拜城县东部克孜尔乡。《西域同文志》载："赫色勒，回语，红色，河水色浊近红，故名。"《西域图志》卷十六载："赫色勒，在赫色勒郭勒西五里，南距木素尔郭勒五里，西距赛木城二十五里。"[④]《西域水道记》卷二载："赫色勒者，渭干河东源。"西支源于"阿勒坦呼苏山"，东支源于"额什克巴什山"，南流经"赫色勒军台"，称赫色勒河。又南流三十余里，经克孜尔千佛洞西缘，流经崖下，与"雅尔干河"交汇，是为渭干河。《新疆图志》卷六十载："此山（明吕山）在拜城东南，和色尔驿南，木札拉提河与赫色勒河会，是为渭干河。"[⑤]清代在此设军台，《西域图志》作"赫色勒军台"，《回疆通志》作"河色尔台"[⑥]。

[①]（清）和宁撰，孙文杰整理：《回疆通志》，北京：中华书局，2018年，第223页。
[②]（清）王树枏等纂修，朱玉麒等整理：《新疆图志》，上海：上海古籍出版社，2017年，第1062页。
[③]（清）佚名著，马大正等整理：《新疆乡土志稿》，乌鲁木齐：新疆人民出版社，2010年，第321页。
[④] 钟兴麒等校注：《西域图志校注》，乌鲁木齐：新疆人民出版社，2002年，第255页。
[⑤]（清）王树枏等纂修，朱玉麒等整理：《新疆图志》，上海：上海古籍出版社，2017年，第1044页。
[⑥]（清）和宁撰，孙文杰整理：《回疆通志》，北京：中华书局，2018年，第212页。

赛里木（Sayram），又作"赛喇木"，今拜城县赛里木镇。《西域同文志》载："赛喇木，回语，安适也。居者安之，故名。"《西域图志》卷十六载："赛喇木，旧对音为赛里木，在赫色勒郭勒西四十里，东北距库车城二百十里。城周一里九分，高一丈，南北二门。"

拜城（Bay），今拜城县政府驻地。《突厥语大辞典》载："Bay Ïγač，乌什附近一地名，在乌什和苦叉（Quča）间。"[①] 明代称"摆城"，如《西域土地人物略》载："土力苦扯城东至摆城四十里。"《西域同文志》载："拜，回语，富厚之意。居民富厚多牲畜，故名。"《西域图志》卷十六载："拜，在赛喇木西九十里。距京师一万三百八十里。地饶水草。城距山冈，周一里三分，高一丈，东西二门。"[②]

大桥乡，清代作"雅哈阿里克"（Yaka arik），今拜城县大桥乡政府驻地。《西域同文志》载："雅哈阿里克，回语，地临边界，水渠绕之，故名。"[③]《西域水道记》卷二载："上铜厂曰雅哈阿里克厂。回语'雅哈'边界也，地临边界，有渠水，故名。"《西域图志》卷十六载："雅哈阿里克，地滨木素尔郭勒南岸，在叶伊勒干西南五十里。"叶伊勒干，《西域同文志》载："回语，叶伊勒，开展之义；干，以谓平也。其地宽平，故名。"《西域图志》卷十六载："叶伊勒干，在什喇勒台西五十里，东距拜城八十里。"

察尔齐（Charchik），又称"察尔其""楚午哈""塔尔齐""察尔齐克"，蒙古语意为"牧牛者"，即今察尔齐镇。《新疆图志·山脉二》载："却尔噶即楚午哈之变音，又转为察尔齐克。"《西域水道记》卷二

---

① 付马：《丝绸之路上的西州回鹘王朝——9—13 世纪中亚东部历史研究》，北京：社会科学文献出版社，2019 年，第 244 页。
② 钟兴麒等校注：《西域图志校注》，乌鲁木齐：新疆人民出版社，2002 年，第 256 页。
③ 乌云毕力格、张闶：《同文之盛——〈西域同文志〉整理与研究》，上海：上海古籍出版社，2022 年，第 35 页。

载:"铜产其西南六十里楚午哈山,俗曰滴水崖,亦曰察尔齐克厂。"《新疆图志》卷六十载:"塔尔齐山,其上多铁。有水焉,南流入木扎拉提河。"[1] 新疆拜城县境内"察尔其""大桥""恰克其""大宛齐"等地名,均源自"塔尔齐"之音变。1943 年 8 月,中央研究院"西北科学考察团"丁骕、戈定邦等,对察尔齐沿线的盐山、铜矿及古道路线进行过科学调查[2]。

2. 柘厥关路

《新唐书·地理志》载:"安西西出柘厥关,渡白马河,百八十里西入俱毗罗碛。经苦井,百二十里至俱毗罗城。又六十里至阿悉言城。又六十里至拨换城,一曰威戎城,曰姑墨州,南临思浑河。乃西北渡拨换河、中河,距思浑河百二十里,至小石城。又二十里至于阗境之胡芦河。又六十里至大石城,一曰于祝,曰温肃州。又西北三十里至粟楼烽。又四十里度拨达岭。"[3]

柘厥关,徐松《西域水道记》认为在"渭干河南流,经胡木土喇庄西,又南流,经札依庄东、和卓土拉斯庄西,盖唐之白马渡也"[4]。王炳华认为,新和县玉其吐尔、夏合吐尔遗址即唐代柘厥关及东西柘厥寺。庆昭蓉认为苏巴什古城即唐代柘厥关遗址[5],此说误解了 Längär 一词的含义。Längär 一词源自维吾尔语 Lungur,即汉语"兰干",本

---

[1] (清)王树枏等纂修,朱玉麒等整理:《新疆图志》,上海:上海古籍出版社,2017 年,第 1044 页。
[2] 丁骕:《新疆概况》,南京:独立出版社,1947 年,第 87—90 页。
[3] (宋)欧阳修、(宋)宋祁等撰:《新唐书》,北京:中华书局,1975 年,第 1149 页。
[4] (清)徐松著,朱玉麒整理:《西域水道记(外二种)》,北京:中华书局,2005 年,第 98 页。
[5] 庆昭蓉:《吐火罗语世俗文献与古代龟兹历史》,北京:北京大学出版社,2017 年,第 71—74 页。庆昭蓉:《重议柘厥地望——以早期探险队记录与库车出土文书为中心》,《西域文史》第六辑,北京:科学出版社,2011 年,第 167—190 页。

义指驿站。但在南疆地区，叫 Längär 一名的地方不止一处。今库车市南郊阿拉哈格镇兰干（强尕）村，即《新疆图志》所载清代"亮格（噶）尔庄"（Längär），玉其吐尔、夏合吐尔即位于此处。根据地理方位推定，王炳华之说较为可信。伯希和在玉其吐尔、夏合吐尔所获文书中，提及"怀仁坊""安仁坊"等名称[①]，近年国家博物馆考古队在玉其吐尔（原文作"乌什吐尔"）发现的高墙遗迹[②]，与坊墙结构及布局类似，间接印证了王炳华的观点。

白马河，即渭干（Vegan）河上游段之木扎拉特（Muzart）河，又称"通天河""鄂根河""木札提河"。《水经注》称"西川水"，《西域土地人物略》作"西牙河"，《新疆识略》作"木杂喇特河"。《莎车行记》载："过木札特河，俗名通长河。"渭干河，是塔里木河的重要支流之一，其西源木扎拉特河发源于木素尔岭南侧；东源为拜城县额什克山的克孜勒河，二源合流出明吕山口[③]。《新疆图志》卷七十引《库车州乡土志》载："河出丁谷山西麓，距库车西南百里。折东南流，分为数支，西引者出塔克里克庄，偏西南流，灌溉十余庄，名塔克里克水，即《水道记》之塔什里克渠也，其水入沙而伏。东引者出库车城南，分二支，北一支名阿朗水，径亮格尔庄之北，其水偏东北流，亦入沙而伏。南一支自英尔瓦特庄横出东流，名胡布水，其水亦偏东北流，入于尔漫柯海子。河又南行，折而东，经以介奇庄北。又东，经勒党庄北。又东南，经沙雅城北。又东南，经萨牙巴克

---

① 刘安志、陈国灿：《唐代安西都护府对龟兹的治理》，《历史研究》2006 年第 1 期，第 34—48 页。
② 牛健哲：《2019—2020 年新疆维吾尔自治区库车市乌什吐尔遗址的新发现》，《文物天地》2020 年第 11 期，第 100—105 页。
③ 《新疆图志》卷六十载："此山（明吕山）在拜城东南和色尔驿南，木札拉提河与赫色勒河会，是为渭干河。"

庄北,回人指为鄂根河,即此河也。又自勒党庄前溢出一支,名勒党水,南流,入沙而伏。河又自萨牙巴克庄东行,经沙尔里克湖南,分支折而南流,入塔里木河。河又出沙尔里克东行,经阿洽地方,复分为二支。一东流少南,至加衣拉克出界,距沙雅城三百五十里,是为渭干南河。一东流少北,至玉区而梗出界,距沙雅城三百四十里,是为渭干北河。南河东行至河拉里庄,折而南,合于塔里木河。"[1]《清史稿·爱隆阿传》载:"(乾隆二十一年,1756)爱隆阿等率吉林及索伦兵千骑,逐贼至鄂根河侧。"[2]

过白马河西行,即抵今新和县塔什艾日克镇一带。塔什艾日克,清代设卡伦,《西陲总统事略》卷十作"渭宦塔什里克卡伦"[3]。渭宦,即渭干之异译。《新疆图志》卷七十引《库车州乡土志》载:"(渭干)河出丁谷山西麓,距库车西南百里,折东南流,分为数支,西引者出塔克里克庄,偏西南流,灌溉十余庄,名塔克里克水,即《水道记》之塔什里克渠也。"由此西行,至今尤鲁都斯巴格镇,清代称"裕勒都斯巴克""大玉都司""大尤都司"。"玉都司""尤都司"均为"尤鲁都斯""裕勒都斯"之异译。《西域水道记》卷二载:"嘉庆十九年(1814),库车办事(大臣)伍尔德尼疏言:裕勒都斯巴克在渭干河西岸,浚渠引水,达其庄以垦种。报可。掘地获铜砖三,二有'天下太平'字。特贮彼库,用彰厥瑞。"[4]

俱毗罗碛,徐松《西域水道记》考证为拜城境"赫色勒沙碛",

---

[1] (清)王树枏等纂修,朱玉麒等整理:《新疆图志》,上海:上海古籍出版社,2017年,第1287—1288页。
[2] 赵尔巽等撰:《清史稿》,北京:中华书局,1998年,第10721页。
[3] (清)汪廷楷辑,(清)祁韵士编,(清)松筠修:《西陲总统事略》,北京:中国书店,2010年,第177页。
[4] (清)徐松著,朱玉麒整理:《西域水道记(外二种)》,北京:中华书局,2005年,第87页。

与《新唐书·地理志》记载不符。"俱毗罗"音近"却勒",且"百八十里西入"俱毗罗碛,即在却勒塔格山西南缘一带荒漠,位于新和县尤鲁都斯巴格镇西南。却勒塔格(Tchol-tagh),又称"却尔噶塔克""雀离塔格"。《西域同文志》载,"却尔噶塔克,回语,却尔噶,瀑布也。山有瀑泉,故名"。《西域图志》卷二十三载:"却尔噶塔克,在鄂克阿特库塔克西,木素尔郭勒西南,又西与图格哈纳达巴接。"① 鄂克阿特库塔克,《西域同文志》载:"鄂克,回语,箭也;阿特库,射也。常于此射猎,故名。"《西域图志》卷二十三载:"鄂克阿特库塔克,在布里博克济塔克西,拜城西南,木素尔郭勒南岸。"苦井,无文献记载,或为一处盐碱水源,大致在包库都克村以西。俱毗罗城,应位于新和县西境羊塔克库都克附近。

阿悉言城,由羊塔克库都克西北行 30 公里,即温宿县喀拉玉尔滚(Kara-yulghum)一带,清代作"哈喇裕勒衮山""盐山"。《河源纪略》载:"阿克苏东行二日,至哈拉玉尔滚之北三十里,有盐山,自麓至顶,俱红土搅石。"《西域同文志》载:"回语,哈喇,黑色;裕勒衮,红柳之在道旁者。柳阴深黑,故名。"②《西域图志》卷十六载:"哈喇裕勒衮,在拜属之雅哈阿里克西一百二十里,西距阿克苏城一百八十里。"《西域图志》卷二十三载:"哈喇裕勒衮塔克,在图格哈纳达巴西南四十五里。"图格哈纳达巴,《西域同文志》载:"回语,图格,谓骆驼,哈纳,疲乏也。岭形险峻,驼行劳疲,故名。"《西域图志》卷二十三载:"图格哈纳达巴,在木素尔郭勒西四十里。山脉自天山正干之萨瓦布齐鄂拉东南行三百里至此。出白盐,色最莹

---

① 钟兴麒等校注:《西域图志校注》,乌鲁木齐:新疆人民出版社,2002年,第343页。
② (清)傅恒等撰:《钦定西域同文志》,乌鲁木齐:新疆文化出版社,2017年,第325页。

洁，远近资之。"①综上可知，阿悉言城当为"盐关道"与"柘厥关道"之交汇处，《西域水道记》以拜城县治当阿悉言城，不妥。

拨换城（Baluka），又称"跋禄迦""姑墨""亟墨""威戎""钵浣""怖汗"等，位于今阿克苏市附近。《汉书·西域传》载："姑墨国，王治南城，去长安八千一百五十里……东至都护治所二千二十一里，南至于阗马行十五日，北与乌孙接。出铜、铁、雌黄。东通龟兹六百七十里。王莽时，姑墨王丞杀温宿王，并其国。"②《水经注》曰："北河又东径姑墨国南，姑墨川水注之，水导姑墨西北，历赤沙山，东南流径姑墨国西，治南城。"③《一切经音义》卷八十二载："跋禄迦国，此国出细好白㲲上细毛罽，为邻国中华所重。时人号为末禄氍，其实毛布也。"《悟空入竺记》作"钵浣""怖汗"，竺法护所译《密迹金刚力士会》作"剑浮"（Bamko），王延德《西州使程记》作"末蛮"，《经世大典图》作"八里茫"④，德藏 M 1《摩尼教赞美诗集》将拨换写作 prwanc⑤，《突厥语大词典》作 Barman，波斯、阿拉伯史料作 Bakhouan 或 Barwan，《世界境域志》作 Bencul，威廉·巴托尔德释读为"温宿"⑥。

思浑河，即今塔里木河支流阿克苏河。拨换河，又称"羽奴河"（Yungnu）、"阿尔巴特河"（Arbat）、"鲁瓦特河"（Ruvat）。《突厥语大词典》载："Yungnu 是一条大河的名字，流经八里茫（Barman）城。

---

① 钟兴麒等校注：《西域图志校注》，乌鲁木齐：新疆人民出版社，2002年，第343页。
② （汉）班固撰，（唐）颜师古注：《汉书》，北京：中华书局，1964年，第3910页。
③ （北魏）郦道元著，陈桥驿校证：《水经注校证》，北京：中华书局，2013年，第38页。
④ 付马：《丝绸之路上的西州回鹘王朝——9—13世纪中亚东部历史研究》，北京：社会科学文献出版社，2019年，第151页。
⑤ 付马：《丝绸之路上的西州回鹘王朝——9—13世纪中亚东部历史研究》，北京：社会科学文献出版社，2019年，第246页。
⑥ 佚名著，王治来译注：《世界境域志》，上海：上海古籍出版社，2010年，第78页。

此城由阿甫剌昔牙卜之子建于此河岸边,建城者名八里茫,城遂以此名之。"《大清一统志》载:"阿尔巴特河,源出阿克苏城(今温宿县城)北玛杂尔沟,东南流经阿尔巴特军台之北,为阿尔巴特河,又南流经哈喇裕勒滚军台之西,又东南流入沙而止。亦曰阿察哈喇河,即《水经注》之姑墨川,唐之拨换河也。"中河,即阿克苏河支流,大致在今温宿县恰格拉克乡东南一带。《突厥语大词典》载:"恰格拉(Qaqla),乌奇城郊一个草原名称。"《西域水道记》载:"今之阿尔巴特河,亦曰阿察哈喇河(阿察,回语分支歧出之谓。河有分支,望之色黑也),出阿克苏城北玛咱尔沟山中,东南流经和约伙罗克军台南,绕盐山东。"[1] 小石城,在今乌什县英阿瓦提乡苏尔滚村西北。

胡芦河,又称"托什罕河"、"托什干达里雅"(Taushkan daria)、"托什罕里克河"、"塔乌什堪达尔雅河",《突厥语大词典》作 tovušyanögüz,加尔迪齐(Gardīzī)《记述的装饰》(Zīn al-Akhbār)作 tfshkhan[2],发源于吉尔吉斯斯坦纳伦州,经恰特尔塔什(Katartash)流入新疆阿合奇县,经乌什县、温宿县入库玛拉克河[3],为阿克苏河河源之一,在阿克苏市南境汇入塔里木河。恰特尔塔什,清代文献称"巧塔尔""楚克尔"。《莎车行记》云:"冰岭一路,向为南北通衢,阿克苏所属,西南巧塔尔达坂,及赛里木所属之阿尔通霍什,均为赴伊犁捷径。"《新疆图志·山脉》云:"巧塔尔即楚克尔之转音。"《清史稿·达凌阿传》载:"(张格尔)其自托什罕渡河者,方围协领都伦布营,遏副将郭

---

[1] (清)徐松著,朱玉麒整理:《西域水道记(外二种)》,北京:中华书局,2005年,第81页。
[2] 米热古丽·黑力力:《〈蒙古山水地图〉部分地名考证》,《西域文史》第十五辑,北京:科学出版社,2021年,第70页。
[3] 清代史料又作"呼木阿里克河""胡玛拉克河""库木艾日克河""呼木阿里克郭勒",源于吉尔吉斯斯坦伊塞克湖州,流入温宿县境后,有托木尔苏河等汇入。在温宿县城西南阿克苏市区西北与托什干河汇流,为阿克苏河。

继昌援路，达凌阿还军驰救奋击败之。"岑参《题苜蓿烽寄家人》诗曰："苜蓿烽边逢立春，胡芦河上泪沾巾。闺中只是空相忆，不见沙场愁杀人。"陈铁民、侯忠义《岑参集校注》认为，胡芦河与苜蓿烽均在乌什县托什干河附近[①]。清代驿道由托什干河岸哲尔格哲克得进入乌什。《西域图志》卷九载："哲尔格哲克得，在托什干达里雅西南，阿克雅尔西五十里。"《西域同文志》载："回语，哲尔格，林立之谓；哲克得，沙枣也，地有沙枣成林，故名。"《西域水道记》载："托什干河东南流四十里，经帖列巴克庄南，又东流，至察哈喇克军台东哲尔格哲克得之地，与东支汇。"[②]乾隆二十三年（1758），定边将军兆惠率军至哲尔格哲克得，霍集斯及其长子派人在此迎谒。

　　大石城，又称"于祝""温肃州"，今乌什（Ush）县治附近。《汉书·西域传》载："温宿国，王治温宿城，去长安八千三百五十里……东至都护治所二千三百八十里，西至尉头三百里，北至乌孙赤谷六百一十里……东通姑墨二百七十里。"[③]《突厥语大词典》作Uj，《世界境域志》载："乌什（Ūğ），地在山中，众至200人……为葛逻禄所占。"[④]德国柏林亚洲艺术博物馆藏 MIk III 7279 回鹘文木柱题记："在位时，其统治东到沙州（Šačiu），西到乌什（Uč）、拔塞干（Barsxan）之时。"[⑤]和田出土突厥卢尼文木牍作 üčü[⑥]。《西域同

[①]（唐）岑参著，陈铁民、侯忠义校注：《岑参集校注》，上海：上海古籍出版社，2004年，第186页。
[②]（清）徐松著，朱玉麒整理：《西域水道记（外二种）》，北京：中华书局，2005年，第77页。
[③]（汉）班固撰，（唐）颜师古注：《汉书》，北京：中华书局，1964年，第3910—3911页。
[④] 佚名著，王治来译注：《世界境域志》，上海：上海古籍出版社，2010年，第78页。
[⑤] 付马：《丝绸之路上的西州回鹘王朝——9—13世纪中亚东部历史研究》，北京：社会科学文献出版社，2019年，第152页。
[⑥] 白玉冬、杨富学：《新疆和田出土突厥卢尼文木牍初探——突厥语部族联手于阗对抗喀喇汗朝的新证据》，《西域研究》2016年第4期，第41页。

文志》载:"回语,乌什,即乌赤,盖山石突出之谓,城居山上,故名。"《西域图志》卷十七载:"乌什,在阿克苏西境哲尔格哲克得西九十里,距京师一万九百九十里。城周三里二分,高二丈五尺,东西南三门,三面踞山,其西面因山为城,南崖陡峻,北带长流,形势绝胜。"①《西域水道记》卷二载,乌什城于乾隆三十年(1765)重建:"周四百六十八丈有奇,高丈七尺,移喀什噶尔参赞驻之,名城曰永宁,门四。"②《戡定新疆记》卷三作"窝什",又称"鄂什""奥什"。《西域同文志》载:"回语,鄂,围也,什,谓善于合围之人。相传旧于此围取牲畜,故名。"③

粟楼烽,今学界认为"三十里"应为"三百里"之误,故粟楼烽在乌什县奥依塔勒村东北别迭里河畔,今称"别迭里烽燧"。于祝"西北三十里至粟楼烽",当指今乌什县西北喀伊车河流域,山岭有喀伊车山口,可通伊犁和伊塞克湖。喀伊车河,又作"噶吉水",出喀伊山南麓。《新疆图志》卷十七引《新疆图说》载:"噶吉水,在(乌什)城东北一百里,其源出奇里克布鲁特部落北山,南流一百二十余里至旧卡,又流一十余里伏于戈壁。"《新疆要略》载:"由特穆尔图淖尔(伊塞克湖)南岸,越巴尔浑大山,改塔尔垓(喀伊车)河,溯流向东南,越大山,可达回疆乌什。"即从伊塞克湖东南岸,经纳林河、科扬季山口至阿克西腊克,上溯凯切河至喀伊车山口,顺喀伊车河可抵达乌什县。

喀伊车山谷以东为臻丹苏(Zindan)山谷,有臻丹苏河东南流。

---

① 钟兴麒等校注:《西域图志校注》,乌鲁木齐:新疆人民出版社,2002年,第265页。
② (清)徐松著,朱玉麒整理:《西域水道记(外二种)》,北京:中华书局,2005年,第75页。
③ (清)傅恒等撰:《钦定西域同文志》,乌鲁木齐:新疆文化出版社,2017年,第210页。

臻丹，又作"珍旦""真丹""畦丹"等。《新疆图志》卷七十引《新疆图说》载，臻丹苏河"在（乌什）城东北二百里，其源出奇里克布鲁特部落北山。南流一百三十余里，出山口，伏于戈壁"。清代乌什城东北五十里设卡伦，《回疆通志》作"毕得克里卡伦"。毕得克里（Bidkel），又作"必特克里克"，《西域同文志》载："回语，必特克，题识之谓。行人题识于山间木石之上者，其地有之，故名。"《西域图志》卷十七载："必特克里克，在乌什城北，逾敖尔他克齐谔斯腾至其地，东北亦通伊犁。"①《新疆图志》卷八十一载："乌什城东北六十里毕得（克）里卡伦，一百五十里臻丹口，一百一十里臻丹达坂，抵伊犁界。"左宗棠拟收复伊犁期间，曾计划取道乌什。《新疆图志》卷五载："西路取道乌什，由冰岭之西经布鲁特游牧地，约七站抵伊犁，计程千二百五十里；此路久经封禁，道光初，那彦成、德音阿指为换防官兵往来捷径也，通政使司刘锦棠主之。"②

从甄丹苏达坂至别迭里山口一带的山岭，清代称奎鲁克岭，又作库鲁克（kuilet）岭、古古尔鲁克（kükürtlük）岭、贡古鲁克（günggürtlük）岭，意为"有硫磺的山"。今《新疆维吾尔自治区地图集》标作"贡古普克沟"，应为"贡古鲁克沟"之误③。清代准噶尔部首领达瓦齐，曾从伊犁河谷经伊塞克湖越贡古鲁克山进入乌什境内④。这一带有多处隘口可通往伊塞克湖。向达曾言：通过伊塞克湖的这一条路，"是古代中西交通上一条最有名、最频繁的大道"⑤。《回疆通志》载："贡古

---

① 钟兴麒等校注：《西域图志校注》，乌鲁木齐：新疆人民出版社，2002年，第269页。
② （清）王树枏等纂修，朱玉麒等整理：《新疆图志》，上海：上海古籍出版社，2017年，第135页。
③ 新疆维吾尔自治区测绘局：《新疆维吾尔自治区地图集》，北京：星球地图出版社，2011年，第58页。
④ 王启明：《清代新疆伊犁通乌什道——从达瓦齐逃遁路线谈起》，《西域研究》2015年第2期，第30—38页。
⑤ 向达：《西域见闻琐记》，《文物》1962年第Z2期，第35页。

鲁克山,城北一带,自西而东皆大山,袤延数百里。西北有巴克塔山口,通布库部落,又西通蒙古多尔部落。正北库库尔山口、雅满速山口,俱通布鲁特游牧。"①《新疆图志》卷五十九引贡古鲁克山的通行情况:"贡古鲁克山岚层复,岩坂峻险。山间溪涧纵横,谷中尤隘,凡百余里,仅容单骑。有地曰南、北郭罗,北郭罗通伊犁之伊克哈布哈克卡伦,南郭罗则布鲁特所游牧也。《莎车行记》载:'自伊犁惠远城起,西南十七站,由布鲁特游牧地方直抵乌什,为行兵捷径。道光八年(1828),奉旨着伊犁将军、乌什办事大臣将伊犁南路哈布哈克卡伦、乌什迤北贡古鲁克卡伦添派官兵巡防,不许夷民取道往来。'今考伊克哈布哈克卡伦越贡古鲁克山以达乌什之路,悬崖峭壁,险阻异常。承平时有人行走,乱后路为贼毁,人迹罕到矣。"②

拔达岭(Bedel),又称"勃达岭""别叠里",唐代在今喀伊车山口处。玄奘《大唐西域记》所载"凌山","山谷积雪,春夏合冻,时虽消泮,寻复结冰"。季羡林考证"凌山"即唐代"勃达岭",今别迭里山口③。《新唐书·西域传》载:"勃达岭北行赢千里,得细叶川,东曰热海,地寒不冻,西有碎叶城。"至清代,拔达岭改为今乌什县西北与阿合奇县东北交界的别迭里山口。《新疆图志》卷五十九载:"(乌成库什)又东北曰别叠里之山,其上有安夷帕霞(阿古柏)三废卡,别叠里之水出焉,东南流会于毕底尔河。"毕底尔河(Bidir),乌什城西八十里小比底尔卡伦附近。《新疆图志》卷八十一载:"(乌什)城西八十里小比底尔卡伦。"《新疆图志》卷七十载:"(别叠里水)又

---

① (清)和宁撰,孙文杰整理:《回疆通志》,北京:中华书局,2018年,第191页。
② (清)王树枏等纂修,朱玉麒等整理:《新疆图志》,上海:上海古籍出版社,2017年,第1026页。
③ (唐)玄奘、(唐)辩机著,季羡林等校注:《大唐西域记校注》,北京:中华书局,1985年,第67页。

东径毕底尔卡伦,为毕底尔河。"《新疆图志》载:"别叠水二源,均出别叠里达坂,一经阿恰恰奇里东,一经布鲁特奇里克部落西,合那东南流经伊布拉什东,渐西南流,经哈衣塔东,又经鹰落山西麓,入于(托什干)河。"沙畹《西突厥史料》载:"自乌什西北行者,溯 Oui-tal 河而上,逾拔达岭,此岭高出海平面四二二四公尺,玄奘西行即逾此岭,未由 Mouzart 岭也。"①

库罗帕特金《喀什噶尔》记述了阿克苏至伊塞克湖的详程:从阿克苏城至巴林庄(乌什县阿恰塔格乡麻扎村)32 千米,至阿奇塔格要塞(阿恰塔格乡政府驻地)26 千米,至乌什要塞(乌什县城)24 千米,至巴什阿格玛卡伦(奥特贝希乡西南的巴什阿克玛村)27 千米,至阿夏察库里堡(奥依塔勒村别迭里河西岸)51 千米,到铁别卡伦(别迭里山口东南)24 千米,至朱乌喀(阿克西腊克山西南)50 千米(其中在 15 千米处翻越别迭里山口),"过朱乌喀、喀喇赛的河水都向西流,注入纳伦河(纳林河)"。由此北行可达伊塞克湖南岸。上述路线大体与《新疆图志》所述路线相同②。

纳林河(Narin),又称"纳林布鲁克",《长春真人西游记》作"霍阐没辇",发源于吉尔吉斯斯坦纳伦州巴尔珲岭南约 65 公里塔尔海岭,源头称"喀喇河",西流约 150 公里称"纳林河",后流入伊塞克湖,是锡尔河的上游。乾隆二十三年(1758)定将军兆公惠奏言:"臣于四月十三日渡伊犁河,已抵格根哈尔奇喇,询问向导人等,由特穆尔图淖尔过巴尔珲岭,穿行布鲁特境内,计一月可至叶尔羌、喀什噶尔。"渡纳林河而南 225 公里,即葱岭北河乌兰乌苏(喀什噶尔

---

① [法]沙畹著,冯承钧译:《西突厥史料》,北京:中华书局,2004 年,第 11—12 页。
② [俄]A.H.库多帕特金著,中国社会科学院近代史研究所翻译室译:《喀什噶尔》,北京:商务印书馆,1982 年,第 286—295 页。

河源之一）北岸。

（四）龟兹—伊犁道

1. 雀离关路

雀离关路，又作"龟兹—弓月道"[1]，民间称"乌孙古道"。由库车市皮朗古城出发，沿库车河经苏巴什古城遗址（雀离关遗址），北行至阿格乡阿艾阿克孜村后西北行，经喀拉塔什阔坦、巴什格然木达坂、翁库尔阔坦西北行，翻越合同萨拉达坂西北行，可至特克斯县包扎墩古城，由此顺科克苏河而下即进入伊犁河流域。此路线见于《旧唐书·封常清传》："灵詧使仙芝以二千骑自副城向北至绫岭下，遇贼击之。达奚行远，人马皆疲，斩杀略尽。"[2]"副城"或指龟兹安西都护府驻军之城，"绫岭"即阿格乡以北的山区。黄文弼曾在苏巴什古城附近发现"十一人于阗兵"汉文文书[3]，学界认为，此文书与于阗兵支援安西都护府的作战有关[4]。

雀离关路沿线根据考古遗存的不同，可分为三个文化遗址区：

（1）以苏巴什古城为中心的佛教遗址区，分布于库车河山口东、西两岸，即河西区与河东区。伯希和（1906年）、黄文弼（1928年与1958年）、西北大学文化遗产研究院（2015年与2016年）等，均在此调查与发掘[5]。苏巴什古城一带，清代称"奇里什"。《西域同文志》曰："奇里什，回语，地傍高山，下临溪涧之谓。"《西域图志》

---

[1] 张安福：《天山廊道军镇遗存与唐代西域边防》，北京：社会科学文献出版社，2021年，第408页。
[2] （后晋）刘昫等撰：《旧唐书》，北京：中华书局，1975年，第3207页。
[3] 黄文弼：《新疆考古发掘报告》，北京：文物出版社，1983年，第90页。
[4] 荣新江：《于阗在唐朝安西四镇中的地位》，《西域研究》1992年第3期，第56—64页。
[5] 西北大学文化遗产学院编：《新疆库车苏巴什佛寺遗址石窟调查报告》，上海：上海古籍出版社，2020年，第1—3页。

卷十五载："奇里什，在库车城东北六十里。其正北境，当天山正干阿尔坦呼苏南麓，距库车城一百里。"①学界一般认为，苏巴什佛寺遗址即"雀离大寺""昭怙厘大寺"，伯希和释读为龟兹语 Cakir 或梵文 Cakra，张星烺释为梵语 Sula②。

（2）以库车市阿格乡阿艾古城为中心的矿冶遗址区，存在大量汉唐时期的冶炼遗址，清代称此区域为"铜山"。《新疆图志》卷六十载："铜山，其上多铜、多石油。"引《光绪丁未年（1907）勘矿公牍》："库车铜山距城一百二十余里，出北门四十里许至苏巴什，道路平坦。由苏巴什北行二十里至老铜厂，此厂早已停办。再北行四十里抵新铜厂，由厂西行十五里进山口，又循山口东行约十里，系小河沟，始抵铜山麓。"根据近年的考古调查，可以确定上述区域属于古龟兹的一处矿冶中心③。

（3）以科克铁克山为中心的游牧遗址群，存在大量的地表石封堆墓葬、岩画及戍堡遗址，其年代可追溯到战国至西汉时期。这一区域是游牧人群往来于伊犁河谷、裕勒都斯草原和龟兹地区的孔道。

2. 黑英山路

黑英山路，是指以拜城县黑英山乡为起点，沿博孜克日格河而上，经喀拉克达格山口至阿克布拉克大草原，再翻越阿克布拉克达坂至特克斯县科克苏河流域的道路。此路线因发现东汉《龟兹左将军刘平国治关城诵》碑刻而闻名。此路线一直是当地牧民前往北部山区夏季牧场的通道。据《新疆图志》卷八十一载，自拜城县赛里

---

① 钟兴麒等校注：《西域图志校注》，乌鲁木齐：新疆人民出版社，2002年，第249页。
② 李澜：《有关雀离佛寺的几个问题》，《敦煌研究》2009年第4期，第83—90页。
③ 李肖、吐逊江等：《古代龟兹地区矿冶遗址的考察与研究》，朱玉麒、李肖主编《坚固万岁人民喜——刘平国刻石与西域文明学术研讨会论文集》，南京：凤凰出版社，2022年，第145—182页。

木出发:"折东北一百四十里明布拉克庄。(居民四百余家,近村山峡有支路,二百余里达伊犁宁远之白矾沟。《莎车行记》:'赛里木所属之阿尔通霍什为通伊犁捷径,道光间奉旨封禁。'即此路也,旧时阿尔通霍什卡伦在赛里木东北一百六十里。)"[1]从《新疆图志》引倭仁(1804—1871)《莎车行记》可知,黑英山路曾是沟通天山南北的重要廊道,至少在汉朝已通行。此路线的最终封禁,与道光年间"张格尔之乱""玉素普之乱"及"七和卓之乱"有关[2]。

明布拉克(Mingbulak),即今拜城县黑英山乡米斯布拉克村。《新疆图志》卷六十云:"明布拉克山产铁,此山铁厂西南距拜城二百三十里。"据《野村荣三郎日记》载,大谷探险队曾留宿"明布拉克庄","乌垒碑乃在明布拉北方五十清里"[3]。乌垒碑,即东汉《龟兹左将军刘平国治关城诵》碑刻。

拜城县黑英山乡,今乡政府驻地在喀赞其村,位于拜城县东北100公里。黑英山,当地人称"喀拉克达格"(Karaktag),《西域水道记》作"阿勒坦和硕",《西域同文志》作"阿勒坦呼苏鄂拉",《新疆图志》作"阿勒坦呼苏"。黑英,系维吾尔语"Keyin"之音转,意为"桦树"。《西域同文志》载:"准语,阿勒坦,金也。呼苏,桦树也。山多桦树,深秋叶色如金,故名。"《西域图志》卷二十一载:"阿勒坦呼苏鄂拉,在额什克巴什鄂拉西一百余里,赫色勒郭勒西一源,出其南麓。"[4]《新疆图志》卷六十载:"阿勒坦呼苏山,赫色勒水之西源

---

[1] (清)王树枏等纂修,朱玉麒等整理:《新疆图志》,上海:上海古籍出版社,2017年,第1552页。
[2] 潘向明:《清代新疆和卓叛乱研究》,北京:中国人民大学出版社,2011年,第113—182页。
[3] 朱玉麒:《龟兹刘平国刻石的发现与近代新疆》,朱玉麒著《瀚海零缣:西域文献研究一集》,北京:中华书局,2019年,第48—69页。
[4] 钟兴麒等校注:《西域图志校注》,乌鲁木齐:新疆人民出版社,2002年,第321页。

出其南麓。阿勒坦呼苏即阿尔通伙什之音转。"

博孜克日格沟（Bezeklik），又作"伯什克勒克"，维吾尔语意为"建筑、装饰"之意，沟内有博孜克日格河。渡边哲信作"博子克勒克"，"阿尔通伙什山西边一座山峰称为博子克勒克，两峰高度相当，后者带有石灰岩形成的赭色。流出两峰峡间的河流名为博子克勒克河。"[①] 阿尔通伙什（Artonhoshy），又作"阿尔通霍什""阿勒吞库什"。《清史稿·长清传》载："（阿克苏）乃塔尔达巴罕及阿尔通霍什皆有小路可通伊犁，请并封禁。"[②]《西陲总统事略》卷十及《回疆通志》卷九均记有"阿尔通伙什卡伦"。《新疆图说》载："阿尔通伙什卡在拜城东北二百五十里，卡在山南。"据《西陲总统事略》及《回疆通志》载，阿尔通伙什卡伦西南三十里为"尼杂尔阿塔"卡伦。尼杂尔阿塔，《清史稿·长清传》作"乃塔尔达巴罕"，在今拜城县黑英山乡北部山区。

左宗棠欲收复伊犁时，曾命张曜部从拜城境越天山进攻伊犁。《新疆图志》卷五载："中路由阿克苏冰岭之东，沿特克斯河径趋伊犁，计程千二百五十里，本商货往来之道，广东陆路提督张曜主之。"[③] 拜城县境以木扎尔特河与克孜尔河东西环绕，二者至克孜尔石窟附近汇聚为渭干河。张曜部在探寻博孜克日格沟口道路时，意外发现了东汉《刘平国治关城诵》石刻[④]。施补华在光绪十五年（1889）赠予王懿荣之拓本《刘平国碑发现题记》中提及："余于光绪五年，得

---

① [日] 上原芳太郎编：《新西域记》，东京：有光社，1937年，第314页。
② 赵尔巽等撰：《清史稿》，北京：中华书局，1998年，第11480页。
③ （清）王树枏等纂修，朱玉麒等整理：《新疆图志》，上海：上海古籍出版社，2017年，第135页。
④ 马雍：《〈汉龟兹左将军刘平国作亭诵〉集释考订》，马雍著《西域史地文物丛考》，北京：商务印书馆，2020年，第42—68页。

此鸠兹山中。"考古发现表明,《龟兹左将军刘平国治关城诵》石刻的地理坐标为东经 82°30′05″,北纬 42°19′00″,海拔 1900 米[①]。

阿克布拉克,清代作"阿克岭"。《新疆图志》卷六十载:"阿克岭,伯什克勒克之水出其南麓。"阿克布拉克达坂,与特克斯县交界,博孜克尔格河发自岭南,海拔约 3900 米,沿途分布有草原、森林、雪山、冰川、湖泊等自然景观。

3. 冰岭路

冰岭路,又称"穆素尔岭道""夏特古道",起点是阿克苏地区温宿县博孜墩乡库尔干古城,沿木扎提河谷前行,翻越冰川与木扎尔特达坂,终点为昭苏县夏特古城。《新疆图志》卷六十载:"穆素尔岭自汉以来为西域南北相通孔道。"又引《冰桥道里记》记有详程:"温宿至札木台一百里,均系大路。札木台至盐山口八十里,均平路行车。盐山口至可力峡一百里,中隔石山一座,不甚高峻,余均平路通车。中有大河一道。可力峡至图巴拉特六十里,中隔横流水沟三道,半山斜险,石路二十里,余均平路。图巴拉特至瑚斯图托海四十里,均乱石险途。瑚斯图托海至塔木塔什八十里,途中乱石、大河、水沟甚多,无好路。塔木塔什至黄草湖驿一百八十里,冰路一百里,中有冰梯、雪路三十里,上山脊三十里,平路二十里,此站长且险。黄草湖驿至阿仁墩六十里,均树林,路势稍斜,好走。阿仁墩至枸梯六十里,均走树林,路势斜,中有石斫险途约十里许。枸梯至特克斯川百里,均平路。特克斯川至和乐火依一百四十里,均平路,中隔特克斯川大河。和乐火依至布噶乐一百二十里,均平路,山坡不多。布噶乐至坎尔一百二十里,均有树木,上山路陡,下山稍平。坎尔至宁远

[①] 朱玉麒:《龟兹刘平国刻石的发现与近代新疆》,朱玉麒著《瀚海零缣:西域文献研究一集》,北京:中华书局,2019 年,第 48—49 页。

八十里，均平路，中隔伊犁大河。以上由温宿起，至宁远止，共计一十四站，一千三百二十里。"①

库尔干古城，又称"破城子""黑达依协海尔"，位于温宿县博孜墩乡博孜墩牧场破城子村北约1千米处，呈不规则长方形，东西约230米，南北约80米，南控木扎提河，北接库勒克代尔亚斯山，地势险峻。黄文弼、新疆维吾尔自治区博物馆及阿克苏地区文物普查队等，都对其进行过考古调查②。

塔木塔什（Tamgatash），又作"塔米哈塔什""塔玛哈塔什"，位于木素尔达坂南侧温宿县境。景廉《冰岭纪程》载："冰岭下洪涛喷薄，色若米汁，呼曰白龙口，其上冰梁横亘，塞满山谷，高数十寻，曰老龙背。夏日河水盛涨，不通行旅，遇紧要之报，则由老龙背上侧足蛇行而过，路仄且滑，稍一失足，不可问矣。塔玛哈塔什军台后，山尤险恶，峻削极天，台西五里许，涌泉如墨，谚曰黑龙口，与白龙口二水交汇于军台南，是为穆素尔河。"

木扎尔特，《元史·成宗本纪》作"木思答伯"，《西域水道记》作"木素尔岭"，又称"冰岭"。木扎尔特冰川，横跨昭苏县西南部哈尔克塔乌山及温宿县汗腾格里峰与托木尔峰，是我国最大的现代冰川分布区。徐松《西域水道记》载："（木素尔）岭长百里，高百余丈，坚冰结成，层峦叠嶂，高下光莹。冰有三色，一种浅绿，一种白如水晶，一种白如砗磲。"③景廉《冰岭纪程》载："数十里无处非冰，或小如培塿，或高如丘陵，若崩若溃，忽断忽续。"

---

① （清）王树枬等纂修，朱玉麒等整理：《新疆图志》，上海：上海古籍出版社，2017年，第1041页。
② 新疆维吾尔自治区文物局编：《不可移动的文物·阿克苏地区卷（2）》，乌鲁木齐：新疆美术摄影出版社，2015年，第411—413页。
③ （清）徐松著，朱玉麒整理：《西域水道记（外二种）》，北京：中华书局，2005年，第89—90页。

木扎特达坂，位于昭苏县城西南 91 公里，拜城县城西北 107 公里，海拔约 3600 多米，南为木扎提河源。穿行木扎尔特达坂的冰岭道，是从南疆翻越天山进入伊犁河谷最重要的道路，自乾隆年间起，清廷一直派专人（曰"达巴齐"，凡七十户）"棰凿冰梯"维护道路畅通[1]。左宗棠欲收复伊犁时，曾考虑从冰岭道奇袭俄军，后放弃[2]。刘锦棠《请按约索还乌什之贡古鲁克地方折》指出沟通南北疆之捷径，"一由穆素尔达巴罕渡特克斯河，逾冰岭以达阿克苏之札木台；一出伊克哈布哈克卡，越贡古鲁克达巴罕，以达乌什；一出鄂尔果珠勒卡伦，逾善塔斯、巴尔珲两山，渡纳林河，以达喀什噶尔。"[3]

（五）"拨换—据史德"道

《新唐书·地理志》载："自拨换、碎叶西南渡浑河，百八十里有济浊馆，故和平铺也。又经故达干城，百二十里至谒者馆。又六十里至据史德城，龟兹境也，一曰郁头州，在赤河北岸孤石山。"

钟兴麒考证，此处"碎叶"非安西四镇之一的碎叶镇，而是阿尔泰语 suyab 之译音，意为"两水分流之地"[4]，其具体位置在拨换城南，即今温宿县城西南约 30 公里阿克苏河东西分流处。

浑河（Kumbashy），即阿克苏市库木巴什乡境内阿克苏河西支流。《元史》作"浑八升"，《西域图志》作"库木巴什"，《大清一统

---

[1] （清）徐松著，朱玉麒整理：《西域水道记（外二种）》，北京：中华书局，2005 年，第 91 页。

[2] 刘锦棠《请按约索还乌什之贡古鲁克地方折》载："阿克苏冰岭台路艰阻万状，夏月冰涣，四山圻溢裂流，峭壁森立，莫能飞渡。"参见（清）王树枏等纂修，朱玉麒等整理：《新疆图志》，上海：上海古籍出版社，2017 年，第 1865 页。

[3] （清）王树枏等纂修，朱玉麒等整理：《新疆图志》，上海：上海古籍出版社，2017 年，第 1865 页。

[4] 钟兴麒编著：《西域地名考录》，北京：国家图书馆出版社，2008 年，第 868 页。

志》《新疆识略》作"浑巴什",清代在此设军台。《元史·耶律希亮传》载:"中统四年(1263),至可失哈里城,四月阿里不哥兵复至,希亮又从征至浑八升城。"《西域图志》卷十六载:"库木巴什,在科布鲁克东五里,托什干达里雅北十五里,西北距阿克苏城九十里。"①《大清一统志》载:"楚克达尔河,发源阿克苏城北之楚克达尔山,即阿克苏河之东源,是为瑚玛喇克河,东南流经浑巴什庄北军台东,是为浑巴什河,又东南流经浑巴什庄北,为楚克达尔河。"《回疆通志》卷九载:"楚克达尔河,城南五十里。"因瑚玛喇克河发源于楚克尔山其流经浑巴什庄,又被称为楚克达尔河。《新疆图志》卷六十载:"萨瓦布齐又名楚克达尔矣。楚克达尔其音又变为库克墨尔根。《新疆图说》之楚克达尔河,即库克墨尔根河,库库又库克墨尔根之省音也。"②《清史稿·长清传》载:"长清截留各城换防,又发铜厂钱局官兵,扼浑巴什河。"③

济浊馆,柳晋文认为在今柯坪县城附近④,张平等考证为柯坪县阿恰勒镇西南都埃梯木烽燧遗址⑤。和平铺,付马推测为柯坪县其兰村喀拉库勒戍堡,当为柯坪县阿恰勒镇亚依德梯木烽燧。其兰,又作"齐兰",清代在此设军台⑥。《新疆图说》载:"在温宿城西南五百四十里,齐兰水出空潭山硖中,南流二十里至克子科卡伦,折而东南流四十里

---

① 钟兴麒等校注:《西域图志校注》,乌鲁木齐:新疆人民出版社,2002年,第260页。
② (清)王树枏等纂修,朱玉麒等整理:《新疆图志》,上海:上海古籍出版社,2017年,第1036页。
③ 都齐特,《回疆通志》作"都奇"或"都奇特";《西陲总统事略》作"都奇特",为清代浑巴什河沿线军台,位于今阿克苏市境内。
④ 柳晋文:《巴楚——柯坪古丝道调查》,《新疆文物》1985年第1期,第17—19页。
⑤ 张平:《唐安西故达干城及相关遗址的考实》,张平著《龟兹文明——龟兹史地考古研究》,北京:中国人民大学出版社,2010年,第249—263页。
⑥ (清)倭仁著,李正宇点校:《莎车行纪》,胡大浚主编《西北行记丛萃》,兰州:甘肃人民出版社,2002年,第84页。

经柯尔坪庄南，折而东北流五十里分二支，一东流五十里入黄草湖，其正枝东流一百六十里入齐兰草滩。"

达干城，《旧唐书》《通典》未见记载，严耕望《唐代交通图考》未考证，《中国历史地图集》虽标定"达满州"，但无详据[1]。都埃梯木烽燧遗址西北 4 千米处有阿克协海尔遗址，地表见垦田遗迹，付马推测为"故达干城"[2]。张平认为"达干城"为柯坪县城北约 3 公里的托木里克古城，由此西南 8 公里的沙雅提古城是"故达干城"。柯坪（Kelpin），又作"克力宾""柯尔品""空潭"。新疆维吾尔自治区博物馆藏 79B.T 采 14 号回鹘文书记有地名 kälpinli，学界释读为柯坪[3]。《西域土地人物略》载，阿赤地里城"又四百里为克力宾城，又西百里为干泉"。《新疆图志》卷六十引《温宿府乡土志》载："阿音柯庄（柯坪）西行八十余里，与乌什交界处，有库鲁克均山，山脉发自葱岭，袤延乌什而入本境，盘亘三四十里。山北距瑚玛喇克河约百里，山势渐平。"[4] 有学者指出，柯坪县盖孜力克镇八格力克村附近的沙牙提古城遗址，即汉晋时期的柯坪城[5]。

谒者馆，柳晋文考证位于图木舒克山东北约 27 公里的穷梯木协海尔遗址[6]，张平、钟兴麒等均持此说。梯木，维吾尔语意为"瞭望台"，该遗址由戍堡、烽燧组成，出土大量汉唐时期遗物。清代亦在

---

[1] 谭其骧：《中国历史地图集》第五册，北京：中国地图出版社，1996 年，第 63—64 页。
[2] 付马：《丝绸之路上的西州回鹘王朝——9—13 世纪中亚东部历史研究》，北京：社会科学文献出版社，2019 年，第 248 页。
[3] 迪拉娜·伊斯拉非尔、伊斯拉菲尔·玉苏甫：《巴楚县托库孜萨来古城出土的回鹘文记账文书二件》，《内陸アジア言語の研究》第 29 期，第 139 页。
[4] （清）王树枏等纂修，朱玉麒等整理：《新疆图志》，上海：上海古籍出版社，2017 年，第 1036—1037 页。
[5] 付马：《丝绸之路上的西州回鹘王朝——9—13 世纪中亚东部历史研究》，北京：社会科学文献出版社，2019 年，第 249 页。
[6] 张平：《巴楚——柯坪古丝道调查》，张平著《龟兹文明——龟兹史地考古研究》，北京：中国人民大学出版社，2010 年，第 17—19 页。

沿线设军台，《西陲总统事略》卷十作"伊勒都军台"[①]，又作"色瓦特驿"。《新疆图志》卷八十四载："色瓦特驿即伊勒都，旧为叶尔羌第十三台。"

托库孜萨来（Toqouz sarai）遗址，唐代称"孤石山""郁头州""据瑟得""握瑟德城""据史德城"，明代称"北店长子"。古城遗址位于图木舒克（Tumshuk）市图木舒克山顶处，距巴楚县城约60公里，东北距阿克苏市235公里，西至喀什市325公里。黄文弼曾将据史德城比定为喀什"哈诺依"（汗诺依）古城[②]，已被学界否定。《新唐书·地理志》载："又六十里至据史德城，龟兹境也，一曰郁头州，在赤河北岸孤石山。"《旧唐书·高仙芝》载，高仙芝率军"自安西行十五日至拨换城，又十余日至握瑟德，又十余日至疏勒，又二十余日至葱岭守捉，又行二十余日至播密川，又二十余日至特勒满川，即五识匿国也"。《悟空入竺记》载："次威戎城，亦名钵浣国，正曰怖汗国，镇守使苏岑。次据瑟得城使贾诠，次至安西。"斯坦因最早提出，《旧唐书·高仙芝》中的"握瑟德"即托库孜萨来遗址。林梅村认为，托库孜萨来为汉魏盘橐城[③]。学界考证，Gūẓdiyā ride 释作"据史德王"，Yaunduya 释为"郁头王"[④]。托库孜萨来遗址在回鹘文中被称作 kæmi talas，即"小怛逻斯"[⑤]。

[①] （清）汪廷楷辑，（清）祁韵士编，（清）松筠修：《西陲总统事略》，北京：中国书店，2010年，第175页。

[②] 黄文弼：《塔里木盆地考古记》，北京：科学出版社，1958年，第59—61页。

[③] 林梅村：《疏勒语考》，林梅村著《西域文明——考古、民族、语言和宗教新论》，北京：东方出版社，1995年，第234—251页。

[④] 段晴：《黄文弼发现的两件据史德语文书》，《西域文史》第十五辑，北京：科学出版社，2021年，第1—18页。段晴：《唐代据史德文化略考》，《丝绸之路考古》第五辑，北京：科学出版社，2022年，第106—114页。

[⑤] 李树辉：《圣彼得堡藏SI 2Kr 17号回鹘文文书研究》，新疆吐鲁番研究院编《语言背后的历史——西域古典语言学高峰论坛论文集》，上海：上海古籍出版社，2012年，第145—159页。

图木舒克，清代又作"托木硕克"，《西域同文志》载："托木硕克，回语，鸟喙也。其地山形似之，故名。"清代在四十九团场境内设图木舒克卡伦，五十一团场驻地设"罕达喇瓦卡伦"[①]，二者相距20余里。《莎车行记》称"图木舒克九台"[②]。由图木舒克南行，可进入巴尔楚克。吐鲁番阿斯塔那M4出土《唐支用钱练账》文书中，提及由□职城—胡乍城—据史德城—思浑—河头—拨换—安西的行军路线[③]，其中据史德城至拨换段与前文所述路线相同。

二、"阿奢理贰伽蓝"方位与龟兹寺窟的空间组合

"阿奢理贰伽蓝"是龟兹境内一处著名的佛教圣地，最早见于玄奘《大唐西域记》，其具体位置一直是学界关注的热点。国外学者如渡边哲信、伯希和（Paul Pelliot）、列维、沙畹（Édouard Émmannuel Chavannes），国内学者如黄文弼、王炳华、张平、林梅村、姚士宏等，均对"阿奢理贰伽蓝"的地理方位有所论述。本文在前人研究的基础上，利用新疆"第三次全国不可移动文物普查"成果及相关史料，对其地理方位进行再考证。

（一）研究综述

最早考证"阿奢理贰"地理方位的是清代学者徐松。他在《西域水道记》中提出，"阿奢理贰寺"应在唐代柘厥关白马渡附近，即清

---

① 《西陲总统事略》卷十作"罕达喇瓦"，《回疆通志》卷七作"汗达喇克"。
② （清）倭仁著，李正宇点校：《莎车行记》，胡大浚主编《西北行记丛萃》，兰州：甘肃人民出版社，2002年，第84页。
③ 国家文物局古文献研究室、新疆维吾尔自治区博物馆、武汉大学历史系编：《吐鲁番出土文书》第6册，北京：文物出版社，1983年，第434页。

代库车城以西约六十里的"胡木土拉庄"(库木吐喇)一带,但未描述遗址的具体情况①。

1903 年,日本大谷探险队成员渡边哲信对夏合吐尔、玉其吐尔遗址进行了考察和盗掘。他依据唐代出土文书的内容和《大唐西域记》的记载,认定夏合吐尔遗址为"阿奢理贰",而河对岸的玉其吐尔遗址为唐代柘厥关遗址②。

1907 年,法国汉学家伯希和对夏合吐尔遗址(原文作 Douldour-Âqour,汉译名"都勒都尔·阿乎尔")进行考察,将其认定为"阿奢理贰伽蓝"③。伯希和认为"阿奢理贰"为龟兹语 aśari,源自梵语 āścarya,"贰"释读为"腻"。1934 年,伯希和对上述观点进行修正,指出"阿奢理贰"当与龟兹都城的方位有关。唐代龟兹都城若在库车河西岸,则 1907 年的推论无误;龟兹都城若在库车河东岸,"阿奢理贰"当位于库车老城北的库图鲁格·奥日达(Qutlugh-Ordu)④。但在《都勒都尔——阿乎尔与苏巴什》(*Douldour-Âqour et Soubachi*)报告中,伯希和重拾 1907 年的观点,认为夏合吐尔遗址即"阿奢理贰"。

1928 年和 1957 年,黄文弼曾两次对库车周边地区古代遗迹进行实地考察。在《塔里木盆地考古记》中,他将玉其吐尔与夏合吐尔分别称为"色乃当城""大庙遗址",通过对出土遗物及地表遗迹的分析,黄文弼判断二处遗址即《大唐西域记》所载"东西昭怙厘二伽蓝"。但 1957 年之后,他又否定了先前的观点,认为库车周边的佛教

---

① (清)徐松著,朱玉麒整理:《西域水道记(外二种)》,北京:中华书局,2005 年,第 98 页。
② [日]上原芳太郎编:《新西域记》(上),东京:有光社,1936 年,第 330—338 页。
③ [法]伯希和等著,耿昇译:《伯希和西域探险记》,北京:人民出版社,2011 年,第 203 页。
④ [法]伯希和等著,冯承钧译:《吐火罗语考》,北京:中华书局,2004 年,第 99—157 页。

遗址需要在考古发掘的基础上重新考证[1]。

1985年，王炳华调查了库车周边的古代遗迹，指出玉其吐尔、夏合吐尔遗址并非"阿奢理贰"，而是唐代柘厥关及东西柘厥寺[2]。林立赞同王炳华之说，并认为夏合吐尔、乌什吐尔遗址应建于5世纪，至唐军控制龟兹后才增设防御性城墙，属于"具有军事作用的关阙"遗址[3]。王炳华、钟兴麒推测，阿奢理贰伽蓝应在克孜尔尕哈石窟附近[4]，但并未解释原因。

1996年，姚士宏在《对阿奢理贰伽蓝几点钩沉》一文中认为，"阿奢理贰"应始建于343—363年，废弃于8世纪末，其今址在"库车老城北与克孜尔尕哈石窟之间的区域"，或因历史变迁而难以寻觅[5]。张平依据"二普"材料，指出"阿奢理贰伽蓝"即博特（其）罕那佛寺遗址[6]。林梅村赞同张平之说，并指出《大唐西域记》所载"立佛像"即皮朗古城西墙外萨克刹克土墩，龟兹都督府治所在皮朗古城东南的哈拉墩遗址，安西都护府遗迹在皮朗古城北的雀鲁拔克（B）土墩附近[7]。

此外，向达、周连宽、吴焯等学者也对夏合吐尔和乌什吐尔遗址

---

[1] 黄文弼：《库车考古调查简记》，《西域史地考古论集》，北京：商务印书馆，2015年，第53页。黄文弼：《略述龟兹都城问题》，《文物》1962年第7、8合刊，第16—19页。

[2] 王炳华：《玉其土尔古城与唐安西柘厥关》，王炳华著《西域考古文存》，兰州：兰州大学出版社，2010年，第164—185页。

[3] 林立：《夏合吐尔和乌什吐尔地面佛寺遗址研究》，《西域研究》2005年第3期，第79—91页。林立：《夏合吐尔和乌什吐尔佛寺遗址研究》，《龟兹学研究》第一辑，乌鲁木齐：新疆大学出版社，2006年，第136—154页。

[4] 钟兴麒编著：《西域地名录》，北京：国家图书馆出版社，2008年，第44—45页。

[5] 姚士宏：《对阿奢理贰伽蓝几点钩沉》，姚士宏著《克孜尔石窟探秘》，乌鲁木齐：新疆美术摄影出版社，1996年，第240—252页。

[6] 张平：《龟兹阿奢理贰伽蓝遗址新证》，《新疆文物》2005年第1期，第52—58页。张平：《龟兹阿奢理贰伽蓝遗址今地考》，张平著《龟兹文明——龟兹史地考古研究》，北京：中国人民大学出版社，2016年，第317—328页。

[7] 林梅村：《龟兹王城古迹考》，《西域研究》2015年第1期，第48—58页。

有所论述,但未涉及"阿奢理贰"的具体方位,因此笔者不再赘述[①]。

（二）史料中的"阿奢理贰"与龟兹交通

目前关于"阿奢理贰伽蓝"的汉文史料主要集中于《大唐西域记》《大慈恩寺三藏法师传》和《悟空入竺记》中,均为唐代文献,年代为7世纪中叶至8世纪末。从文本角度考量,《三藏法师传》所描述的细节远多于《大唐西域记》,前者以人的叙事为主,后者则强调西域人文、地理、历史等方面的信息。《三藏法师传》成书略晚,但慧立曾随玄奘译经二十余载,对其西行经历应较为了解。《悟空入竺记》的成书年代最晚,在学术上可与前者互补。

《大唐西域记》十二卷本奉太宗敕令编撰,由高僧玄奘口述,弟子辩机笔受而成。全书共十二卷,成书于贞观二十年（646）,其中"屈支国"条关于阿奢理贰方位的记载,有"大会场"与"阿奢理贰伽蓝及其传说"两部分:

三、大会场

大城西门外路左右各有立佛像,高九十余尺。于此像前建五年一大会处,每岁秋分数十日间,举国僧徒皆来会集。上自君王,下至士庶,捐废俗务,奉持斋戒,受经听法,渴日忘疲。诸僧伽蓝庄严佛像,莹以珍宝,饰之锦绮,载诸赞舆,谓之行像,

---

[①] 详见向达:《西北见闻琐记》,《文物》1962年第7、8合刊,第33—36页。吴焯:《克孜尔石窟兴废与渭干河谷道交通》,《历史研究所学刊》第一集,北京:社会科学文献出版社,2001年,第156—179页。周连宽:《大唐西域记史地研究丛稿》,北京:中华书局,1984年,第62—63页。陈世良:《龟兹都城研究》,《新疆社会科学》1989年第2期,第122页。薛宗正:《安西大都护府治所考——兼论豆勒豆尔奥库尔奥尔古建筑群》,《史学集刊》2011年第3期,第3—22页。刘安志:《唐代龟兹白寺城初考》,《敦煌学集刊》2002年第1期,第125页。

动以千数,云集会所。常以月十五日晦日,国王大臣谋议国事,访及高僧,然后宣布。

四、阿奢理贰伽蓝及其传说

会场西北,渡河至阿奢理贰伽蓝,(唐言奇特。)庭宇显敞,佛像工饰。僧徒肃穆,精勤匪怠,并是耆艾宿德,硕学高才,远方俊彦,慕义至止。国王、大臣、士庶、豪右四事供养,久而弥敬。闻诸先志曰:昔此国先王崇敬三宝,将欲游方观礼圣迹,乃命母弟摄知留事。……王怪而问之,乃陈其始末。王以为奇特也,遂建伽蓝,式旌美迹,传芳后叶。

从此西行六百余里。经小沙碛,至跋禄迦国(旧谓姑墨,又曰亟墨)。[①]

《大唐西域记》所述阿奢理贰位于"会场西北","渡河至阿奢理贰伽蓝"。"会场"即前文"大会场",在龟兹"大城西门外"大佛像前,"于此像前建五年一大会处",每年秋分数十日间,"举国僧徒皆来会集"。"大城"当为龟兹都城,即前文"国大都城,周十七八里"。由此可知,阿奢理贰寺在龟兹都城西北方向,与都城隔河相望。

《大慈恩寺三藏法师传》由玄奘弟子慧立、彦悰共同完成。孙毓棠等考证,唐高宗麟德元年(664)玄奘逝世后,慧立将玄奘西行事迹著述成稿,为前五卷。武则天垂拱四年(688),玄奘弟子彦悰将慧立本重新整理,另撰五卷附于其后,成今本。相对《大唐西域记》而言,《三藏法师传》叙事较详,其卷二"屈支国"条中对"阿奢理儿"方位也有描述:

[①] (唐)玄奘、(唐)辩机著,季羡林等校注:《大唐西域记校注》,北京:中华书局,1985年,第61—65页。

明日，王请过宫备陈供养，而食有三净，法师不受，王深怪。法师报："此渐教所开，而玄奘所学者大乘不尔也。"受余别食。食讫，过城西北阿奢理儿寺，（此言奇特也。）是木叉鞠多所住寺也。……时王叔智月出家，亦解经论，时在傍坐，即证言《论》有此语。……

时为凌山雪路未开，不得进发，淹停六十余日，观眺之外，时往就言，相见不复踞坐，或立或避。私谓人曰："此支那僧非易訓对。若往印度，彼少年之俦未必有也。"其畏叹如是。至发日，王给手力、驼马。与道俗等倾都送出。

从此西行二日，逢突厥寇贼二千余骑，其贼乃预共分张行众资财，悬诤不平，自斗而散。

又前行六百里渡小碛，至跋禄迦国，（旧曰姑墨。）停一宿。①

值得注意的是《三藏法师传》作"阿奢理儿"，而《大唐西域记》作"阿奢理贰"，虽一字之差，但读音相同，应为同一寺院。此外，《三藏法师传》还有一处细节提到阿奢理贰的方位："时为凌山雪路未开，不得进发。淹停六十余日，观眺之外，时往就言，相见不复踞坐。"从"观眺"可知，阿奢理贰依山而建，故能观眺。"凌山雪路未开"说明因凌山积雪未融，玄奘无法翻越雪山，故在阿奢理贰伽蓝停留。根据考古发现，唐代龟兹都城即今库车市皮朗古城②，满足上述依山而建的佛教遗址，只有库木吐喇（Qum-tura）石窟和克孜尔尕哈

---

① （唐）慧立、（唐）彦悰著，孙毓棠、谢方校点：《大慈恩寺三藏法师传》，北京：中华书局，2004年，第25—27页。
② 新疆文物考古研究所：《库车市龟兹故城遗址（2016年度）考古发掘简报》，《新疆文物》2017年第2期，第4—18页。

石窟。笔者认为,"阿奢理贰伽蓝"当在克孜尔尕哈石窟附近,其理由如下:

第一,库木吐喇石窟位于皮朗古城西约 30 千米,与"食讫过城西北阿奢理儿寺"的记载相矛盾。据《增一阿含经》和《摩诃僧祇律》载,僧人有"过午不食"的戒律①。因此龟兹王供养玄奘应在午前,"食讫过城西北阿奢理儿寺"表明阿奢理贰距龟兹王宫不远,当日即可到达。《三藏法师传》后文"至发日,王给手力、驼马,与道俗等倾都送出",而库木吐喇石窟距皮朗古城 30 千米。龟兹王及民众倾城而出 30 千米相送,不合常理②。

第二,《三藏法师传》中"淹停"即停滞、停留,并无洪水阻断之意。如南朝宋鲍照《通世子自解启》:"仆以常桓,无用于世,遭逢谬幸,被受恩荣。诚愿论毕,久宜捐落,仁眷笃终,复获淹停。"③此处,"淹停"即停留之意,又如《梁书·武帝纪》:"可通检尚书众曹,东昏时诸诤讼失理及主者淹停不时施行者,精加讯辨,依事议奏。"④伯希和认为阿奢理贰即夏合吐尔的重要原因,是误解了"淹停"的含义。因夏合吐尔遗址位于木扎提(Muzart)河畔,故将玄奘滞留龟兹与木扎提河涨水相联系。

第三,龟兹通往热海的主要道路是盐关道,而非柘厥关道。1907年,伯希和在盐水沟一座烽燧下发现大量龟兹语木简,其中一件由列

---

① 《增一阿含经》载:"迦留陀夷向暮入……由此因缘,佛遂立过午不食之制。"另见于《摩诃僧祇律》:"佛告诸比丘:'汝等夜食,正应为世人所嫌。从今日后,前半日听食,当取时。'"
② 张平:《文物普查所见新的小型石窟寺》,张平著《龟兹文明——龟兹史地考古研究》,北京:中国人民大学出版社,2010 年,第 301—316 页。
③ (南朝宋)鲍照著,钱仲联校:《鲍参军集注》,上海:上海古籍出版社,1980 年,第 78 页。
④ (唐)姚思廉等撰:《梁书》,北京:中华书局,1975 年,第 14 页。

维释读出"盐关"（Salyinsai yonyai）一词①。盐水沟内有西通拜城、阿克苏的古道——盐关路。玄奘西去跋禄迦所行路线即盐关路。

《大唐西域记》载："从此（龟兹）西行六百余里，经小沙碛，至跋禄迦国。"而《三藏法师传》载："从此（龟兹）西行二日，逢突厥寇贼二千余骑。其贼乃预共分张行众资财，悬诤不平，自斗而散。又前行六百里渡小碛，至跋禄迦国（旧曰姑墨）。"《大唐西域记》《三藏法师传》所述安西至姑墨的距离为六百余里，而《新唐书·地理志》所载为四百二十里，二者相差一百八十余里，显然并非同一路线。据清人尼玛查《西域闻见录》载：清军平定大小和卓之乱时，曾将小和卓围困于库车城中。库车阿奇木伯克鄂对曾向清军主帅献策，指出小和卓可能的逃跑路线："一由城西之渭干爱曼，此地水浅，人马可渡。渡河，则得向阿克苏之捷径矣；一由河色尔戈壁，走阿克苏大路，必从北山口要路而过。"② 第一条线路即《新唐书·地理志》所载柘厥关路，为"得向阿克苏之捷径"；第二条线路即盐关路，是走阿克苏的"大路"。事后，果如鄂对所料，小和卓的逃跑路线是盐关道，说明盐关道比柘厥关道更便于通行，是西行阿克苏方向的主要路线③。

另外，清代倭仁赴任叶尔羌帮办大臣时，曾从库车取道盐水沟，经赫色尔至赛里木。据《莎车行记》载："初五日，库车宿。……住二日。初七日，夜行四十里，过盐水沟。两山相夹，险要可扼。初八日，赫色尔宿。……初九日，赛里木尖，入阿克苏界。拜城宿。"④ 由

---

① ［法］伯希和等著，冯承钧译：《吐火罗语考》，北京：中华书局，2004年，第12页。
② 姚晓菲编著：《明清笔记中的西域资料汇编》，北京：学苑出版社，2016年，第161页。
③ 张弛、朱竑：《"阿奢理贰伽蓝"地理方位与玄奘西行"跋禄迦"的交通路线》，《历史地理研究》2019年第2期，第145—148页。
④ （清）倭仁著，李正宇点校：《莎车行记》，胡大浚主编《西北行记丛萃》，兰州：甘肃人民出版社，2002年，第82—83页。

以上两段清代史料可知，至清代中期，由库车出盐水沟经赛里木至拜城①、阿克苏的道路，仍是西去的主要通道。

另一部记录阿奢理贰伽蓝的重要文献是《悟空入竺记》。悟空俗姓车名奉朝，本为唐代张韬光使团成员，天宝十载（751）奉使罽宾，因病留居健陀罗国，后出家为僧，拜三藏大德舍利越魔为师，法号"达摩驮都"。此后，悟空遍游天竺圣迹，尤其精通梵文，后携梵本《十地经》《回向轮经》《十力经》及佛牙舍利等东返。据《悟空入竺记》内容推算，悟空到访龟兹的时间为贞元四年（788）至贞元五年（789），距玄奘至此已150余年。

《悟空入竺记》中提到龟兹"阿遮哩贰寺"的记载：

> （龟兹）西门外有莲花寺，有三藏沙门名勿提提犀鱼，唐云莲花精进，至诚祈请译出《十力经》。可三纸许以成一卷，三藏语通四镇，梵汉兼明。此《十力经》，佛在舍卫国说。安西境内有前践山、前践寺，复有耶婆瑟鸡山，此山有水，滴溜成音。每岁一时采以为曲，故有耶婆瑟鸡寺、东西拓（柘）厥寺、阿遮哩贰寺。于此城住一年有余。②

此处，前践山指却勒塔格山，"前践"即"却勒"之音转，意为"荒凉"。前践寺当为"雀离大寺"，即"昭怙厘伽蓝"，开凿于却勒

---

① 拜城，今新疆拜城县政府驻地。《西域土地人物略》作"摆城"，"土力苦扯城东至摆城四十里"。《西域同文志》载："拜，回语，富厚之意。居民富厚多牲畜，故名。"《西域图志》卷十六载："拜城，在赛喇木西九十里，距京师一万三百八十里，地饶水草，城距山冈，周一里三分，高一丈，东西二门。"

② （唐）悟空著，杨建新校注：《悟空入竺记》，杨建新等编著《古西域行记十一种》，乌鲁木齐：新疆美术摄影出版社，2016年，第194页。

塔格山岩壁，属于龟兹北境。"复有耶婆瑟鸡山"，指耶婆瑟鸡山与前践山不同，"此山有水"与前文前践山之荒凉相对。耶婆瑟鸡寺即克孜尔石窟，除自然环境相吻合外，克孜尔石窟75窟、213窟均发现有龟兹文题记"Yurpaṣka"，即耶婆瑟鸡寺的龟兹语写法[①]。

克孜尔石窟在却勒塔格山西侧，属于龟兹石窟群西区。库木吐喇石窟是唐代所派僧都统的驻地，主持为汉僧，管辖龟兹全境的佛教事务，其寺院名称亦作汉名，类如"莲花寺"等，或慧超《往五天竺国传》所记安西"大云寺""龙兴寺"等[②]。"东西拓（柘）厥寺"应与东西柘厥关有关，即今玉其吐尔和夏合吐尔两处遗址。"阿遮哩贰"即《大唐西域记》的"阿奢理贰"、《三藏法师传》的"阿奢理儿"。"耶婆瑟鸡寺""东西拓（柘）厥寺"及"阿遮哩贰寺"是由西往东分布的，这与悟空由据瑟得城至安西从西向东的路线相吻合。

（三）"阿奢理贰伽蓝"与龟兹寺窟布局

伽蓝，源自梵语 samghārama，其中 samgha 是"僧团"之意；ārama 有"家园"的含义，原指僧众共住的场所，即寺院。印度早期的佛教遗迹，凿山而建的石窟与地面建筑是共存的[③]。初期的伽蓝以供奉佛陀的建筑为主体，后来才出现了其他的建筑形式[④]。不同时期及不同地区的伽蓝形制，存在不同的建筑和布局模式，反映出功能性的差异，可大致分为宗教仪轨场所和日常生活区两部分。从新疆出土的文献资料

---

① 庆昭蓉：《吐火罗语世俗文献与古代龟兹历史》，北京：北京大学出版社，2017年，第116页。
② （唐）慧超著，张毅校注：《往五天竺国传笺注》，北京：中华书局，2000年，第176页。
③ 篠原典生：《西天伽蓝记》，兰州：兰州大学出版社，2013年，第195页。
④ 篠原典生：《脱库孜萨来佛寺伽蓝布置及分期研究》，《石窟寺研究》2010年第1期，第197—206页。

来看，鄯善[①]、高昌[②]、龟兹[③]等地的寺院通常拥有田地、果园等资产，因此寺院的选址需要考虑农业生产的便利性，这在一定程度上使石窟与地面寺院产生空间距离，此类组合可视为地面佛寺与石窟的"二元一体"模式。

根据考古调查，龟兹地区佛教遗迹存在明显的"二元一体"共存现象，且地面寺院的年代一般要早于石窟。最早提出此观点的是晁华山，他曾三次前往库木吐喇石窟、玉其吐尔和夏合吐尔遗址考察，并对玉其吐尔遗址与库木吐喇石窟的关系作出分析，指出该地区应先有地面寺院，后有石窟遗迹[④]。意大利学者魏正中指出，研究龟兹石窟需考虑僧人居住在地面寺院的可能[⑤]。笔者依据"新疆第三次不可移动文物普查"的成果，将龟兹境内佛寺、石窟共存现象遗址列表如下：

龟兹境内部分寺窟组合情况表[⑥]

序号	石窟遗址	位置	寺院具体情况
1	托乎拉克艾肯石窟	新和县西南40千米却勒塔格山南麓	现存洞窟20个，山顶有佛教寺院遗址，长约30米，宽25米。
2	铁吉克佛教遗址	新和县尤都斯巴格村西北约1.5千米	佛寺遗址面积约2250平米，遗址北部山坡上残存洞窟。

---

① 刘文锁：《沙海古卷释稿》，北京：中华书局，2007年，第277—278页。
② 姚崇新：《试论高昌国的佛教与佛教教团》，《敦煌吐鲁番研究》第四卷，北京：北京大学出版社，1999年，第39—80页。
③ 庆昭蓉：《吐火罗语世俗文献与古代龟兹历史》，北京：北京大学出版社，2017年，第298、303页。
④ 晁华山：《库木吐喇石窟初探》，《中国石窟——库木吐喇石窟》，北京：文物出版社，1992年，第185—186页。
⑤ [意]魏正中：《区段与组合：龟兹石窟寺院遗址的考古学探索》，上海：上海古籍出版社，2014年，第1—10页。
⑥ 新疆维吾尔自治区文物局编：《新疆佛教遗址》，北京：科学出版社，2016年，第226—445页。

续表

序号	石窟遗址	位置	寺院具体情况
3	温巴什石窟	拜城县阿瓦提村南3千米	现存洞窟26个,洞窟前见寺院遗址和铸币遗址。
4	喀拉苏石窟	拜城县喀拉苏村东北约1.5千米	现存洞窟22个,西侧山丘顶部有寺院遗址,南北长约40米,宽约30米。
5	多岗佛教遗址	拜城县多岗村北约0.5千米冲沟内	现存洞窟7个,冲沟中央台地上见佛寺遗址。
6	阿克塔什石窟	拜城县黑英山乡都维力克村东南	现存洞窟6个,石窟东侧邻崖有围墙,疑似寺院遗址。
7	坦塔木佛寺	拜城县克孜尔村东南21千米	遗址由佛寺、佛塔和石窟三部分组成。
8	克孜尔石窟	拜城县克孜尔乡东南7千米	编号洞窟339个,1999年西区窟群前500米施工时出土陶器、陶祖等,疑有佛寺遗址。
9	台台儿石窟	拜城县克孜尔乡东北约6千米	编号洞窟22个,石窟西部丘陵顶有佛寺遗址。
10	森木赛姆石窟	库车市克日西村东北约40千米	编号洞窟57个,谷地东西两崖台地见有佛寺遗址,1903年渡边哲信曾在此考察。
11	克日希石窟	库车市牙哈镇麻扎巴格村	编号洞窟6个,窟前见坍塌建筑,疑为佛寺遗址。
12	博斯坦托格拉克佛教遗址	库车市牙哈镇博斯坦托格拉克村西却勒塔格山中	佛寺遗址东西长100米,南北宽30米,地表散见大量石膏残件。佛寺对面见石窟1座,面积约30平方米。
13	苏巴什佛寺	库车市阿格乡栏杆村南2千米	寺院遗址沿库车河分东、西两部,西寺东北侧山上分布有石窟,编号洞窟5个。
14	克孜尔尕哈石窟	库车市北10千米处	山谷两侧现存洞窟64个,山谷东侧2千米见博其罕那佛寺遗址。

由上表可知,石窟、地面寺院共存是西域佛教遗迹最常见的组合模式,类似组合关系亦见于焉耆七个星、吐鲁番柏孜克里克和吐峪沟等佛教遗址,皆由地面寺院与地上石窟共同组成,说明此类组合曾在古代西域十分流行,如敦煌文书 P.2009《西州图经》载:"丁谷窟,

有寺一所,并有禅院一所。"[1] 描述的正是此类寺院与石窟"二元一体"的组合关系。

龟兹地区石窟的主要功用是礼佛和修行,而地面寺院主要是僧侣的生活区,同时兼顾接待、集会、学习、仪轨等综合性功能。笔者认为,克孜尔尕哈石窟与博其罕那佛寺距离最近,二者构成"寺窟组合"的关系,克孜尔尕哈石窟主要用于礼佛和僧人修行,而博其罕那佛寺应为僧众的生活区。

克孜尔尕哈石窟位于库车市西北12千米盐水沟旁却勒塔格山丘陵地带,64个洞窟分布在山谷东、西、北三个崖面上,其中第13、14窟甬道侧有地神"坚牢"托举龟兹国王及王后的形象,为龟兹石窟群所独有[2]。第11窟左甬道外侧和第13窟右甬道外侧,有龟兹王族供养人像出现。第23窟大像正好面对皮朗古城的方向,说明克孜尔尕哈石窟为龟兹王家寺院。在第25窟主室侧壁和甬道侧壁保存的龟兹文题记中,法国学者乔治·皮诺(George Pinault)解读出:"国王苏伐叠(Swanata)在位第十九年,虎年六月八日,来此圣地谒佛祈愿。"[3] 苏伐叠在位时间为624—646年,玄奘途经龟兹的时间约为629—630年,正是苏伐叠统治时期。据此题记证明,龟兹王苏伐叠在位时,克孜尔尕哈石窟曾是龟兹的王室寺院,这与《三藏法师传》中"时王叔智月出家"于阿奢理贰的记载相吻合。

博其罕那佛寺位于克孜尔尕哈石窟以东约2千米处,有小道可

---

[1] 法国国家图书馆编:《法藏西域敦煌文献》第一册,上海:上海古籍出版社,1995年,第77页。
[2] 贾应逸:《新疆佛教壁画的历史学研究》,北京:中国人民大学出版社,2010年,第67页。
[3] 新疆龟兹石窟研究所编:《克孜尔尕哈石窟内容总录》,北京:文物出版社,2009年,第16页。

直通石窟区,是一处"凸"字形结构的佛寺遗址。遗址沿主殿中心至南部大门为中轴线,呈东西对称布局,东西宽30—108米,南北长约116米。北部为主殿区,呈正方形结构,长宽约30米。南部为不规则长方形,东西宽,南北窄,为庭院、配殿、僧房、仓厨等建筑[1]。佛堂置于寺院的中轴线上,佛塔规模较小,与僧房、讲堂共置于寺院南部庭院中,与6世纪前后中亚地区的寺院布局相同。另外,"凸"字形佛寺布局也见于湖北省云梦县泗洲寺。据《云梦县志》载,泗洲寺始建于南朝梁武帝大同七年(541),唐代修缮,元泰定四年(1327)重建[2]。由此推断,博其罕那可能与泗州寺始建年代相近,不晚于6世纪。

克孜尔尕哈石窟第16、23窟属于大像窟,开凿年代最早,约为6世纪;第11、13、14、30、46窟为中心柱窟,开凿于6—7世纪[3],其始建年代与博其罕那佛寺同期或略晚。克孜尔尕哈石窟以中心柱窟、大像窟、方形窟、异形窟和佛龛为主,而僧人居所需要特别关注。从整体分析,克孜尔尕哈的僧房窟开凿年代晚,数量少,目前仅发现18个,显然与王室寺院的身份不相称。另外,僧房窟均集中于东区的山丘上,位置与博其罕那佛寺遗址相邻,应是营建时刻意选择的结果,即东区与博其罕那遗址共同构成僧人的生活区。

---

[1] 新疆维吾尔自治区文物普查办公室等:《阿克苏地区文物普查报告》,《新疆文物》1995年第4期,第72—73页。西北大学丝绸之路文化遗产与考古研究中心:《新疆库车市博其罕那佛寺遗址调查报告》,《西部考古》第五辑,西安:三秦出版社,2011年,第95—125页。

[2] 湖北省云梦县志编纂委员会编:《云梦县志》,北京:生活·读书·新知三联书店,1994年,第483页。

[3] 新疆龟兹石窟研究所编:《克孜尔尕哈石窟内容总录》,北京:文物出版社,2009年,第15页。

克孜尔尕哈石窟洞窟形制一览表

形制	数量（座）	比例	编号
中心柱窟	11	17.2%	7、10、11、13、14、21、25、30、31、45、46
大像窟	3	5%	12、16、23
僧房窟	18	28.1%	1、2、3、5、9、18、19、20、22、26、27-28、33、34-35、36、37、41、43
方形窟	13	20.3%	4、4A、6、8、15、17、29A、32、39、40、44、47、48
异形窟	2	3.1%	24、43
摩崖龛	13	20.3%	10A、19A、19B、26A、29A、37A、37B、38、38A、38B、38C、38D、38E
不明	4	6.3%	49、50、51、52

博其罕那佛寺选址未在盐水沟沟口，主要考虑到盐水沟植被缺少，沟壑纵横，故将其建于克孜尔尕哈石窟西南的绿洲地带，有意避开盐水沟的季节性洪水，同时可兼顾农业生产。另外，盐水沟沟口修建有克孜尔尕哈烽燧，是监视盐水沟关通道的重要军事设施，今217、314国道均从烽燧下通过。克孜尔尕哈烽燧西100米有一处遗址，应是戍烽人居所或馆驿[①]。博其罕那佛寺的选址是兼顾多重因素的结果，既要远离军事设施，又需避开洪水侵袭，同时兼顾交通条件和寺院田产的管理。整体而言，克孜尔尕哈石窟与博其罕那佛寺构成了阿奢理贰伽蓝"二元一体"的寺窟格局。

（四）结语

"阿奢理贰伽蓝"由克孜尔尕哈石窟、博其罕那佛寺共同组成。《大唐西域记》《三藏法师传》和《悟空入竺记》中，"阿奢理贰""阿

[①] 新疆维吾尔自治区文物局编：《新疆维吾尔自治区第三次全国文物普查成果集成：阿克苏地区卷》，北京：科学出版社，2011年，第85页。

奢理儿""阿遮哩贰"的写法虽略有差异，但译音基本一致。玄奘、悟空都曾游学天竺数十载，精通梵、汉多种语言，且亲身到访过"阿奢理贰伽蓝"，因此将寺名讹误的可能性极小。慧立、彦悰虽未亲身到访龟兹，但均为唐代高僧大德，参与玄奘译经活动十余载，梵、汉造诣绝非一般，亦不会对译称有所疏漏。玄奘、悟空译名除考虑音译相近外，还兼顾意译"信""达"等因素。龟兹语 aśari 中，a 与汉语"阿"读音相对，śa 与"奢""遮"相对，ri 与"理""哩"相对，"贰"则可能表示寺院组合，即龟兹境内寺窟"二元一体"的布局特点。慧立、彦悰未曾亲临龟兹，自然无法体会其中的奥妙。

三、安西路绝归不得——吐蕃占领安西四镇问题再探

安史之乱后，回鹘、吐蕃对西域的争夺一直是学界关注的热点。关于伊、西、庭及安西四镇陷落时间及吐蕃的进攻线路，国内学者如王国维、唐长孺、吴震、张广达、陈国灿、薛宗正、王小甫、林梅村、荣新江等，国外学者如斯坦因（Aurel Stein）、戴密微（Paul Demiéville）[1]、羽田亨[2]、森安孝夫[3]、白桂思（Christopher I. Beckwith）[4]等，均有相关的论述及著作。本文在前人研究的基础上，对安西四镇

---

[1] ［法］戴密微著，耿昇译：《吐蕃僧诤记》，北京：中国藏学出版社，2013年，第214—215页。
[2] ［日］羽田亨：《唐光启元年写本沙州、伊州地志残卷考》，引自万斯年辑译《唐代文献丛考》，北京：商务印书馆，1957年，第72—84页。
[3] ［日］森安孝夫：《增补：ゥイゲルと吐蕃の北庭争夺战及びその后の西域情势について》，流沙海西奖学会编《アジア文化史论丛》3，东京：山川出版社，1979年，第215页。
[4] Christopher I. Beckwith, The Tibetan Empire in Central Asia: A History of the Struggle for Great Power among Tibetans, Turks, Arabs, and Chinese during the Early Middle Ages, Princeton, New Jersey: Princeton University Press, 1993, pp.128-129.

陷落时间及吐蕃的进攻路线提出一些蠡测之见。

（一）历史背景

广德二年（764）至大历元年（766），吐蕃乘河西局势混乱之际，先后占领凉、肃二州。大历十一年（776），吐蕃占领瓜州，河西走廊仅余沙洲仍在坚守。贞元三年（787），沙州在"粮械皆竭"的情况下向吐蕃投降，至贞元四年（788）落蕃，河西通往西域的门户由此洞开[1]。目前学界认为，吐蕃对西域的大举进攻是在悟空东返之后。据《悟空入竺记》载，悟空到达北庭及东返日期为贞元五年（789）。据此推算，悟空到达疏勒、于阗应为贞元三年，停留龟兹的时间应为贞元四年至五年间，这一时期的西域局势基本稳定[2]。

贞元五年九月，西域局势发生变化。与咸安公主和亲的回鹘天亲可汗去世，俱录毗伽可汗迅速得到唐朝册封。吐蕃借回鹘可汗易位之际，出兵庭州。伊州是连接河西走廊与西域的枢纽。戴密微认为伊州陷落于建中二年（781），陈国灿认为在大历二年（767）[3]。王小甫指出，宝应元年（762）伊州曾被吐蕃攻陷，但旋即被杨志烈收复[4]。《旧唐书·袁光庭传》记有伊州刺使袁光庭殉难之事[5]，虽无具体时间可考，但《资治通鉴》卷二二七有建中二年七月"赠故伊州刺使袁光庭工部尚书"[6]

---

[1] 李正宇：《沙州贞元四年陷蕃考》，《敦煌研究》2007年第4期，第98—103页。有学者认为沙洲陷落于贞元二年（786），详见陈国灿：《唐朝吐蕃陷落沙州城的时间问题》，陈国灿著《敦煌学史事新证》，兰州：甘肃教育出版社，2002年，第483页。
[2] （唐）悟空著，杨建新校注：《悟空入竺记》，杨建新等编著《古西域行记十一种》，乌鲁木齐：新疆美术摄影出版社，2016年，第194页。
[3] 陈国灿：《安史乱后的唐二庭四镇》，陈国灿著《敦煌学史事新证》，兰州：甘肃教育出版社，2002年，第420—421页。
[4] 王小甫：《安史之乱后西域形势及唐军的坚守》，《敦煌研究》1990年第4期，第57—63页。
[5] （后晋）刘昫等撰：《旧唐书》，北京：中华书局，1975年，第4904页。
[6] （宋）司马光撰，（元）胡三省注：《资治通鉴》，北京：中华书局，1956年，第7305页。

的内容,故袁光庭殉难应在建中二年之前。

建中二年,德宗下诏奖慰二庭四镇长官,特意提及"伊西、北庭节度观察使李元忠可北庭大都护"[①],表明唐军仍控制伊州,这也被《唐北庭归朝官孙杲墓志》所证明。因此,吐蕃完全控制伊州应在贞元四年之后[②]:首先,吐蕃于大历十一年攻陷瓜州,贞元四年占领沙州。瓜、沙是通往伊州的必经之路,吐蕃无法在占领瓜、沙前完全控制伊州;其次,贞元二年后,吐蕃曾分兵抵御大食在中亚的进攻,分身乏术,故无暇顾及沙、伊、西、庭四州[③]。据《唐会要》记载:"贞元二年,(大食)与吐蕃为劲敌,蕃兵大半西御大食,故鲜为边患,其力不足也。"[④] 由此推知,吐蕃以伊州为基地进扰西州的时间当在贞元四年之后。

夺取伊州后,吐蕃以伊州为前沿,对庭、西二州发动进攻。贞元五年冬,吐蕃于北庭大败回鹘,占领庭州。贞元六年(790)秋,回鹘大相颉于迦斯统兵南下反攻北庭,北庭节度使杨袭古则从西州北上,欲与回鹘联合夹击吐蕃。吐蕃在葛逻禄的配合下,大破西州、回鹘联军。据史籍载,此战后,葛逻禄占据浮屠川,颉于迦斯与杨袭古俱奔回鹘。罗振玉《敦煌石室遗书》认为,杨袭古逃走回鹘,暗示西州陷蕃当在此役之后,即贞元六年秋。

贞元七年(791),回鹘夺回北庭,并遣使献俘。据《旧唐书·回纥传》载,贞元七年八月:"回纥遣使献败吐蕃、葛禄于北庭所捷及其

---

① (后晋)刘昫等撰:《旧唐书》,北京:中华书局,1975年,第329页。
② 陈玮:《安史之乱后唐北庭归朝官孙杲墓志研究》,《丝路文明》第二辑,上海:上海古籍出版社,2017年,第131—146页。
③ 荣新江:《唐朝与黑衣大食关系史新证——记贞元初年杨良瑶的聘使大食》,荣新江著《丝绸之路与东西文化交流》,北京:北京大学出版社,2015年,第81—97页。
④ (宋)王溥:《唐会要》,上海:上海古籍出版社,1991年,第2127页。

俘畜。"有学者认为两次北庭之战后，回鹘损失惨重，不可能于次年重夺北庭，并据《册府元龟》卷九九五的记载推测为"贞元九年之误"[①]。《旧唐书·回纥传》所述事实无误，但准确时间上可能有所偏差。据《资治通鉴》载："（贞元七年）九月，回鹘遣使来献俘；冬，十二月，又遣使献所获吐蕃酋长尚结心。"回鹘献俘一事当为事实，考虑到从北庭到漠北再到长安的时间，《资治通鉴》的记载可能更为准确。

贞元六年吐蕃占据西州，可能与出兵塔里木盆地有关。西州是连接天山南北的交通枢纽，是南下焉耆的必经之路。回鹘在贞元七年收复庭、西二州必然事出有因——吐蕃在庭、西二州方向的兵力被调往灵州，只留下少量部队防守，即《资治通鉴》所载：灵州之战吐蕃失利，"为回鹘所败，夜遁"。

贞元七年之后，吐蕃、回鹘在西州一线形成对峙状态。如日本石井光雄旧藏《神会语录》写本题记[②]和敦煌《佛说金刚坛广大清净陀罗尼经》（P.3918）跋文[③]，均有贞元八年（792）西州再次没蕃的记载。据敦煌写本 S.1438 研究，贞元九年（793），氾国忠在沙州发动起义，杀死吐蕃卫士监使判咄等，节儿等重要官员投火自焚[④]，此事件直接导致吐蕃在庭、西二州的军事行动终止，回师镇压，因此唐在

---

① 薛宗正：《郭昕主政安西史事钩沉》，《龟兹学研究》第 4 辑，乌鲁木齐：新疆大学出版社，2012 年，第 32—65 页。
② 《神会语录》写本题记为"唐贞元八年（792 年），岁在未（申），沙门宝珍共判官赵秀琳，于北庭奉张大夫处分令勘讫。其年冬十月廿日记。八年出此经。"引自陈国灿：《安史乱后的唐二庭四镇》，陈国灿著《敦煌学史事新证》，兰州：甘肃教育出版社，2002 年，第 463 页。
③ 《佛说金刚坛广大清净陀罗尼经》跋文为"西州没落官、甘州寺户、唐伊西庭节度留后使判官、朝散大夫、试太仆卿赵彦宾"于贞元九年所写："其经去年西州倾陷，人心苍忙，收拾不着，不得本来。"详见法国国家图书馆：《法国国家图书馆藏敦煌西域文献》，上海：上海古籍出版社，2003 年，第 38—39 页。
④ 陆离：《敦煌写本 S.1438 背〈书仪〉残卷与吐蕃占领沙州的几个问题》，《中国史研究》2010 年第 1 期，第 87—100 页。

西州的统治被短暂恢复，即日本静嘉堂文库所藏吐鲁番文书中"贞元十一年"（795）纪年的由来[①]。

敦煌写本《金刚般若经宣演》（P.2132）、《四分律删繁补阙行事钞》（P.2041）中，有西州僧义琳贞元十九年（803）和癸未年共用的题记，此类纪年是吐蕃统治时期敦煌文书常用的纪年方式。将重要僧人、官员远徙他地，是吐蕃维护统治的惯用伎俩，义琳在西州陷落后亦迁往沙州。类似的官员、僧人不在少数，如 P.3918 号文书提及的赵彦宾，也是此类性质的人员，故称"西州没落官""甘州寺户"。由此推知，795 年至 803 年间，西州曾有一次或数次短暂陷蕃的经历。

目前学界认为，803 年回鹘可汗亲赴西州，与回鹘汗国稳定控制西州有关[②]。西州位于回鹘与吐蕃势力之间，反复易手应是常态，这与前述论点并不冲突。回鹘可汗赴西州，与击败吐蕃、占领西州等重大事件有关，是回鹘可汗亲征的结果，可与《九姓回鹘可汗碑》第 15 行内容相对应：

□北庭，半收半围之次，○○天可汗亲统大军，讨灭元凶，却复城邑。[率]土黎庶，含气之类，纯善者抚育，悖戾者屏除。遂□□□□媚磧者。凡诸行人及畜产。崩后，滕里野合俱录毗伽可汗嗣位。[③]

[①] 荣新江：《静嘉堂文库藏吐鲁番资料简介》，北京图书馆敦煌吐鲁番学资料中心等编《敦煌吐鲁番学研究论集》，北京：书目文献出版社，1996 年，第 182—183 页。
[②] 荣新江：《摩尼教在高昌的初传》，荣新江著《中古中国与外来文明》，北京：生活·读书·新知三联书店，2001 年，第 333—350 页。陈国灿：《八、九世纪间唐朝西州统治权的转移》，陈国灿著《敦煌学史事新证》，兰州：甘肃教育出版社，2002 年，第 486—496 页。
[③] 林梅村、陈凌、王海城：《九姓回鹘可汗碑研究》，《欧亚学刊》第一辑，北京：中华书局，1999 年，第 151—171 页。

根据句尾可知,此次北庭之战发生在怀信可汗在位期间(795—805)。值得注意的是,此后,吐蕃并未退往西州,暗示北庭、西州皆已被回鹘占领。吐蕃进攻天山以北是以河西走廊为基地,从伊州出兵庭、西二州,联合葛逻禄形成对回鹘的合围。王国维、陈溯洛等认为,《九姓回鹘可汗碑》中"遂□□□□媚碛者"应为王延德《使高昌记》所记之"大患鬼魅碛",即"唐初人所谓莫贺延碛"。华涛、陈得芝等释为"狐媚碛",即奇台县北至北塔山的戈壁[1]。林梅村否定了华、陈二人之说,指出"狐媚碛"乃吐鲁番托克逊西南的"库米什",《新唐书·地理志》作"银山碛",即今托克逊县库米什(Kumus)[2]。

笔者赞同"大患鬼魅碛"之说,但认为"大患鬼魅碛"并非"莫贺延碛"。《旧唐书·吐蕃传》载:"东北去莫贺延碛尾,阔五十里,向南渐狭小,北自沙州之西,乃南入吐浑国,至此转微,故号碛尾。"[3]《释迦方志》载:"从京师西北行,三千三百余里至瓜州,又西北三百余里至莫贺延碛口,又西北八百余里出碛。"[4]《元和郡县图志》载:"(伊州)东南取莫贺碛路至瓜州九百里。"以上三处均指明,莫贺延碛在瓜州与伊州之间。王延德《使高昌记》载:"(自伊州)次历益都,次历纳职城,城在大患鬼魅碛之东南……"《太平寰宇记》伊州条载:"自(柔远)县之西南皆沙碛,碛内时闻笑语歌哭之声,审之即不见人物,盖鬼类也。"[5]据《使高昌记》载:"(大患鬼魅碛)地无

---

① 华涛、陈得芝:《八至十世纪西部天山地区的葛逻禄部》,中国社会科学院考古研究所编《十世纪前的丝绸之路和东西文化交流》,北京:新世纪出版社,1996年,第71页。
② 林梅村:《西域地理札记》,林梅村著《古道西风——考古新发现所见中西文化交流》,北京:生活·读书·新知三联书店,2000年,第275页。
③ (后晋)刘昫等撰:《旧唐书》,北京:中华书局,1975年,第5266页。
④ (唐)道宣撰,范祥雍点校:《释迦方志》,《大正藏》(第五十一册),北京:中华书局,1983年。
⑤ (宋)乐史撰,王文楚等点校:《太平寰宇记》,北京:中华书局,2008年,第2963页。

水草，载粮以行，凡三日，至鬼谷口避风驿，用本国法设祭，出诏神御风，风乃息。"《明史》称"大患鬼魅碛"为"黑风川"。纳职，又称"拉布楚喀"（Lapquk），《新疆识略》作"拉卜楚哈拉布"，位于今哈密市五堡乡境内。《西域图志》卷九载："拉布楚喀，亦名五堡，在托郭栖西南二十里，东距哈密城一百四十里。"

《西域图志》卷九对"大患鬼魅碛"的行程有较详细记述："由哈喇都伯城（今哈密五堡境内）西七十里至察罕和罗海；由察罕和罗海西七十里至内勒滚；由内勒滚西六十里至阿萨尔图，其南有泽，名沙拉淖尔（又称疏纳诺尔、沙尔讷）；由阿萨尔图西六十里至伊里克库木（哈密市喀拉塔格之北）；自伊里克库木西六十里至察克玛克塔什；由察克玛克塔什西五十里至额什墨（今鄯善县小草湖火车站以南）；由额什墨西北一百五十里至洪，距辟展城（今鄯善县城）二十里。"《西陲竹枝词》收录《风穴》一诗注曰："土鲁番之东三间房至十三间房，有怪风难行。"因此"大患鬼魅碛"应在伊州与西州之间，与"莫贺延碛"不可等同。

"大患鬼魅碛"即今哈密十三间房至鄯善七克台一带，处于天山沿线博格达山与巴里坤山之间的谷口，是新疆著名的"百里风区"。由此西北行进入木垒，再东行至庭州；由此西南行进入鄯善，东行可达吐鲁番[①]。因此，"大患鬼魅碛"在今哈密五堡乡以西至鄯善七克台镇以东的位置，即严耕望《唐代交通图考》所述伊西路南北道之间。此线路在清代仍为重要驿道，清代陶葆廉在《辛卯侍行记》中称作

---

① 关于吐鲁番与哈密之间的交通，黄文弼在《吐鲁番考古记》中曾有记述："盖鲁克沁（鄯善）东为大沙漠区域，余已考证此沙碛，即唐之大沙海，宋之大患鬼魅碛。唐玄奘由伊吾涉行南碛，至高昌，王延德使高昌经行大患鬼魅碛，即此……若至焉耆，则直西行，唐称为银山道，郭孝恪攻焉耆，曾取道于此。"详见黄文弼：《吐鲁番考察经过》，《西域史地考古论集》，北京：商务印书馆，2015年，第29页。

"旧驿路"①。

据《九姓回鹘可汗碑》推知,贞元十九年吐蕃在庭、西失利后,被迫向东退回伊州,而"大患鬼魅碛"正位于庭、西二州与伊州之间,是伊州往来二地的咽喉。由于回鹘在庭、西二州的活动,吐蕃无法倾其全力进攻安西四镇,此状况的改变直到贞元十九年(803)。

(二)吐蕃对于阗、疏勒的控制

由于回鹘的牵制,贞元十九年后吐蕃才大举进攻安西四镇,于阗首当其冲。吐蕃从若羌、米兰西进,沿车尔臣河南下且末,再由此进攻于阗。若羌是吐蕃统治南疆的中心,其驻守官员级别较高,斯坦因曾在米兰遗址发现了大量高等级的吐蕃文书,如大英图书馆藏告身文书 Or.15000/269 等,反映出若羌在吐蕃经营西域时的特殊地位②。由若羌经且末至于阗的道路,是吐蕃进攻于阗的主要通道。据《新唐书·地理志》所述:"(且末城)又西经悉利支井、祆井、勿遮水,五百里至于阗东兰城守捉,又西经移杜堡、彭怀堡、坎城守捉,三百里至于阗。"③此路线地势平坦,水源充足,比由昆仑山-喀喇昆仑山道路至于阗更利于行军。

据和田出土 Hedin 24 号汉、于阗双语文书《唐贞元十四年(798)闰四月四日典史怀□牒》推算:贞元十四年即于阗王尉迟曜在位第32年,于阗仍处于唐军的控制之下④。和田出土 Hedin 15、Hedin 16 和达

---

① (清)陶葆廉:《辛卯侍行记》,上海:上海古籍出版社,1995年,第600页。
② 杨铭、索南才让:《新疆米兰出土的一件古藏文告身考释》,《敦煌学辑刊》2012年第2期,第22页。
③ (宋)欧阳修、(宋)宋祁等撰:《新唐书》,北京:中华书局,1975年,第1151页。
④ 有学者认为于阗是安西四镇中最后陷落的,详见荣新江:《唐代于阗史概说》,中国新疆文物考古研究所、日本佛教大学尼雅遗址学术研究机构编著《丹丹乌里克遗址——中日共同考察研究报告》,北京:文物出版社,2009年,第5—31页。

玛沟（Dumaqu）C、D 等汉文于阗文双语文书，均有与赫定 24 号文书相同的"判官富惟谨"题记，年代应相距不远，其汉文纪年为"巳年"和"午年"，即于阗王尉迟曜纪年的第 35 年和 36 年，相当于贞元十七年辛巳（801）和十八年壬午（802）[①]。文书不用唐朝年号，与敦煌落蕃后的纪年相同，表明于阗已被吐蕃占领。此文书是吐蕃赞普在于阗六城征收"紬䌷"的账历。由此推知：798—801 年间于阗主要城镇已被吐蕃占领。这一史实亦见于藏文史料《赞普传记》："没庐·墀苏菇木夏统兵北征，收抚于阗，归于治下，抚为编氓，并征其贡赋。"[②] 结合麻扎塔格出土 M.Tagh.0506（Or.15000/28）吐蕃文书可知[③]，"猴年（804）秋"，吐蕃曾与北来唐军在麻扎塔格交战，证明于阗全境已在 804 年陷落。

有学者指出，疏勒或陷于样磨或葛逻禄部[④]。此说有待商榷。张湛等据斯坦因所获犹太波斯语信札（Or.8212/166）及国家图书馆新获犹太波斯语文书（X-19），释读出吐蕃曾被回鹘击败的内容，"……喀什噶尔的情况是这样的：他们杀光了吐蕃人，绑了 bgdw。军副使带着五百 mrnd，有的骑马有的步行，去了喀什噶尔……"该文书的纪年与 Hedin 21 号文书的于阗语纪年方式相似，为"某王三十六年"[⑤]。

[①] 有学者认为 Hedin 16、Hedin 15、Dumaqu C、Dumaqu D 的年代在贞元五年十一月二十五日至贞元六年闰四月四日，详见林梅村：《新疆和田出土汉文于阗文双语文书》，《考古学报》1993 年第 1 期，第 89—107 页。
[②] 王尧、陈践译注：《敦煌出土吐蕃历史文书》，北京：民族出版社，1980 年，第 167 页。
[③] 杨铭、贡保扎西、索南才让：《英国收藏新疆出土古藏文文书选译》，乌鲁木齐：新疆人民出版社，2014 年，第 35 页。
[④] 林梅村：《中亚写本中的样磨与巴尔楚克》，《文史》第 36 辑，北京：中华书局，1992 年，第 223—231 页。林梅村：《新疆和田出土汉文于阗文双语文书》，《考古学报》1993 年第 1 期，第 89—107 页。
[⑤] 张湛、时光：《一件新发现犹太波斯语信札的断代与释读》，《敦煌吐鲁番研究》第十一卷，上海：上海古籍出版社，2009 年，第 71—99 页。

学界已证明，Hedin 21号文书所记录的"于阗某王"为尉迟曜，因此这两件犹太波斯语信札的年代为802年。

结合上述内容可知，吐蕃在802年之前曾一度占领疏勒（佉沙），但在802年又被回鹘攻陷。结合Hedin 20号文书中提到：802年，唐朝将领Lä thihä tsyenä率两千兵士奔于阗，而回鹘人攻击疏勒的Tumga śem。此举应是回鹘进攻疏勒，唐军袭扰于阗，以此牵制吐蕃[①]。这一行动是安西唐军与回鹘联合采取的军事策略。据慧超《往五天竺国传》载："从疏勒东行一月至龟兹国，即是安西大都护府，汉国兵马大都集此。"说明安西都护府的防御力量集中于龟兹境内。考古发现的唐代屯田及城戍遗存，主要分布于渭干河、库车河下游尾闾地带，与《往五天竺国传》的记载可相互印证。

至于此后的情况，目前尚缺乏详细的史料。

（三）吐蕃、回鹘对焉耆的争夺

焉耆陷蕃时间，汉文史籍多无记载，但《九姓回鹘可汗碑》第16行有如下记载：

□□□遗弃后，吐蕃大军攻围龟兹。天可汗领兵救援，吐蕃落荒，奔入于术，四面合围，一时扑灭，尸骸臭秽非人所堪，遂筑京观，败没余烬。崩后，登里罗汨没密施合毗伽可汗继承□□□。

羽田亨认为句首应为"自西州遗弃后"，林梅村等释作"自龟兹

[①] 荣新江：《札记：对1997年以后发表的相关论点的回应》，张广达、荣新江著《于阗史丛考》，上海：上海书店出版社，2021年，第283—285页。

遗弃后"①。回鹘与吐蕃围绕西州的争夺一直持续到贞元十九年及之后，"遗弃西州"之说与史实不符。吐蕃围攻龟兹，说明龟兹尚由唐军控制，遗弃之说亦难成立。故此处当为"自焉耆遗弃后"更为合适，如后文有"吐蕃落荒，奔入于术"的记载，而"于术"就在焉耆镇境内。从文中的"落荒"二字可知，吐蕃"攻围"龟兹，回鹘出兵援救，以致吐蕃大败，狼狈"落荒"。

贞元十九年前，吐蕃、回鹘争夺的核心一直集中于庭、西二州②，吐蕃曾借道"楼兰路"进攻焉耆、龟兹。从吐蕃由龟兹奔于术的路线分析，其撤退方向是龟兹以东的区域。《新唐书·地理志》载："自焉耆西五十里过铁门关，又二十里至于术守捉城，又二百里至榆林守捉，又五十里至龙泉守捉，又六十里至东夷僻守捉，又七十里至西夷僻守捉，又六十里至赤岸守捉，又百二十里至安西都护府。"③于术为唐代焉耆镇所辖守捉，是重要的战略要地。故唐张九龄言："铁关千（于）术，四镇咽喉，倘为贼所守，事乃交切。"④

由《九姓回鹘可汗碑》第 16 行句尾推知，焉耆陷落当在怀信可汗骨咄禄（795—805）在位期间。焉耆是吐蕃西进龟兹的前沿，此时于阗、疏勒已相继陷落，龟兹在南与西南方向受到吐蕃威胁。为全力防御龟兹地区，焉耆在贞元十九年之后弃守。吐蕃占领焉耆后，出兵进攻龟兹。回鹘入援后，吐蕃被迫撤退，故有《九姓回鹘可汗碑》所载"于术大捷"，此战应发生于 803—805 年。

近年，有学者据克孜尔石窟龟兹语题记及库车周边出土龟兹语文

---

① 林梅村、陈凌、王海城：《九姓回鹘可汗碑研究》，《欧亚学刊》第一辑，北京：中华书局，1999 年，第 161—164 页。
② 荣新江：《中古中国与外来文明》，北京：生活·读书·新知三联书店，2014 年，第 342—348 页。
③ （宋）欧阳修、（宋）宋祁等撰：《新唐书》，北京：中华书局，1975 年，第 1151 页。
④ （清）董诰等编：《全唐文》，北京：中华书局，1983 年，第 2909 页。

书考证，至少在803年，当地仍在使用唐代公文的书写格式，并出现"馆"、"贴"（牒）等词汇，也间接证明了803年唐军仍有效控制龟兹的事实[1]。由麻扎塔格出M.Tagh.0506（Or.15000/28）吐蕃文书推算[2]，"猴年秋"当为804年。"经过激战"应是唐军对驻守麻扎塔格吐蕃军采取的军事行动，说明龟兹仍在唐军的有效控制之下。

编号M.I.xxviii.005吐蕃文书提到，"我已抵达Byevu-ling，护卫虽已掉队，但不久会赶上"[3]。Byevu-ling，即《新唐书·地理志》所述"榆林守捉"之榆林。克亚克库都克烽燧出土《开元四年八月四日牒下界内所由为加远番探侯防备等事》文书作"榆林镇"[4]。《新唐书·兵志》载，"唐初，兵之戍边者，大曰军，小曰守捉、曰城、曰镇，而总之者曰道"[5]，因此"榆林镇""榆林守捉"与Byevu-ling同为一地，即今轮台县野云沟附近[6]。该文书纪年为"牛年夏"（glang gi lovi dbyard）[7]。结合前文推断，此文书的年代应在809年或之后。

（四）吐蕃占领龟兹的时间及路线

吐蕃占领龟兹的时间，并无明确的史料记载[8]。目前的研究主要是

---

[1] 庆昭蓉：《吐火罗语世俗文献与古代龟兹历史》，北京：北京大学出版社，2017年，第140—141页。
[2] 杨铭、贡保扎西、索南才让：《英国收藏新疆出土古藏文文书选释》，乌鲁木齐：新疆人民出版社，2014年，第35页。
[3] ［英］F. W. 托马斯编著，刘忠、杨铭译注：《敦煌西域古藏文社会历史文献》，北京：商务印书馆，2020年，第156页。
[4] 新疆维吾尔自治区文物考古研究所：《新疆尉犁县克亚克库都克唐代烽燧遗址》，《考古》2021年第8期，第31—32页。
[5] （宋）欧阳修、（宋）宋祁等撰：《新唐书》，北京：中华书局，1975年，第1328页。
[6] 钟兴麒编著：《西域地名考录》，北京：国家图书馆出版社，2008年，第1132页。
[7] 胡静、杨铭编著：《英国收藏新疆出土古藏文文献叙录》，北京：社会科学文献出版社，2017年，第164页。
[8] 克孜尔石窟222号窟发现有"贞元十年"的题记。详见阎文儒：《新疆天山以南的石窟》，新疆社会科学院考古研究所编《新疆考古三十年》，乌鲁木齐：新疆人民出版社，1983年，第564页。

通过出土文献与传世文献互证。成书于 10 世纪的《世界境域志》将龟兹归入"中国"(Čīnistān)的章节:"苦叉(Kučā),地在边境,属于中原,但托古兹古思(Tuġuzuġuz)一直攻掠其民众。"[1] 托古兹古思即回鹘,苦叉(Kučā)即龟兹,这一史料也从侧面证明留守唐军曾长期控制龟兹。

805 年,回鹘怀信可汗卒,滕里可汗继位。滕里继位之初,即向唐朝派出使者请求册封,而西域唐军曾一度与唐廷恢复联系。唐代著名诗人张籍有《送安西将》一诗:"万里海西路,茫茫边草秋。计程沙塞口,望伴驿峰头。雪暗非时宿,沙深独去愁。塞乡人易老,莫住近蕃州。"据《张籍集系年校注》考证,该诗写于元和元年(806)张籍在京调补太常寺太祝之后,表达了作者对归返安西边将的惜别之情[2]。考虑到诗中所述"安西将"从龟兹取道回鹘赴长安的行程推算,至少永贞元年(805)龟兹尚未陷蕃。而安西军将远赴京城,除报捷之外,亦与回鹘汗位更迭及唐宪宗登基有关,不排除安西守军向唐廷求援的可能性。

龟兹陷落的时间,笔者赞同《郭昕主政安西史事钩沉》一文的结论,并依据张籍诗作以诗证史,加以补充。张籍有《赠赵将军》一诗:"当年胆略已纵横,每见妖星气不平。身贵早登龙尾道,功高自破鹿头城。寻常得对论边事,委曲承恩掌内兵。会取安西将报国,凌烟阁上大书名。"诗中"鹿头城"指元和元年(806)高崇文于鹿头城击败刘辟两万叛军之事。诗中"赵将军"是高崇文部下,曾随高平定刘辟之乱[3]。

---

[1] 付马:《丝绸之路上的西州回鹘王朝——9—13 世纪中亚东部历史研究》,北京:社会科学文献出版社,2019 年,第 148 页。
[2] (唐)张籍撰,徐礼节等校注:《张籍集系年校注》,北京:中华书局,2011 年,第 317 页。
[3] (唐)张籍撰,徐礼节等校注:《张籍集系年校注》,北京:中华书局,2011 年,第 502 页。

据史料记载，806年高崇文平定刘辟之乱后，于元和二年（807）十二月升任邠州刺史，邠、宁、庆三州节度观察等使，充京西诸军都统①。邠州乃长安西门户，"寻常得对论边事，委曲承恩掌内兵"一句当指赵将军随高崇文在京西诸军效力，所以该诗应写于元和二年十二月高崇文"充京西诸军都统"之后。"会取安西将报国"一句所指安西陷蕃之事。据斯坦因在麻扎塔格所获M.Tagh.a.III.0067文书记述，"猪年的新（庄稼）被敌损坏"②，猪年当为807年，文中之"敌"应指龟兹唐军。《全唐诗》所注元稹、白居易的《缚戎人》写于元和四年（809），此时龟兹已落蕃。由此推测，龟兹陷落的时间应为808年。

吐蕃大军攻陷龟兹的具体线路，目前尚无史料记载。依据考古发现及史料推究，大致有如下三条线路：

（1）以若羌—焉耆为中心，过铁门关西南行，经轮台到达库车一带，即《新唐书·地理志》载："自焉耆西五十里过铁门关，又二十里至于术守捉城，又二百里至榆林守捉，又五十里至龙泉守捉，又六十里至东夷僻守捉，又七十里至西夷僻守捉，又六十里至赤岸守捉，又百二十里至安西都护府。"③这条线路距离最短，且沿途自然环境较好，水草丰茂，沿途城镇密布，便于行军。

（2）以于阗沿线为中心，沿和田河北上，经今阿克苏、沙雅、新和等地，可直通龟兹。《汉书·西域传》载："姑墨，南至于阗，马行十五日。"④郦道元《水经注》载："北河又东径姑墨国南，姑墨川水

---

① （后晋）刘昫等撰：《旧唐书》，北京：中华书局，1975年，第4051页。（宋）欧阳修、（宋）宋祁等撰：《新唐书》，北京：中华书局，1975年，第5158页。（清）董诰等编：《全唐文》，北京：中华书局，1983年，第5390—5393页。
② 杨铭等编译：《英国收藏新疆出土古藏文文书选译》，乌鲁木齐：新疆人民出版社，2014年，第15页。
③ （宋）欧阳修、（宋）宋祁等撰：《新唐书》，北京：中华书局，1975年，第1151页。
④ （汉）班固撰，（唐）颜师古注：《汉书》，北京：中华书局，1964年，第3910页。

注之,水导姑墨西北,历赤沙山,东南流径姑墨国西,治南城。南至于阗,马行十五日,土出铜铁及雌黄。"①《新唐书·地理志》引贾耽《边州入四夷道里记》载:"安西(龟兹)西出柘厥关,渡白马河,百八十里西入俱毗罗碛……自拨换南而东,经昆岗,渡赤河,又西南经神山、咸泊,又南经疏树,九百三十里至于阗镇城。"文中的"神山"即今和田河下游麻扎塔格山,今阿拉尔市至和田市的沙漠公路即沿此线建成,与唐代"神山道"基本重合②。1929 年,黄文弼曾由沙雅经麻扎塔格至和田考察③。1949 年 12 月,中国人民解放军二军五师 15 团从阿瓦提县出发沿和田河故道进军,历时 18 天到达和田,与《太平寰宇记》所载路线大体近似④。

(3)以帕米尔—疏勒为中心,沿喀什噶尔河东北行,经图木舒克(据瑟得城)至阿克苏,再东北行至新和、库车境内,即《新唐书·地理志》所载安西—拨换道。《新唐书·地理志》载:"安西(龟兹)西出柘厥关,渡白马河,百八十里西入俱毗罗碛。经苦井,百二十里至俱毗罗城。又六十里至阿悉言城。又六十里至拨换城,一曰威戎城,曰姑墨州,南临思浑河。乃西北渡拨换河、中河,距思浑河百二十里,至小石城……又六十里至大石城,一曰于祝,曰温肃州。"

从地理环境及交通情况可知,吐蕃选择第一条路线的可能性最

---

① (北魏)郦道元著,陈桥驿校证:《水经注校证》,北京:中华书局,2013 年,第 36—37 页。
② 关于"神山路"学术界仍有争议。详见侯灿:《麻扎塔格古戍堡及其在丝绸之路上的重要位置》,《文物》1987 年第 3 期,第 63—75 页。李吟屏:《对〈麻扎塔格古戍堡及其在丝绸之路上的重要位置〉一文的两点补正》,《文物》1988 年第 4 期,第 92—93 页。张广达、荣新江:《圣彼得堡藏和田出土汉文文书考释》,引自《敦煌吐鲁番研究》(第六卷),北京:北京大学出版社,2002 年,第 226 页。陈国灿:《唐代的"神山路"与拨换城》,《龟兹学研究》第 2 辑,乌鲁木齐:新疆大学出版社,2007 年,第 39—49 页。
③ 黄文弼:《塔里木盆地考古记》,北京:科学出版社,1958 年,第 42—45 页。
④ (宋)乐史撰,王文楚等点校:《太平寰宇记》,北京:中华书局,2008 年,第 3000 页。

大。据《九姓回鹘可汗碑》第 16 行记载，吐蕃曾因进攻龟兹失利而退至焉耆附近的于术，其进攻方向是由东北向西南，沿途绿洲相连，水草充足。据考证元稹《和李校书新题乐府十二首·缚戎人》[①]，安西失陷于初冬的一次夜袭。诗中提到的"阴森神庙"即指克孜尔尕哈石窟，"脆薄河冰"指库车河，而安西大都护府治所即库车皮朗古城。即《通典·边防典》载："今安西都护府所理，则龟兹城也。"

近年的考古发掘表明，库车皮朗古城即安西都护府驻地，距离克孜尔尕哈石窟约 15 千米，以成人步行速度 3 千米/小时计算，从皮朗古城至克孜尔尕哈石窟步行约 5 小时。据唐代《名例律》行程"马，日七十里；驴及步人，五十里；车，三十里"推算[②]，库车冬季日落时间是北京时间 19:30，日出时间是 8:30，黑夜时长 13 小时，与元稹《缚戎人》中"半夜"出城"平明"被俘的逃亡时间及距离基本相符。另外，从"阴森神庙未敢依，脆薄河冰安可越"一句判断，避难者是由克孜尔尕哈石窟至库车河方向逃跑，因河水未完全冻结而难以过河，其逃跑方向是由东向西。据新疆三次"不可移动文物普查"资料，库车河、渭干河下游分布有大量唐代屯城、城堡及烽燧等军事设施[③]，上述要塞在龟兹城陷后，可能尚在唐军控制之下。由此推断，吐蕃夜袭当从龟兹以东而来，即焉耆—轮台方向[④]。

---

① （唐）元稹撰，冀勤校点：《元稹集》，北京：中华书局，1982 年，第 289 页。
② 刘俊文：《唐律疏议笺解》，北京：中华书局，1996 年，第 68 页。
③ 张平：《龟兹考古中所见唐代重要驻屯史迹》，《唐史论丛（第九辑）》，西安：三秦出版社，2007 年，第 179—205 页。
④ 有学者据德藏 M1《摩尼教赞美诗集》内容推测，"在 8 世纪末的乱世中，安西并没有陷落于吐蕃，正是这些唐军抵挡了吐蕃的围攻。在回鹘与吐蕃龟兹之战以后，安西的唐军被回鹘收降，并为回鹘所用。"详见付马：《丝绸之路上的西州回鹘王朝——9—13 世纪中亚东部历史研究》，北京：社会科学文献出版社，2019 年，第 90 页。

（五）结语

贞元五年之后，吐蕃进攻西域的主要线路有两条：第一条是以若羌为中心，沿塔里木盆地南、北两线由西向东扩张；第二条是以河西走廊瓜、沙二州为前哨，从伊州向西州、庭州扩张。受地理环境和交通线路的影响，第一条线路最初并非吐蕃进攻西域的主要线路，从河西走廊进入西域才是吐蕃的战略初衷。吐蕃对西域的大举进攻始于沙州降蕃之后，"由于阗沿丛山至西藏的道路"及"从勃律道、罽宾道到达西域的路线"[①]，受地理环境的制约，并非吐蕃进攻西域的主要路线，而是以宗教、经济以及文化交流为主的民间交通路线[②]。

自贞元五年起，吐蕃与回鹘围绕二地反复争夺。吐蕃借助葛逻禄、黠戛斯、突骑施等势力削弱回鹘；回鹘亦利用大食、西域唐军等力量牵制吐蕃。由于吐蕃在天山以北地区与回鹘的角逐中逐渐失利，于是将重点转向塔里木盆地。于阗大致在798—801年间落蕃。疏勒最终的陷落时间不详，但在802年一度被唐与回鹘联军夺回。焉耆大致在贞元十九年（803）之后落蕃。龟兹陷落的时间最晚，应在元和三年（808）初冬。

[①] 王小甫：《唐、吐蕃、大食政治关系史》，北京：中国人民大学出版社，2009年，第21—42页。

[②] 杨铭：《唐代中西交通吐蕃——勃律道考》，《西域研究》2007年第2期，第76—84页。

第四章　古代疏勒的交通

一、克孜勒苏河流域的交通

（一）据史德—疏勒道

《新唐书·地理志》载："（由孤石山）渡赤河，经岐山，三百四十里至葭芦馆。又经达漫城，百四十里至疏勒镇，南北西三面皆有山，城在水中。城东又有汉城，亦在滩上。赤河来自疏勒西葛罗岭，至城西分流，合于城东北，入据史德界。"①

由巴楚县托库孜萨来遗址西行，渡"赤河"即克孜勒苏河下游的喀什噶尔河。《旧唐书·哥舒翰传》载："哥舒翰，突骑施首领哥舒部落之裔也。蕃人多以部落称姓，因以为氏。祖沮，左清道率。父道元，安西副都护，世居安西……翰母尉迟氏，于阗之族也。"《新唐书·哥舒翰传》载："父道元，为安西都护将军、赤水军使，故仍世居安西……翰母，于阗王女也。"学界指出，突骑施哥舒部应在安西四镇内活动②。《册府元龟》卷九七七载："（开元）二十七年九月，处木昆匐延阙律啜部落、拔塞干部落、鼠尼施部落、阿悉告（吉）部落、弓月部落、哥系部落，皆遣使谢恩，请内属，许之。"③《新唐

---

① （宋）欧阳修、（宋）宋祁等撰：《新唐书》，北京：中华书局，1975年，第1150页。
② 王小甫：《封常清伐大勃律之路》，王小甫著《边塞内外——王小甫学术文存》，北京：东方出版社，2016年，第110页。
③ （宋）王钦若等编：《册府元龟》，北京：中华书局，1960年，第11481页。

书·哥舒翰传》所言"赤水军",极有可能最初驻扎于"赤水"流域一线。"赤水"乃"赤河"之别称,即克孜勒苏河至汇入塔里木河的喀什噶尔河流域。

岐山,斯坦因考证在巴楚县东部山地,即今勒亚依里塔格附近。巴楚,又作巴尔楚克,回鹘文作 barčuq,又称"巴儿楚克""巴尔术克""玛喇(尔)巴什""察特西林""七台"①。德藏吐鲁番文书 U 1917 回鹘文佛经尾跋提及"巴楚语"(Barčuq tili)。《突厥语大词典》"巴尔楚克"(Barčuq)条载:"巴尔楚克(Barčuq)是阿夫拉西雅普所建之城……"《突厥语大词典》"恰卢克"(Čaruq)条载:"恰卢克(Čaruq),突厥一部,居于巴楚。"②《西域图志》卷十八载:"察特西林,在叶尔羌东北境,喀什噶尔达里雅流经其南,西南距叶尔羌城八百里。"③古城原址在今巴楚县东北部喀什噶尔河道以北喀得里克一带,《西域水道记》卷一作"衡阿喇军台",《西陲总统事略》卷十作"洪阿拉克军台"④,《新疆图志》卷八十四作"车底库勒",是巴楚境内的重要中转站。《叶迪纪程》载:"巴属(楚)山水奇绝,为西四城关键。"⑤清道光十二年(1832),叶尔羌参赞大臣壁昌及副将唐奉率领官兵,在喀什噶尔河南岸"玛喇巴什"(Maral Baši)筑新城,即今巴楚县治所。玛喇巴什,维吾尔语意为"鹿头",意指巴尔楚克是西通喀什噶尔,

---

① 邓缵先著,潘震勘定,黄海棠、邓醒群点校:《叶迪纪程》,上海:华东师范大学出版社,2012年,第24页。
② 付马:《丝绸之路上的西州回鹘王朝——9—13世纪中亚东部历史研究》,北京:社会科学文献出版社,2019年,第250页。
③ 钟兴麒等校注:《西域图志校注》,乌鲁木齐:新疆人民出版社,2002年,第284页。
④ (清)汪廷楷辑,(清)祁韵士编,(清)松筠修:《西陲总统事略》,北京:中国书店,2010年,第175页。
⑤ 邓缵先著,潘震勘定,黄海棠、邓醒群点校:《叶迪纪程》,上海:华东师范大学出版社,2012年,第24页。

南通叶尔羌的交通枢纽。据壁昌《叶尔羌守城纪略》载："（巴楚）路分两岐，一由台路，九站至叶尔羌（莎车县），一由树窝子，九站至喀什噶尔（喀什市）。"

葭芦馆，学界无考证。葭芦，本意指芦苇，葭芦馆当指一处芦苇丛生的馆驿。今巴楚县城东西有"古海""洪海"等大面积湖泊湿地。《新疆图志》卷七十八载："古海，一名故海子，在（巴楚）城西南二十里，周二百余里，向无堤防。"[1] 光绪十二年（1886），提督陈建厚引叶尔羌河支流，在"古海"筑堤蓄水。古海之北，有"洪海"，"周一百余里"。经巴楚县西南行有红海子水库、卫星水库、邦克尔水库等，上述区域在过去一直是芦苇丛生的湿地。由上述史料推测，葭芦馆应在今巴楚县阿纳库勒乡以西至伽师县玉代克力克乡以东的区域。《叶迪纪程》记载，巴楚原有直通莎车的道路，"但冬春尚可"，若夏秋，则"河水沮滞"。自伽师设驿后，改由喀什、疏附、疏勒、英吉沙通莎车[2]。

达漫城，音近 Darya-Wan，意为"大河之滨"。黄文弼《塔里木盆地考古记》认为，即伽师县"排素巴特""英尔瓦特"附近的"托卜沁"或"黑太沁"古城。排素巴特即今伽师县城所在地，《清史稿·武隆阿传》作"排子巴特"。英尔瓦特，即今和夏阿瓦提镇。周连宽认为，黑太沁为疏勒王阿摩支所居"迦师城"，在今伽师县克孜勒博依乡。克孜勒博依，又作"河色尔布衣""赫色勒布伊"。《旧唐书·地理志》载，"（突骑施）娑葛是日发兵五千骑出安西，五千骑

---

[1] （清）王树枬等纂修，朱玉麒等整理：《新疆图志》，上海：上海古籍出版社，2017年，第1490页。
[2] 邓缵先著，潘震勘定，黄海棠、邓醒群点校：《叶迪纪程》，上海：华东师范大学出版社，2012年，第25页。

出拨换，五千骑出焉耆，五千骑出疏勒。时元振在疏勒，于河口栅不敢动。"①《新唐书·地理志》之"达漫城"或为《旧唐书·地理志》之"河口栅"。钟兴麒考证，"河口栅"在今伽师县克孜勒博依镇附近②。《西域图志》卷十七载："赫色勒布伊，在阿尔巴特西南一百十里，赫色勒、雅满雅尔两河之间，有小城，西北距喀什噶尔城一百五十里。"与《新唐书·地理志》"百四十里至疏勒"的记载基本相符。《清史稿·永贵传》载，乾隆二十六年（1761）永贵赴"克什噶尔"（喀什噶尔）办事，"疏请疏沟渠，兴耕稼，议自赫色勒河东南浚渠四十余里"。

疏勒镇，即《汉书》《后汉书》《魏书》《水经注》《隋书》《旧唐书》《新唐书》之"疏勒"，位于今喀什市境内。《汉书·西域传》载："疏勒国，王治疏勒城，去长安九千三百五十里……东至都护治所二千二百一十里，南至莎车五百六十里……西当大月氏、大宛、康居道也。"《新唐书·地理志》载："贞观九年疏勒内附置，领州十五，阙。"《旧唐书·地理志》载："上元中（674—676）置疏勒都督府。"《悟空入竺记》载："曲临渐届疎（疏）勒，时王裴冷冷、镇守使鲁阳，留住五月。"《魏略》作"碣石"、《法显传》作"竭叉"、《孔雀王咒经》作"迦舍"、《新唐书》作"迦师"，即萨珊波斯沙普尔一世（Shapur I）时期帕提亚铭文 k'š（佉沙）。《大唐西域记》亦作"佉沙"，注曰"旧谓疏勒者，乃称其城号也，正音应云'室利讫栗多底'"。8世纪末至9世纪初的于阗语文书作 khyesvā，学界比定为 khyesa。吐鲁番出土9世纪中古波斯语 M1《摩尼教赞美诗集》有 k'šy xšyd 写法，学

---

① （后晋）刘昫等撰：《旧唐书》，北京：中华书局，1975年，第3047页。
② 钟兴麒：《西域地名考录》，北京：国家图书馆出版社，2008年，第387页。

界释为"佉沙之王"①。回鹘文《慈恩寺传》残卷写作 Kās。德藏回鹘文书 Ch/U 3917 第 24 行作 Qara Käš。英藏敦煌于阗语文书 IOL Khot S.21 作 Kāśarapä, 即"伽师"②。

《一切经音义》释疏勒作"佉路数怛勒""迦师佉黎"③,即《往五天竺国传》之"伽师祇离",岑仲勉释读为 Kasgiri。国家图书馆所获新波斯语希伯来文书作 Kašgar④,其他新波斯语材料作 kāšgar（KAŠGR）。《突厥语大词典》作 Qašγar,又称"汗城"（Ordu）。《突厥语大词典》载:"Ordu 一斡耳朵。汗城,皇城。可汗们居住的喀什噶尔城亦因此被称为 Ordu kand。"《元史》作"合失合儿城",《蒙兀儿史记》三十七卷作"乞思合儿",《拉班·扫马和马克西行记》作 Kashkar⑤。《明史》作"哈实哈儿",清代作"喀什噶尔"（Kashgar）,《清史稿·永贵传》作"克什噶尔"。《回疆通志》释曰:"喀什者,初也;噶尔者,创也;汉语初创之谓。"⑥《戡定新疆记》载:"喀什译义为各色,噶尔译义为砖房,因其地富庶多砖房故名为喀什噶尔。"⑦

汉城,黄文弼认为是"伯什克然木古城",即今汗诺依遗址（E.76°24′5459″, N.39°56′9468″）。近年的考古发掘表明,汗诺依

---

① 付马:《丝绸之路上的西州回鹘王朝——9—13 世纪中亚东部历史研究》,北京:社会科学文献出版社,2019 年,第 255 页。
② 荣新江:《敦煌文献所见公元 10 世纪的丝绸之路》,荣新江、党宝海主编《马可·波罗与 10—14 世纪的丝绸之路》,北京:北京大学出版社,2019 年,第 190—205 页。
③ 徐时仪校注:《一切经音义》,上海:上海古籍出版社,2008 年,第 886、2191 页。
④ 张湛、时光:《一件新发现犹太波斯语信札的断代与释读》,《敦煌吐鲁番研究》第十一卷,2008 年,第 79—85 页。张湛:《粟特商人的接班人?——管窥丝路上的伊朗犹太商人》,荣新江、罗丰主编《粟特人在中国——考古发现与出土文献的新印证》,北京:科学出版社,2016 年,第 661—672 页。
⑤ The Monks of Kublai Khan, Emperor of China, tr. by E. A. Wallis Budge, London, 1928, p.44. 中译本见伊儿汗国（佚名）著,朱炳旭译:《拉班·扫马和马克西行记》,郑州:大象出版社,2018 年,第 10 页。
⑥ （清）和宁撰,孙文杰整理:《回疆通志》,北京:中华书局,2018 年,第 114 页。
⑦ （清）魏光焘撰,阿地力·艾尼、高月点校:《戡定新疆记》,哈尔滨:黑龙江教育出版社,2014 年,第 54 页。

可能为"汉城"或"疏勒都督府所辖州治",亦不排除"疏勒镇所辖二级或三级军镇"①。史籍记载,疏勒地域城镇众多,如《北史·西域传》载:"(疏勒)其都城方五里,国内有大城十二,小城数十。"加尔迪齐(Gardīzī)《记述的装饰》(*Zīn al-Akhbār*)载:"喀什噶尔附近有许多村庄和无数的乡邑。"②《回疆通志》载:"喀什噶尔所辖城堡二十一,周围二千余里。"③上述史料均说明,喀什地区的城镇遗址密集,因此汉城的具体位置,还有待于进一步的研究与考证。

赤河,即克孜勒苏河,主源玛尔坎苏河,源于阿赖山南和喀拉湖北,在乌孜别里山口以北 60 公里处入境,由昆盖山西北入乌恰县。宣统元年(1909)《疏附县图》作"玛尔堪苏河"。《水经注》载:"北河自疏勒径流南河之北……暨于温宿之南,左合枝水,枝水上承北河于疏勒之东,西北流径疏勒国南,又东北与疏勒北山水合;水出北溪,东南流径疏勒城下,南去莎车五百六十里,有市列,西当大月氏、大宛、康居道。"④《新唐书·地理志》载:"(疏勒镇)南北西三面皆有山。城在水中。城东又有汉城,亦在滩上。赤河来自疏勒西葛罗岭,至城西分流,合于城东北。"⑤

清代克孜勒苏河,又称"乌兰(拉)乌苏河""霍色尔河""喀尔喀河""赫色勒河""喀什噶尔河""洪(浑)河""七里河"。《西域图志》卷二十八载:"赫色勒郭勒在喀什噶尔城南十五里,源出北山麓,

---

① 中国社会科学院考古研究所、新疆文物考古研究所、喀什文物局:《2018—2019 年度新疆喀什汗诺依遗址考古收获》,《西域研究》2021 年第 4 期,第 149—154 页。
② 罗帅:《10—14 世纪塔里木盆地南道的村镇聚落与道路交通》,荣新江、党宝海编《马可·波罗与 10—14 世纪的丝绸之路》,北京:北京大学出版社,2019 年,第 206—223 页。
③ (清)和宁撰,孙文杰整理:《回疆通志》,北京:中华书局,2018 年,第 114 页。
④ (北魏)郦道元撰,陈桥驿校证:《水经注校证》,北京:中华书局,2013 年,第 37—38 页。
⑤ (宋)欧阳修、(宋)宋祁等撰:《新唐书》,北京:中华书局,1975 年,第 1150 页。

东南流,会特尔墨楚克郭勒,入雅璜雅尔谔斯腾。"《西域水道记》卷一载:"乌兰乌苏河径城南七里,又名七里河。"①《回疆通志》卷七载:"霍色尔河,城南十里,又名七里河。自玉斯图阿尔图什回庄分而南流,又东南归大河。"《清史稿·穆克登布传》载:"(道光)五年,率兵至喀什噶尔,驻防图舒克塔什卡伦。张格尔犯喀城,撤兵回战于七里河死之。"《清朝藩部要略稿本》载:"喀尔喀河曰赫色勒河,出喀什噶尔西喀卜喀山。"《西域图志》卷十七载:"塞尔们,在喀什噶尔城西南五里,赫色勒、特尔墨楚克两河环带之间,与哈喇刻尔东西相望。"②《清史稿·长龄传》载:"越三日,张格尔拒战于沙布都尔,多树苇,决水成沮洳,贼数万临渠横列。乃令步卒越渠鏖斗,骑兵绕左右横截入阵,贼溃,追逾浑水河,擒斩万计。"③

葛罗岭,即克孜勒苏河上游昆盖山至阿赖岭一带。葛罗,又称"葛逻禄""歌罗禄""割鹿(禄)",鄂尔浑突厥碑作 Qarluq。《旧唐书·突厥传》作"歌罗禄",《新唐书》作"葛逻禄",敦煌本《西天路竟》作"割鹿",《王延德行记》作"割禄",《宋史·天竺国传》作"割禄",元代典籍作"合儿鲁兀""哈剌鲁""匣剌鲁""柯耳鲁""罕禄鲁""哈鲁",为中亚突厥语游牧人群④。吐鲁番柏孜克里克石窟出土 13—14 世纪回鹘语文书(81TB 10:06-3)提及"葛罗康里路"(kara kaŋlı yolın)⑤,即指一条来往于中亚葛罗部与回鹘的通道。

疏勒镇通往中亚的古道,清代称"喀什噶尔—鄂什道",即由中

---

① (清)徐松著,朱玉麒整理:《西域水道记(外二种)》,北京:中华书局,2005 年,第 39 页。
② 钟兴麒等校注:《西域图志校注》,乌鲁木齐:新疆人民出版社,2002 年,第273—274 页。
③ 赵尔巽等撰:《清史稿》,北京:中华书局,1998 年,第 11455 页。
④ 陈高华:《元代的哈剌鲁人》,《西北民族研究》1988 年第 1 期,第 145—154 页。
⑤ [德]茨默著,王丁译:《有关摩尼教开教回鹘的一件新史料》,《敦煌学辑刊》2009 年第 3 期,第 1—7 页。

国新疆喀什市至吉尔吉斯斯坦奥什市（Osh）的交通路线。《西域同文志》载："回语，鄂，围也，什，谓善于合围之人。相传旧于此围取牲畜，故名。"《西域水道记》卷一作"窝什"。据 A. H. 库罗帕特金（Куропаткин）著《喀什噶尔》载，俄国使团由吉尔吉斯斯坦奥什市出发，经古尔恰、科则勒库尔干、苏菲库尔干，东南沿克孜勒苏河支流阔克苏河（Coksu）[①]抵达今伊尔克什坦（Irkeshtam）口岸。《新疆图志》卷五十九引《疏附乡土志》载："玛尔他巴东北至伊尔克什坦三十里。伊尔克什坦西北至哈喇别里七十里，距城八百六十里。"[②]伊尔克什坦再东北至乌恰县吉根乡，东南过萨喀勒恰提，东北经乌鲁克恰提乡，东南过马尔坎恰特村、吾合沙鲁乡，东北至乌恰县城附近，即明代《边政考》所载"黑失哈"。由此东南经坎居干、疏附县明尧勒村，抵达喀什市，全长约 375 千米。

余太山指出，"汉唐时期塔里木盆地与外部的联系，从帕米尔的北部，由喀什绿洲沿喀什噶尔河西行，循阿赖谷地可至锡尔河中游（费尔干纳）和泽拉夫善河流域"，属于"官道"[③]。清末西方探险家多循此道往来于喀什与俄属中亚地区。1901 年 5 月，斯坦因由英国驻喀什领事馆"其尼巴格"（Chini Bagh）出发，经伊尔克什坦抵达奥什。1903 年，美国学者亨廷顿（Huntington）与戴维斯（W. Davis）由吉尔吉斯斯坦奥什出发，翻越帕米尔高原进入喀什地区。1906 年 8 月，芬兰学者马达汉（Mannerheim）由吉尔吉斯斯坦经乌恰县伊尔克什坦

[①] 阔克苏河，又作"廓克苏""科克苏"，《新疆图志》卷六十八引沙克都林扎布《勘界日记》载："廓克苏河有二源，一出帖列克山顶，一出东格尔马山顶，至此（伊尔克什坦）各出山口合流为廓克苏河，向东过诸山峡，入红水，名可自勒苏，即克则勒苏，又东流至伊尔克池他木河。"

[②] （清）王树枏等纂修，朱玉麒等整理：《新疆图志》，上海：上海古籍出版社，2017 年，第 1008—1009 页。

[③] 余太山主编：《西域通史》，郑州：中州古籍出版社，2003 年，第 214 页。

进入新疆境内。1910年7月,莫理循(George Ernest Morrison)由伊尔克什坦入境,对新疆进行考察。

(二)尉头—疏勒道

尉头—疏勒道,是指由今阿合奇县城通往喀什市的通道。《汉书·西域传》载:"尉头国,王治尉头谷,去长安八千六百五十里……东至都护治所千四百一十一里,南与疏勒接,山道不通,西至捐毒千三百一十四里,径道马行二日。"[①]"山道不通",说明这一路线在西汉时期尚未完全开辟。《后汉书·西域传》载,由疏勒"东北经尉头、温宿、姑墨、龟兹至焉耆"[②]。此时,尉头西南至疏勒的山道已开通。清代文献记录有两条路线,均由阿合奇县经阿图什市通往喀什。

(1)由阿合奇县城出发,经苏木塔什乡、哈拉奇乡,由此西南行过托克什托、铁格热克、阿尔喀尔布拉克,翻越固勒札巴什达巴进入阿图什境内,经吞尔果村、皮羌村、谢尔其村、克孜勒套村至哈拉峻乡。此路线为阿合奇至阿图什的主线。

苏木塔什,清代称"松塔什"。《西域同文志》载:"松塔什塔克,回语,松,高矗之象。山有界石高矗,故名。"《西域图志》卷二十三载:"松塔什塔克,在额尔齐斯哈喇塔克西南四十里。"[③]

固勒札巴什达巴,在今阿合奇县哈拉奇乡西南。《西域同文志》载:"回语,固勒札,盘羊也。准语同。山似盘羊之首,故名。"《西域图志》载:"固勒札巴什达巴,在松塔什西南一百里,为乌什西南屏。"此路线为阿合奇县至阿图什的干道。

---

① (汉)班固撰,(唐)颜师古注:《汉书》,北京:中华书局,1964年,第3898页。
② (南朝宋)范晔:《后汉书》,北京:中华书局,1973年,第2927页。
③ 钟兴麒等校注:《西域图志校注》,乌鲁木齐:新疆人民出版社,2002年,第344页。

（2）由阿合奇县城出发，经哈拉奇乡至哈拉布拉克乡，由此西南行经塔拉夏村，翻越赫色勒额什墨塔克至库都克村一带，由此南行可至吞尔果村以西、皮羌村以北处，由此至阿图什市哈拉峻乡。此路线为阿合奇县至阿图什的支线。

赫色勒额什墨塔克，《西域同文志》载："回语，赫色勒，红色；额什墨，细泉也。山色微赭，多流泉，故名。"《西域图志》卷二十三载："赫色勒额什墨塔克，在固勒扎巴什达巴西南三十五里。"

由哈拉峻乡都坎村西南行，经阿尔帕勒克村、喀拉央塔克村、欧吐拉巴羌村至阿图什市。都坎村，清代称"素衮"。《西域同文志》载："素衮，回语，谓獭也。其地多獭，故名。"阿图什，《世界境域志》作B.Rtuj[1]，《突厥语大辞典》作attuč。《西域土地人物略》载：石子泉"西二百里为河西丁城"，岑仲勉考证河西丁城作Astin，即《西域图志》之"阿斯腾阿喇图什"[2]。《西域同文志》载："回语，阿斯腾，谓低处也。下山出口曰阿喇；相对村庄曰图什，其地傍山而近村，视玉斯屯阿喇图什较下，故名。"《西域图志》卷十七载："阿斯腾阿喇图什，在玉斯屯阿喇图什西八十里，地当山口，为特们郭勒发源处，西南逾木什谔斯腾至其地，东南距喀什噶尔城六十里。"[3]

由阿图什至喀什有两条主要道路：由阿图什市松他克乡南行，经库木萨科村（莫尔佛塔遗址以东）、罕乌依村（汗诺依古城遗址南）至喀什市区；由阿图什市西南行，经麦依村（mān känd）、上阿图什镇（aluš）西卡伦[4]、三仙洞（Uch Merwan）[5]遗址至喀什市区。

---

[1] 佚名著，王治来译注：《世界境域志》，上海：上海古籍出版社，2010年，第72—73页。
[2] 李之勤：《西域史地三种资料校注》，乌鲁木齐：新疆人民出版社，2012年，第31页。
[3] 钟兴麒等校注：《西域图志校注》，乌鲁木齐：新疆人民出版社，2002年，第273页。
[4] 《回疆志》作"帝舒克他什"，《回疆通志》作"图舒克他什"。
[5] 《回疆通志》作"玉曲布尔罕"。

二、叶尔羌河流域的交通

(一) 叶尔羌河源及其道路

莎车 (Yarkand)，又称"於师""乌铩""押儿牵""鸦儿看""牙儿干""牙力干""牙儿坎""牙里干""雅尔堪""叶尔奇木""叶尔钦""叶尔羌"等[1]，《马可·波罗游记》作 Yarcan，伯希和释为 Yārkänd，岑仲勉、余太山等释读为 Sacarauli[2]。《汉书·西域传》载："莎车国，王治莎车城，去长安九千九百五十里……东北至都护治所四千七百四十六里，西至疏勒五百六十里，西南至蒲犁七百四十里。"《大唐西域记》载："从此东下葱岭东冈，登危岭，越洞谷，溪径险阻，风雪相继，行八百余里，出葱岭，至乌铩国……乌铩国周千余里，国大都城周十余里，南临徙多河，地土沃壤，稼穑殷盛……城西二百余里至大山。"英藏敦煌于阗语文书 IOL Khot S.21 将"乌铩"写作 Hīśaniji[3]。回鹘文本《玄奘传》作 Usar。汉唐时期的莎车城，推测在今莎车县城东南隅一带[4]。

宋代之后，莎车之名有所变化。《元史》作"鸦儿看""押儿牵"，《明史·坤城传》作"牙儿干""牙儿坎"[5]。《西域同文志》载："回语，叶尔，谓地，羌，宽广之意。其地宽广，故名。"《西域图

---

[1] 祁韵士著，刘长海整理：《西域释地》，《山西文华》编委会编《祁韵士文集》，太原：三晋出版社，2015年，第51页。

[2] 余太山：《楼兰、鄯善、精绝等的名义——兼说玄奘自于阗东归路线》，《西域研究》2000年第2期，第32—37页。

[3] 荣新江：《敦煌文献所见公元10世纪的丝绸之路》，荣新江、党宝海主编《马可·波罗与10—14世纪的丝绸之路》，北京：北京大学出版社，2019年，第190—205页。

[4] 邓缵先著，潘震勘定，黄海棠、邓醒群点校：《叶迪纪程》，上海：华东师范大学出版社，2012年，第13页。

[5] 罗帅：《蒙元时期鸦儿看的疆域与交通》，《西域研究》2017年第1期，第22—29页。

志》卷十八载:"叶尔羌,旧对叶尔奇木,或曰叶尔钦,皆音之转也。东道由阿克苏八百里,西道由喀什噶尔五百里至其地,距京师一万二千三百八十五里。城周十余里,有六门、土岗环其东南,城居岗上,规模宏敞,甲于回部。城中街巷,屈曲错杂,无有条理。民居以土垣屏蔽,穴垣为户,高者三尺,伛偻出入。屋宇毗连处,咸有水坑,导城南哈喇乌苏之水,达于城北,是资饮用。"[1]《新疆纪略》载:"叶尔羌者,叶尔谓地,羌乃宽广之谓。土地平旷,东接乌什,西界巴达克善,南控和阗,北邻喀什噶尔,西南与外藩接壤。土产米谷瓜果,甲于回地。"《莎车行记》载:"乾隆年间回疆底定后,曾由玉河运粮,至此贮仓。嗣以河水多沙易淤,船运寻罢。"[2] 斯坦因考察莎车后认为,前伊斯兰时期的莎车古城应建在清代莎车新城附近[3]。

叶尔羌河,是塔里木河的主要河源之一。《世界境域志》称B.rmiya[4],加尔迪齐《记述的装饰》作 *Yără[5]。《拉失德史》载:"叶尔羌的水是世界上最好的。凡医师对好水的所有称赞都可用来指这种水。"[6]《西域水道记》认为叶尔羌河源有二:

(1) 西源为泽普勒善河,发自喀喇昆仑山口北端,东北流至阿克陶县塔尔乡,有塔什库尔干河汇入;又东北流至阿克陶县库斯拉甫乡,有恰尔隆河和喀伊孜河汇入;又东流至莎车县霍什拉甫乡,有阿尔帕

---

[1] 钟兴麒等校注:《西域图志校注》,乌鲁木齐:新疆人民出版社,2002年,第279页。
[2] (清)倭仁著,李正宇点校:《莎车行记》,胡大浚主编《西北行记丛萃》,兰州:甘肃人民出版社,2002年,第85页。
[3] M. A. Stein, Serindia: Detailed Report of Archaeological Explorations in Central Asia and Westernmost China, Vol.I, Oxford: Clarendon Press, 1921, p.84.
[4] 佚名著,王治来译注:《世界境域志》,上海:上海古籍出版社,2010年,第67页。
[5] P. Pelliot, Notes on Marco Polo, Vol.II, Paris: Imprimerie Nationale, 1963, p.877.
[6] 米尔咱·海答儿著,王治来译注:《赖世德史》,上海:上海古籍出版社,2013年,第349页。

塔拉克水汇入；又东北流至其木都乡（Chimdul）艾斯克村，有棋盘河汇入，至此称"泽普勒善河"。泽普勒善（Zarafshan），意为"金河"，《清史稿》误作"泽勒普善"。《清史稿·饶应祺传》载："（莎车）府南为泽勒普善河，增设泽普县。"[①]《新疆图志》卷六十九载："泽普勒善河有三源，一源出蒲犁西北乌鲁克瓦提达坂，入于赛里河。一源出蒲犁西南穆斯塔格山。东北流，为赛里河，乌鲁克瓦提达坂一源来汇。折而东流，为托里布隆河，会于泽普勒善河。""一源出卡拉胡鲁木达坂、素盖提达坂，合而西流，是为玉河，即叶尔羌河。又西北流，福新河汇穆斯塔格河来注之。又北流，入于泽普勒善河。"[②]

棋盘河（Yengqopan），又称逵燕河。《新疆图志》卷六十九引《新疆图说》载："奇盘水亦名逵燕水。莎车城西南二百四十里，其源出叶城属密尔岱山，东流一百里至奇盘庄，折而北流五十里至一泥西入境，又流六十里至庆木都与泽普勒善河会。"

棋盘，清代作"英额齐盘""齐盘"。《西域同文志》载："英额齐盘，原音英伊什齐盘，英伊什，回语，下坡之谓，齐盘，帕尔西谓牧羊者。其地依山为庄，多游牧，故名。"《西域图志》卷十八载："英额齐盘，旧对音为英峨奇盘，在塔克布伊西南一百里。依山为庄，东北距叶尔羌城四百里。"《西域图志》卷二十三载："英额齐盘塔克，在叶尔羌西南，英额齐盘西十里。与裕勒阿里克东西相望，俱在叶尔羌谓斯腾西境，其南境为裕勒阿里克塔克。"[③]《叶城县兵要地志》载："棋盘位于（县境）西南，（距县治）约180华里处。系一数十里之谷

[①] 赵尔巽等撰：《清史稿》，北京：中华书局，1998年，第12528页。
[②] （清）王树枏等纂修，朱玉麒等整理：《新疆图志》，上海：上海古籍出版社，2017年，第1256—1261页。
[③] 钟兴麒等校注：《西域图志校注》，乌鲁木齐：新疆人民出版社，2002年，第344页。

地，最宽处亦不过千余公尺。谷内村落星罗棋布，流水潺潺，绿树成荫，水草产粮均是丰富，并有煤矿。"① 由棋盘乡西南行，经昆仑山林场、阿拉拜勒都、库孜阿格孜、翻越阔热木阿尔特达坂，可抵达塔什库尔干县布伦木沙乡。

布伦木沙，维吾尔语意为"河湾的木筏"，位于叶尔羌河西岸。泥西，又作"伊奇苏宁阿喇斯"，即今棋盘乡伊勒尼什村。《西域同文志》载："回语，伊奇，犹二，数也；苏宁阿喇斯，水抱城也。城居水之间，故名。"《西域图志》卷十八载："伊奇苏宁阿喇斯，有小城，在和什阿喇布东南一百里。"②

庆木都（Chimdul），今莎车县喀群乡其木都艾斯克村。《莎蒲路线兵要地志》载："其木都位于卡群对岸，其地南通棋盘谷，东北沿戈壁顺叶河流域通牙斯墩而至泽普，西通伙什拉甫，北临叶河，与卡群、卡木沙为鼎足之势。"

卡群（Katyung），即今莎车县喀群乡政府驻地，清代作"哈喇古哲什"，棋盘河在此汇入叶尔羌河。《西域同文志》载："回语，哈喇，远望也。古哲什，帕尔西语，目送行人之谓。哈喇古哲什，有小城，当哈喇乌苏双流交合之地，东距叶尔羌城二百里。"《莎蒲线路兵要地志》载："卡群为莎车县属之一乡，地处叶河谷口，农产富饶，恒有莎车粮仓之称。叶河水涨时期，土乡多以羊皮口袋盛以麦草为渡河工具。"

卡木沙，今恰木萨勒村。《莎蒲线路兵要地志》载："卡木沙，为通伙什拉甫及阿拉他什之必经点，其地南依叶尔羌河，北屏通阿拉他什道路之土丘陵地带，东通卡群，西与伙什拉甫遥河相对，农产丰

---

① 新疆维吾尔自治区档案馆档案，卷号：军 3-1-21。
② 钟兴麒等校注：《西域图志校注》，乌鲁木齐：新疆人民出版社，2002 年，第 287 页。

富，民俗朴厚。"

（2）东源为提孜那甫（Tizinapu）河，又作"听杂阿布河"（Tisnab River），源于昆仑山北琼亚依勒克冰川，上游称"喀拉斯坦河"，流域全长 371 千米，与泽普勒善河汇合于莎车、麦盖提交界处，之后称叶尔羌河。提孜那甫，维吾尔语意为"平缓的河"，因河水流速平缓而得名。《新疆图志》卷六十二载："英艾山，听杂阿布东源出其北。"[1]《西域水道记》载："东源（听杂阿布河）出库克雅尔山，在和阗西，与其南山属，水自山出北流，有一水自西来汇东源，又北流二百余里至沙图城北，（回语沙图，梯也。）分为二行，百八十里复合。"1906 年，德国探险家勒柯克自叶城出发，沿提孜那甫河前往拉达克。据勒柯克描述，提孜那甫河谷山势平缓蜿蜒，水流缓慢，勒柯克一行曾多次蹚水渡河[2]。

提孜那甫河的一条重要支流是西合休河。西合休，又作"石霍叙"。《邓缵先日记》载："由石霍叙向东北踏雪行，过雪达坂，名库提鲁克（今库特鲁克），高三千丈。骑牦牛，山谷遍是松柏。五十里，出山峡。又二十里，过白合甫河（今帕合甫河），又入谷，又登色克玉克达坂。高同库提鲁克达坂，而峻急过之。"[3]白合甫河，又作"帕合浦河"，即今叶城县西合休乡帕合甫河，为提孜那甫河源之一。《新疆图志》卷六十二载："尔带克沙的山，有水焉，西北流入于泽普勒善河。此山东南距八札塔拉四十里，东北距英艾八十里，为通怕合浦

---

[1] （清）王树枏等纂修，朱玉麒等整理：《新疆图志》，上海：上海古籍出版社，2017 年，第 1114 页。
[2] ［德］卡恩·德雷尔著，陈婷婷译：《丝路探险：1902—1904 年德国考察队吐鲁番行记》，上海：上海古籍出版社，2020 年，第 208 页。
[3] 邓缵先著，潘震勘定，黄海棠、邓醒群点校：《叶迪纪程》，上海：华东师范大学出版社，2012 年，第 95 页。

之道。"①

莎车县城西南亚喀艾日克乡（Yakaerik）有小道可通阿克陶县库斯拉甫乡。亚喀艾日克，《西域图志》作"雅哈阿里克"，《新疆图志》作"牙卡儿拉卡"。《西域同文志》载："雅哈阿里克，回语，地临边界，水渠绕之，故名。"《西域图志》卷十八载："雅哈阿里克，在叶尔羌谔斯腾北岸五里，北距叶尔羌城四十里。"②《莎蒲线路兵要地志》载："牙克力克（亚喀艾日克）位于莎车西南，其地东北有车路可通莎车。西接戈壁，有路通库库牙（阿克陶县柯可亚尔村），北通八栅栏杆（莎车县兰干村），南通土木沙（达木斯乡），系蒲犁通路平原要点之一，清光绪年间，曾驻骑兵，营房圮毁，痕迹犹存，并有雄伟之方形碉堡二矗之戈壁边沿，乃系清兵建筑者。"王炳华认为，由莎车沿此线可西入塔什库尔干县达布达尔乡热斯喀木村，沿线有大量古堡、古址，与"与红其拉甫、明铁盖、瓦赫基里达坂通道可以相连通"③。

（二）"玉山"及"采玉之路"

玉山，又作"密尔岱"（Mirtan）、"米勒台"、"辟尔塔克"、"米尔台搭班"，位于今叶城县巴什却普河以西与塔什库尔干县皮勒村交界处。《西域图志》卷二十三载："密尔岱塔克，旧音辟尔塔克，在叶尔羌东南，产玉石。由是东行接和阗南境诸山，俱产玉。"④《西域水道记》卷一载："（叶尔羌）西源折而东南流，有水经羌珲山东来汇，又

---

① （清）王树枏等纂修，朱玉麒等整理：《新疆图志》，上海：上海古籍出版社，2017年，第1115页。
② 钟兴麒等校注：《西域图志校注》，乌鲁木齐：新疆人民出版社，2002年，第286页。
③ 王炳华：《"丝绸之路"南道我国境内帕米尔路段调查》，王炳华著《西域考古历史论集》，北京：中国人民大学出版社，2008年，第53页。
④ 钟兴麒等校注：《西域图志校注》，乌鲁木齐：新疆人民出版社，2002年，第344页。

东，径托里布隆之南，是曰托里布隆河。托里布隆河东南流百余里，折而东北，又折而西北，凡数百里，径密尔岱山之北。"注曰："密尔岱旧作辟勒。自叶尔羌城南七十里，至坡斯恰木（Posgam，今波斯喀木镇）；又西南五十里，至汗亮格尔（今罕兰干村）；又西南百五十里，至英额庄（今棋盘乡）；又西南三十里，至齐盘山；又西南五十里，至阿子汗萨尔（今阿孜干萨）；又西南六十里，至密尔岱山。""（密尔岱）山峻三十许里，四时积雪，谷深六十余里。山三成，下成者麓，上成者巅，皆石也；中一成则琼瑶函之，弥望无际，故曰玉山。"[①]

《新疆纪略》载："（叶尔羌）其地有玉河，产玉石子，大者如盘如斗，小者如拳如栗，有重三四百斤者。各色不同，如雪之白，翠之青，蜡之黄，丹之赤，墨之黑者，皆上品。一种羊脂朱斑，一种碧如波斯菜而金边湿透者，尤难得。河底以小石错落平铺，玉子杂生其间。去叶尔羌二百三十里有山，曰米尔台搭班，遍山皆玉，五色不同。然石夹玉，玉夹石，欲求纯玉无瑕，大至千万斤者，则在绝高峻峰之上，人不能到。"《回疆通志》卷八载："辟勒山，又名密尔岱，一名米勒台，在叶尔羌西南二百余里。山极高峻，积雪春夏不消，或即古所谓昆山也。遍山皆玉，五色不同，有重至数千斤者，名擦子石。其最佳者在高峰绝顶，人不能到。土产牦牛，惯于登陟，回人携具乘牛，攀援而上，火焚椎凿，任其自落，方收取焉。"[②]

密尔岱山南有玛尔胡鲁（卢）克（Marhuluk），多产青玉，位于提孜那甫河上游喀拉斯坦河沿线山岭，即《汉书·西域传》所载"铁山"。《汉书·西域传》载："（莎车国）有铁山，出青玉。"[③]《回疆通

[①]（清）徐松著，朱玉麒整理：《西域水道记（外二种）》，北京：中华书局，2005年，第53页。
[②]（清）和宁撰，孙文杰整理：《回疆通志》，北京：中华书局，2018年，第169—170页。
[③]（汉）班固撰，（唐）颜师古注：《汉书》，北京：中华书局，1964年，第3897页。

志》卷八载:"玛尔瑚卢克山,在辟勒山之南,峰势相连,多产绿玉,堪充磬料,距叶尔羌城四百余里。"①《西域水道记》卷一载:"(密尔岱)山与玛尔瑚鲁克山峰峦相属,玉色黝而质坚,声清越以长。""其玛尔瑚鲁克山所产,青质黑晕,若血沁然。回民自裕勒阿里克卡伦来城鬻之,因名其玉曰'裕勒阿里克'。备彝器于宫悬,发灵珍于滔土,表瑞呈英,故不胫而走矣。"②《新疆图志》卷六十二载:"玛尔胡鲁克山,库库雅水出焉,北流入于听杂布河","在叶城西南三百里"③。邓缵先《叶迪纪程》载:"叶尔羌河本有玉河之名,而产玉之处,又在棋盘河。"④

（三）叶尔羌—塔什库尔干道

叶尔羌—塔什库尔干道,又作"叶尔羌—色勒库尔道"（叶色道）,是清代由莎车通往塔什库尔干的驿道,其详程为:从莎车县（清代作"叶尔羌城"）西出,经牙合艾勒克（Yaka-arik,莎车县亚喀艾日克乡）,入协垣耿山口（桃帕达坂）,经托乎拉克驿（阿克陶县柯可亚尔）、阿普里克驿⑤（Arpalik,阿尔帕勒克）、开子驿⑥（Kizil,喀

---

① （清）和宁撰,孙文杰整理:《回疆通志》,北京:中华书局,2018年,第170页。
② （清）徐松著,朱玉麒整理:《西域水道记（外二种）》,北京:中华书局,2005年,第54、56页。
③ （清）王树枏等纂修,朱玉麒等整理:《新疆图志》,上海:上海古籍出版社,2017年,第1115页。
④ 邓缵先著,潘震勘定,黄海棠、邓醒群点校:《叶迪纪程》,上海:华东师范大学出版社,2012年,第11页。
⑤ 阿普克,又称"阿排列克"（Arpilik）。《莎蒲线路兵要地志》载:"阿排列克,为红谷之中间地点,东北通库库牙,北通英吉沙,南经红达坂,可达铁克色克。"
⑥ 喀依孜,得名于哈孜山,其南为哈拉山。《蒲犁乡土志》载:"此山（哈孜）在城东四百七十里。"《新疆图志》卷六十二载:"此岭（哈拉山）在哈孜之南十里,开子驿经其下。"《蒲犁乡土志》载:"此（哈拉）山在城（蒲犁）东四百四十里。"清代《英吉沙尔厅图》标示齐齐山东北有哈拉山、哈拉达坂山,哈拉山和哈拉达坂山之南有哈拉达坂卡。开子驿,大致位于阿克陶县库斯拉甫乡政府驻地之北喀依孜河畔。

依孜)、八海驿(恰尔隆乡)、塔希代克驿(塔什克热木)、七里贡白子驿(其里拱拜孜)、托鲁布伦驿①(托依鲁布隆)、塔勒巴什驿(沙热塔什)、奇恰克驿(塔什库尔干县其切克里克)、申底驿(新迭),至蒲犁(塔什库尔干县城)。

裴景福《河海昆仑录》载,有蒲犁通判描述"叶色道"详程:"(出蒲犁)首驿名新化驿,每驿两夫三马,房五间,光绪三十年设。一百里至申底驿(新迭),多大石,有河阻,夏日汹涌难行。七十里至奇恰克驿(其切克里克),多大石,过土达坂,多积雪,骨栗神寒,人马一跌,不可收视。八十里至塔尔巴什驿(沙热塔什),风大雪多。七十里至托鲁布伦驿(托依鲁布隆),过热水沟,极险峻,水中多大石,须骑犀(牦)牛。八十里至七里拱拜驿(Chiligumbar,今其里拱拜孜),过大达坂,上下六十里。七十里至塔希代克驿(塔什克热木),平路略有村庄。一百里至巴海驿(恰尔隆乡),路平天暖,有村庄。九十里至开子驿(喀依孜),多沙石,沿溪而行。九十里至阿普里克驿(阿尔帕勒克),过石达坂,山上耸下陷,坳洼谺突,冬冰马力难施,须步行。九十里至托乎拉克驿(柯可亚尔),行山硖中,罕见天日,大石狞恶,阴森袭人。四十里出山,一百二十里至莎车府属之牙合哎勒克驿(亚喀艾日克),经大戈壁,此驿在山外,有村庄。八十里至莎车府城。统计由厅城至莎车府城一千四十里,至喀什噶尔城(喀什市)八百五十里,至英吉沙尔城(英吉沙县)七百数十里。"②民国时期许崇灏编著《新疆志略》提及"莎车蒲犁线"沿途共

---

① 托鲁布伦,又作"托一布伦",《西陲总统事略》卷十作"托伊洛克卡伦"。《莎蒲线路兵要地志》:"托一布伦,位于铁列外达坂之西南,为他日巴什水流之出口。"位于今阿克陶县托依鲁布隆村。
② (清)裴景福著,杨晓霭点校:《河海昆仑录》,胡大浚主编《西北行记丛萃》,兰州:甘肃人民出版社,2002年,第194—195页。

"十五站",路程总数"八百七十里",但未详述具体站名及里程[①]。

《新疆图志》卷八所记"英(英吉沙)帕(帕米尔)道",多数路段与"叶色道"重合。《回疆通志》载,"(英吉沙)幅员虽小,乃外番各国初入回疆之总道也"[②]。清同治十三年(1874),英国间谍戈登(Gordon)由英吉沙至瓦罕的行程如下:"(由英吉沙)南经伊兹吉雅尔大回庄(依格孜也村),再南六里入山,即英吉沙尔河(依格孜也河)所自出。自此至萨雷阔勒,均哈萨克人(柯尔克孜人)所游牧。间有耕种者,其犁用马。沿河西上,至喀斯喀苏山口(阿克陶县喀依孜村东南),下山至车吉里拱巴什(麻扎艾格孜),见中国废卡。其东有路顺察林克河而下,凡百二十里可达叶尔羌。惜其中三十五里乏可饮之水耳。次日过汤吉塔土窄涧,为此路最险之处,冰化时涧水满溢,不通人行,涧中温泉三四。崖上有巨孔,昔年桥梁迹也。出涧至池吉里克山口(阿克陶县木扎灵窝孜),山上有湖,迤北有山口尤高,名杨布拉克(慕士塔格东南)。若出杨布拉克。可避汤吉塔土之险,然现尚有冰不能行也。下池吉里克山口(塔什库尔干县其切克里克山口),过兴提涧(新迭),亦难行。顺河而西,即至萨雷阔勒之塔什库尔干。"[③]

(四)库库雅尔—玉喇里克道

库库雅尔—玉喇里克道,是清代叶尔羌河流域的主要商路之一,起点是今叶城县城,经喀喇昆仑山口,最终抵达列城。1865年,英

[①] 许崇灏编著,阿地力·艾尼点校:《新疆志略》,哈尔滨:黑龙江教育出版社,2015年,第250页。
[②] (清)和宁撰,孙文杰整理:《回疆通志》,北京:中华书局,2018年,第158—159页。
[③] (清)王树枏等纂修,朱玉麒等整理:《新疆图志》,上海:上海古籍出版社,2017年,第212页。

属印度间谍穆罕穆德·伊·哈密德（Mohamed-i-Hameed）化妆成商人，测绘了拉达克至叶尔羌的交通路线。1866年，服务于印度测绘局的 T. G. 蒙哥马利（Montgomerie）上尉在给英国皇家地理学会（Royal Geographical Society）的报告中，详细论述了往来于拉达克与叶尔羌的行程路线①。

根据路线的具体情况，全程可分为三段：

第一段路程：由今叶城县南行经拜西铁力克（今作伯西热克乡），至叶城县宗朗乡西北，沿库克牙（柯克亚）河南行，至今叶城县柯克亚乡。据《邓缵先日记》载："由（叶城）县署出东门向东南行。城外人烟稠密，农林繁盛。行二十里即戈壁，地势渐高，路东有村落。又二十里，细石粗沙，树木稀少，入山窝，左右皆土山，高二三十丈至八九十丈，洞宽八里。又行四十里，过小河，河宽八尺，岸旁四五家。又五里至伯什提列克阑干，小憩，转南行，土路广八尺五寸，有支路东南至乌沙巴什庄。转西南行，六十里，沙路，望见村树。又二十里，过河。酉正至库库雅庄，有小巴扎，缠民二百家，水味咸苦，客人饮之不服，惟牛羊马则愈肥壮，计程一百七十里。"②

乌沙巴什庄，即今叶城县乌夏克巴什镇。民国时期《叶城县志》言，"（叶城县）城南一百六十里乌沙巴什庄为汉子合国"。《汉书·西域传》载："王号子合王，治呼犍谷，去长安万二百五十里……东北到都护治所五千四十六里，东与皮山、西南与乌秅、北与莎车、西与蒲犁接。……（蒲犁国）南与西夜、子合接，……（依耐

---

① ［英］彼得·霍普柯克著，张湘忆译：《劫掠丝绸之路——从斯文·赫定到斯坦因的中国寻宝历程》，北京：九州出版社，2020年，第28—29页。
② 邓缵先著，潘震勘定，黄海棠、邓醒群点校：《叶迪纪程》，上海：华东师范大学出版社，2012年，第80—81页。

国）南与子合接。"据《佛国记》所述，法显自于阗行二十五日到子合国，自子合南行四百里入葱岭山①。

柯克亚（Kokyar），汉代称"西夜""漂沙"，清代作"库克雅尔""库库雅尔""库库雅"。《后汉书·西域传》载："西夜国一名漂沙，去洛阳万四千四百里……地生白草，有毒，国人煎以为药，傅箭镞，所中即死。"②《魏书·西域传》载："悉居半国，故西夜国也。一名子合，其王号子，治呼犍。"③《西域同文志》载："库克雅尔，回语，'库克'，青色，其地有坎，土色青，故名。"《西域图志》卷十八载："库克雅尔，在裕勒阿里克西五里，东北距叶尔羌城三百里。"《西域图志》卷二十三载："库克雅尔塔克，在裕勒阿里克东南，库克雅尔南，听杂阿布谔斯腾发源山中。"《西域水道记》卷一载："听杂阿布河，东源出库克雅尔山。"《西陲总统事略》卷十记有"库库雅尔卡伦"。

柯克亚乡以东为玉喇里克（Yul-arik），清代作"裕勒阿里克""玉喇里克"，此处设卡伦。《西域同文志》载："回语，裕勒，净也。地有清水渠，故名。"《西域图志》卷十八载："裕勒阿里克，在波斯恰木南七十里，有小城，东北距叶尔羌城三百里。"④《新疆识略》卷三作"玉喇里克"，《西陲总统事略》卷十作"玉喇里克卡伦"⑤。

第二段路程：由柯克亚乡政府驻地经普萨村（Pusa），越阿喀孜达坂，至提孜那甫河上游的哈拉斯坦河，越喀日满达坂，经库地、提热艾力，翻越色日克达坂至叶尔羌河上游的麻扎，溯河东行至柯尔克

---

① （东晋）法显撰，章巽校注：《法显传校注》，北京：中华书局，2008年，第11—16页。
② （南朝宋）范晔：《后汉书》，北京：中华书局，1973年，第2917页。
③ （北齐）魏收：《魏书》，北京：中华书局，1974年，第2264页。
④ 钟兴麒等校注：《西域图志校注》，乌鲁木齐：新疆人民出版社，2002年，第287页。
⑤ （清）汪廷楷辑，（清）祁韵士编，（清）松筠修：《西陲总统事略》，北京：中国书店，2010年，第175页。

孜江尕勒，东越苏阿克布拉克达坂至赛图拉，与素盖提卡至喀喇昆仑山口路线汇合。

普萨，又作"普沙""蒲沙"。《叶城县兵要地志》载："普沙位于叶城南约290华里，为通印度必经之地，设有关卡。"库地，又作"库提麻扎"，《叶黑路线兵要地志》作"库单"。《邓缵先日记》载："（十七日）酉初至库提麻扎，在万山中有卡房一所，坐西向东，面河。牧户四家，地八亩。卡房六间，东西深十丈，南北宽十二丈，缭以土墙。光绪二十六年（1900）建卡，兵二人看守，爨薪采于百里外。"[1]

提热艾力（Tilohel），又称"条洛黑里"。《邓缵先日记》载："至条洛黑里，是处为提兹拉普（提孜那甫）河源头，有流泉数穴，半为坚冰。申正宿于雪窖毳房，计程一百三十里。"

色日克达坂（Serik-dawan），又称"沙黑达坂"，《蒲康路线边境兵要地志》作"沙来克达坂"。《邓缵先日记》载："（由条洛黑里向西南行）二十里，有路二，东南通条拜提，西南至八札达拉卡。又行雪沟，又过冰海子，约数十里，骑牦牛上雪岭，地名沙黑达坂。山立如壁，路曲如蜒，雪大如席，风劲如刀，人缩如猬，马小如狗。或前或后，悄无人声。下坡陡绝，俯临无地，复骑牦牛。"[2] 柯尔克孜江尕勒，民国时期作"黑黑子站干"，位于今喀拉塔格山西北端，叶尔羌河上游河谷。

前两段路程，民国时期称"叶黑道"。据《叶黑路线兵要地志》载："叶城—黑黑子站干路线全长三百二十七公里。叶城南行，三十七公里至拜西铁力克，二十公里至于来力克，二十公里至库库

---

[1] 邓缵先著，潘震勘定，黄海棠、邓醒群点校：《叶迪纪程》，上海：华东师范大学出版社，2012年，第81—82页。

[2] 邓缵先著，潘震勘定，黄海棠、邓醒群点校：《叶迪纪程》，上海：华东师范大学出版社，2012年，第83页。

牙，十一公里至蒲沙，五十五公里至阿合买西提，五十七公里至库单，九十五公里至托乎力克。由托乎力克至黑黑子站干，逆流上行至叶河上源，绕涉而过达十余次，夏季无法通行。"

第三段，由柯尔克孜江尕勒可抵达列城。《叶城县志》记述有详程：柯尔克孜江尕勒至吉尼子拱洪 32 公里，至哈巴朗 29 公里，至马立克厦 35 公里，至克孜尔塔格 32 公里，至喀喇昆仑山口 19 公里，至乔郁溪 14 公里，至克孜利亚 29 公里，至毛谷肯尼开西 29 公里，至西塞那臼朗塞 27 公里，至西塞拉山口 14 公里，至班登寒 23 公里，至卡路尔 26 公里，至潘那密克村 16 公里，至铁力脱村 32 公里，至卡尔东村 32 公里，至列城 43 公里[①]，合计 432 公里。

西塞拉山口（Sisera Pass），即萨西尔（Sas-ser）山口，又作"沙塞尔"山口。据《拉失德史》载，1533 年，赛德汗在由"退摆特的玛峪"前往叶尔羌的途中，因"空气恶劣和病情恶化"，在萨西尔山口附近去世[②]。

列城，即《拉失德史》所载"玛峪"（Marlur），为拉达克（Ladakh）地区的首府。亨廷顿《亚洲的脉搏》言："印度河谷上游可居住的地方就是拉达克。"康熙二十年（1681），噶尔丹策凌率军出征拉达克，一举攻克列城，拉达克成为西藏藩属。

[①] 叶城县地方志编纂委员会编：《叶城县志》，乌鲁木齐：新疆人民出版社，1997 年，第 326—328 页。
[②] 米尔咱·海答儿著，王治来译注：《赖世德史》，上海：上海古籍出版社，2013 年，第 513—514 页。

第五章　帕米尔高原古代交通路线调查

帕米尔（Pamir），古称"葱岭""葱阜""极巇""播蜜川""波谜罗川"。《新唐书·西域传》载："葱岭，俗号极巇山。"《新唐书·西域传》载："开元中破平其（喝盘陀）国，置葱岭守捉，安西（都护府）极边戍也。"《新唐书·地理志》载："自疏勒西南入剑末谷、青山岭、青岭、不忍岭，六百里至葱岭守捉，故羯盘陀国。"《大唐西域记》载："（波谜罗川）东西千余里，南北百余里，狭隘之处不逾十里。据两雪山间，故寒风凄劲，春夏飞雪，昼夜飘风。地咸卤，多砾石，播植不滋，草木稀少，遂至空荒，绝无人止。"《往五天竺国传》载："又从胡蜜国东行十五日，过播蜜川，即至葱岭镇。此即属汉。兵马见今镇押。"《悟空入竺记》亦作"播蜜川"，《大唐西域求法高僧传·玄照传》作"葱阜"。回鹘文译本《玄奘传》作 Piamal 或 Käzart[①]。《新疆图志》卷五十九载："葱岭为欧亚东西之脊。西洋之山脉自东往，逾东逾高，至葱岭而极。中华之山脉自西来，逾西逾高，亦至葱岭而极。故导山者必始葱岭。葱岭者，中国万山之所自出也。《大唐西域记》《西河旧事》诸书谓其山高大，上多大葱，故名葱岭。或曰山崖葱翠，因以名焉。"[②]

帕米尔高原的地理范围，北起乌孜别里山口，东连昆仑山，西南

---

① 刘文锁：《新疆考古论稿》，北京：商务印书馆，2022年，第88—116页。
② （清）王树枏等纂修，朱玉麒等整理：《新疆图志》，上海：上海古籍出版社，2017年，第1002页。

抵兴都库什山,由塔克敦巴什(Taghdumbash)、大帕米尔、小帕米尔、阿尔楚尔、郎库里、萨雷兹、哈尔果什、瓦罕共八部分组成。关于帕米尔的古代交通,学界已多有关注[1]。本节以笔者的实地考察为基础,探讨有关帕米尔高原的交通路线。

一、阿克陶县西段的考察

由喀什市其尼瓦克酒店出发,沿 G314 国道经疏附县至乌帕尔乡。

疏附县城所在地,又作"托古萨克"(Tokuzak)、"托盖萨克"、"托克扎克",《拉失德史》有"(赛德汗军队)退回托古萨克扎营"的记载,《西域图志》卷十七称"托古库尔萨克"。《新疆图志》卷八十二载:"(疏附)城南五十里托古萨克庄,分二路,一西行八十里乌帕尔庄,三十里乌帕拉特卡,七十里标里托海,一百二十里阿依阿奇卡,一百二十里明铁盖达坂,三十里黑孜尔托海,循玛纳坎河西行,五十里科可伦,一百一十里木虎卡,五十里哈的塔什,七十里坎列什和登,七十里黑孜尔拉提达坂,接俄国费尔干省之阿赖依路。一由托古萨克南行过秦里布楚克河,七十里波罗斯坦,六十里塔什密里克庄,折西往于鲁克奇卡渡河,八十里倭仪塔哈阿格孜,循玛雅尔河岸西南行,六十里下格斯,四十里上格斯,由南山坡行一百一十里布伦可尔,一百三十里苏巴什,逾岭达蒲犁境。"[2]

乌帕尔(Opal 或 Abul),又作"乌帕拉特""鄂坡勒""乌帕浪

---

[1] 殷晴:《古代新疆的南北交通及经济文化交流》,《新疆文物》1990 年第 4 期,第 111—128 页。陈戈:《新疆古代交通路线综述》,陈戈著《新疆考古论文集》,北京:商务印书馆,2017 年,第 42—44 页。

[2] (清)王树枏等纂修,朱玉麒等整理:《新疆图志》,上海:上海古籍出版社,2017 年,第 1566 页。

特""乌帕喇克",今疏附县乌帕尔镇。《突厥语大词典》载:"乌帕尔,我们家乡的名称。"《西域同文志》《新疆图志》作"鄂坡勒城"。《西域同文志》注曰:"回语,鄂,有所指而言。坡勒,清能鉴物也。其地有池,水清可鉴,故名。"《清史稿·方友升传》作"乌帕拉特"。宣统元年(1909)《疏附县图》标为"乌帕浪特"。清代设卡伦,《西陲总统事略》卷二作"乌帕喇克卡伦",卷十作"乌帕拉特卡伦"[①]。

由乌帕尔乡南行,经疏附县塔什米里克乡、阿克陶县奥依塔克镇,沿盖孜河谷抵达盖孜检查站。

塔什米里克(Tashmalik),又作"塔什巴里克"(Tashbalik)、"塔什密里克"。《西域水道记》载:"回语,塔什,石也;巴里克,鱼也。地有渔矶,故名。"《西域图志》卷十七载:"塔什巴里克,在托克库尔萨克南一百一十里,雅满雅尔鄂斯腾东南,西北距喀什噶尔城一百四十里。"[②]清代设卡伦,《西域水道记》卷一作"伊勒古楚卡伦",《西陲总统事略》卷十作"克博都鲁克卡伦"[③]。《西域水道记》卷一载,"塔什巴里克阿珲孜牙墩"与"吉布察克部比图尔第迈玛特"曾"托呼鹰盟于雅满雅尔河干",定于"嘉庆二十年(1815)八月初作乱,贾人高见洛闻其谋,先一日告城中为备。孜牙墩知事泄,杀伊勒古楚卡伦侍卫,走出边,匿于伪塔克山穴中,官兵禽斩之"。

奥依塔克(Oytag),又作"于鲁克奇""伪塔克""伪依塔克""奥依克""倭仪塔格""乌衣塔尔""维他克"。《新疆图志》卷五十九作"伪塔克山""倭仪塔格"。宣统元年(1909)《疏附县图》标有"于鲁

---

① (清)汪廷楷辑,(清)祁韵士编,(清)松筠修:《西陲总统事略》,北京:中国书店,2010年,第30、175页。
② 钟兴麒等校注:《西域图志校注》,乌鲁木齐:新疆人民出版社,2002年,第274页。
③ (清)汪廷楷辑,(清)祁韵士编,(清)松筠修:《西陲总统事略》,北京:中国书店,2010年,第175页。

克奇卡伦",为清代布鲁特奈曼(Naiman)部游牧地之一。《新疆图志》卷四载:"奈曼(疏附)城西南一百九十里依(伊)勒古楚卡伦外,北抵乌鲁瓦特山,与希布察克部接;南抵雅玛雅尔河,与蒲犁厅接;东抵倭仪塔哈阿格嘴;西抵黑牙克巴什,与俄属让库尔接。"[1]

盖孜(Gaiz),又作"改孜",唐代称"剑末谷",《新疆图志》作"格斯",清代设卡伦,在今阿克陶县盖孜检查站旁。《新唐书·西域传》载:"(喝盘陀)由疏勒西南入剑末谷、不忍岭(岭)六百里,其国也。"喝盘陀王城在今塔什库尔干县石头城。此路线是帕米尔高原进入西天山的重要通道[2]。龙朔二年(662),唐军在疏勒南遭遇西突厥弓月部引来的吐蕃军,即与帕米尔高原至疏勒镇的道路有关[3],《通典》作"五俟斤路",王小甫称"渴饭檀道"[4]。光绪十八年(1892),清廷派步队一营屯扎"改孜卡","为布伦库尔后劲"。1893年6月,英国探险家厄尔(Earl)沿盖孜河谷至塔什库尔干考察。1902年,莫茨巴赫(Mezbacher)、凯德尔(Hans Keidl)从喀什出发,对盖孜河谷进行科学考察。[5]

"盖孜",柯尔克孜语"灰色"之意,因盖孜河含沙量大,水色灰暗而得名。盖孜河,又称"图巴里克河"(Tubalik)。《西域水道记》载:"一曰图巴里克河,出喀什噶尔西南吉斯岭及西界乌帕勒山……

---

[1] (清)王树枏等纂修,朱玉麒等整理:《新疆图志》,上海:上海古籍出版社,2017年,第86页。
[2] 王小甫:《七至十世纪西藏高原通其西北之路》,王小甫著《边塞内外——王小甫学术文存》,北京:东方出版社,2016年,第61—62页。
[3] 孙继民:《吐鲁番文书所见唐代三次行军考》,《武汉大学学报(社会科学版)》1981年第1期,第110—114页。
[4] 王小甫:《七、八世纪之交吐蕃入西域道》,王小甫著《边塞内外——王小甫学术文存》,北京:东方出版社,2016年,第92页。
[5] 李吟屏:《19世纪末20世纪初外国人对帕米尔地区的探险考察》,《丝绸之路研究集刊》(第6辑),北京:商务印书馆,2021年,第417—428页。

图巴里克河又东流九十里径格斯阿尔雅。又东流百里径库依鲁克。又东流百二十五里径伪塔克山北。又东流六十里径伊勒古楚卡伦北,又东流数里径塔什巴里克庄北。"盖孜河南源,出自阿克陶县慕士塔格冰川北坡、公格尔峰——公格尔九别峰西南坡;北源出自萨雷阔勒岭北部,至阿克陶县布伦口乡东北塔格登巴什村汇流为盖孜河。

过盖孜检查站,沿木吉河西北行,前往阿克陶县木吉乡考察。途经恰克尔艾格勒能库勒,汉语称"白沙湖"。宣统元年(1909)《疏附县图》标有"察哈尔艮"(Qakiregil),在布伦库尔西北,为清代布鲁特奈曼部游牧地。清代在木吉乡境内设卡伦,称"塞勒阿提卡"。《新疆图志》卷八十二载:"又由乌帕尔西南行三十里玉都巴什内卡,九十里梭可洛科,六十里乌鲁阿提卡,八十里乌鲁阿提达坂,分二路,一南行八十里波罗可孜,逾达坂八十里至布伦可尔合路,一西行一百三十里赛勒阿提卡,一百二十里黑牙克巴什卡,达俄国壤库尔路。"[①]

过白沙湖,即进入了木吉河谷。谷内分布大片湿地,水流清澈,四周景物倒映水中,亦幻亦真。时值金秋,碧天草黄,河漫滩散见马、羊、牦牛,远处雪山白云相映,风景如画。途经拜克墩、土曼其、琼阿克加尔、硝尔勒布隆牧场,当晚考察队留宿于木吉村柯尔克孜牧民阿布力孜·库达西家中,附近即喀日铁米尔火山群核心区。

木吉(Muji),柯尔克孜语"喷发"之意。核心区地表有 13 处明显的火山喷发口,高低不一,大小不同,已处于休眠期。由于当地河流众多,许多火山口已形成深不见底的火山堰塞湖,不时可见硫磺伴随气泡冒出,地质环境十分复杂。此地海拔 3400—3700 米,略有高

---

① (清)王树枏等纂修,朱玉麒等整理:《新疆图志》,上海:上海古籍出版社,2017年,第 1566 页。

原反应。

木吉乡政府驻地称萨依乌托克，柯尔克孜语意为"戈壁上的畜圈"，又称"孔铁列克买斯"，《戡定新疆记》作"空台根满斯"。《清史稿·董福祥传》载："安夷既就抚，布鲁特酋阿布都勒哈诱之，复入寇色尔库勒北，走库伦，福祥驰之抵空谷根满。步卒足重茧，乃遴健者乘骡队从骑旅及之木吉。"由木吉乡西行，有三条主要道路通往中亚地区：

（1）乌孜别里（Uzbly）山口。乌孜别里，又作"乌赤别里"、"克伯讷克达巴"（Kizil-Bel），清代设黑孜吉牙克卡伦。《新疆图志》载："葱岭以乌孜别里为南北分脉。"《疏附乡土志》载："（喀喇租库）岭西南至乌孜别里六十里……喀里塔达湾北至托斯布拉特八十里，托古斯布拉特西北至黑孜尔拉提一百八十里，黑孜尔拉提东北至乌赤别里七十里。"《西域图志》卷二十三载："克伯讷克达巴，在喀什噶尔西境外一百里，其东五十里为哈喇塔克。"[1] 哈喇塔克，即《新疆图志》《疏附乡土志》所记"喀喇租库"（Karazucu），又作"喀喇杂克""哈拉杂"。《新疆图志》载："天山之首曰喀喇租库之岭。《西域图志》以天山正干起乌鲁阿喇特岭，今据诸图说山势考之，则天山正脉当起此岭也。"哈喇塔克，今称"克孜勒让"，位于木吉乡西部，今喀拉佐克沟在木吉乡政府驻地汇入木吉河。出乌孜别里山口西行，可进入塔吉克斯坦穆尔加布河谷，清代作"木尔加布"河。《新疆图志》卷八载："（木尔加布）水向东流入阿克苏河者，为阿克塔什平地，属中国。"

乌孜别里山口以南为萨雷阔勒岭（Sarekule），为帕米尔高原东西两侧分水岭。《新疆图志》卷八载，"乌仔别里"（乌孜别里）以南、

---

[1] 钟兴麒等校注：《西域图志校注》，乌鲁木齐：新疆人民出版社，2002年，第346页。

"因都库什"（兴都库什）以北，萨雷阔勒以西，其间山势一纵四横。其中萨雷兹帕米尔（Sarezpamir），位于葱岭萨雷兹湖周围区域，乃"八帕"之一。

（2）玛尔坎苏（Margansu）河谷。宣统元年（1909）《疏附县图》作"玛尔堪苏河"，源于阿赖山南、喀拉湖北，在乌孜别里山口以北60公里处入境，是克孜勒苏河主源，由昆盖山西北入乌恰县。清代此处设"木虎卡伦"，《新疆图志》作"托克斯布拉哈""托古斯托罗"，位于阿克陶县与乌恰县邻近的玛尔坎苏河南岸。玛尔坎苏河其一条支流为喀拉特河，清代作"卡拉阿提"。《清史稿·张俊传》载："寇窜库（布）伦，俊追至木吉，分三路入，战良久，手刃执红旗悍卒，寇愕走。进至卡拉阿提，会日已入，止舍。天未曙，整军复进，日午及之。寇不能反拒，枪矛所至，尸相填藉。抵黑子拉提、达坂，止余数十骑，逾山入俄境，不复追。"①

清代布鲁特希布察克（Qifčāq，又译"奇普恰克"）部在昆盖山与玛尔坎苏河流域游牧。《新疆图志》卷四载："希布察克，（疏附）城西一百六十里乌帕拉特卡外，一名黑皮恰克。北抵玛尔干山，与岳瓦什部接；南抵乌鲁瓦特山，与奈曼部接；东抵玉都巴什内卡，西至黑孜尔拉提达坂，与俄之阿赖依接。"②

由玛尔坎苏河西南行，可抵达塔吉克斯坦境内的喀拉湖（Karaköl）。《新疆图志》卷五十九引《疏附乡土志》载，玛尔坎苏河南与喀拉湖东北为喀里塔达弯，"喀喇租库北至喀里塔达弯一百四十里"。《西域水道记》认为"喀拉湖"即《大唐西域记》所载"波谜罗

---

① 赵尔巽等撰：《清史稿》，北京：中华书局，1998年，第12633—12644页。
② （清）王树枏等纂修，朱玉麒等整理：《新疆图志》，上海：上海古籍出版社，2017年，第86页。

川"之"大龙池"："自此川中东南，登山履险，路无人里，唯多冰雪，行五百余里，至朅盘陁国。"喀拉湖，清代又作"喀喇库尔"，清乾隆二十四年（1759）追剿"大小和卓"时，在喀喇库尔东南和什库珠克山发生了"和什库珠克山之战"。学术界关于"大龙池"方位的争论较多，喀拉湖之说较为可信[①]。

和什库珠克山（Koxkujuk），又称"和什库珠克达巴"，位于塔吉克斯坦东北部喀拉湖之西，苏联时期称"共产主义峰"（Communism Peak），今作"伊斯梅尔·索莫尼峰"（Qullai Ismoili Somoni）。《西域水道记》卷一载："和什库珠克岭东有大池，曰哈喇库勒……其地哈卜齐克部布鲁特所牧也。"《西域同文志》卷二十三载："回语，库珠克，机轴也。两峰之间，路径屈折如之，故名。"《西域图志》卷十七载："和什库珠克，旧对音为霍斯库鲁克，在喀什噶城西五百里，哈喇库勒西北。"《西域图志》卷二十三载："和什库珠克达巴，尤称超峻。"[②]《新疆图志》卷五十九引《大清一统志》载："和什库珠克岭，在喀什噶尔西南葱岭中。山势宽广，峰岭极峻。"[③]乾隆《战图补诗》称"双耳山"。清乾隆二十四年（1759），参赞大臣明瑞率兵追剿"大小和卓"，经哈喇库勒（喀拉湖），至和什库珠克岭。叛军据岭上施火器，清军迎击，至黄昏时大破敌。《乾隆西域战图》题为"霍斯库鲁克之战"[④]。

---

① 侯杨方：《重返帕米尔：追寻玄奘与丝绸之路》，上海：上海译文出版社，2021年，第109—113页。
② 钟兴麒等校注：《西域图志校注》，乌鲁木齐：新疆人民出版社，2002年，第274、346页。
③ （清）王树枏等纂修，朱玉麒等整理：《新疆图志》，上海：上海古籍出版社，2017年，第1008页。
④ 新疆维吾尔自治区博物馆：《故宫博物院清代新疆文物珍藏展》，乌鲁木齐：新疆人民出版社，2012年，第46—47页。周轩、漆峥：《郎世宁的西域画》，北京：中华书局，2020年，第218—220页。

由喀拉湖经阿尔楚尔西南行,可至阿富汗巴达赫尚地区[①]。

(3)郎库里(Langköl)道。由乌孜别里山口东南行17公里,翻越冰达坂,可抵达塔吉克斯坦的普利斯基,由此东南行至朗库里居民点。郎库里,又作"让库里""壤库尔",意为"五彩湖",今标有"郎库里""索尔库里"两个湖泊。郎库里帕米尔是"八帕"之一,范围包括郎库里至阿克拜塔尔山周边地区。

结束对木吉乡的考察后,沿木吉河谷返回314国道,进入布伦口乡。布伦口(Bulungköl),又称"库依鲁克""布隆(伦)库尔","布伦可""库伦",即新疆阿克陶县布伦口乡。"布伦"柯尔克孜语意为"角落","口"为"库勒"(köl)之音异,意为"湖泊"。《西域水道记》卷一载:"图巴里克河又东流九十里,径格斯阿尔雅,又东流百里,径库依鲁克。"[②]《新疆图志》卷八载:"(光绪十八年)四月二十日,张旂官鸿畴由苏满回让库尔,将兵丁撤回布伦库尔。"《新疆图志》卷六十八载,布伦库尔有四源:"一为木吉水,在布伦库尔湖南;一为哈拉苏水,有小海子在其东;一为苏巴什卡水;又一水,在白西库湖(一作伯色克库尔湖)、哈拉库湖东北。四源均与各海子通流,同入于布伦库尔。"[③]光绪十八年(1892),新疆巡抚陶模《报英俄两国派兵越界折》言:俄兵拟向色勒库尔(塔什库尔干)进发,"由董福祥部驻守布隆库尔","并饬莎车协营拨兵进驻色勒库尔"。光绪十九年(1893)二月,喀什噶尔回城协营左旗中军马队一旗开

---

① [美]杰弗里·勒纳著,庞霄骁译,杨巨平审校:《希腊—巴克特里亚时期的瓦罕城堡与丝绸之路》,《西域研究》2017年第3期,第60—70页。
② (清)徐松著,朱玉麒整理:《西域水道记(外二种)》,北京:中华书局,2005年,第33页。
③ (清)王树枏等纂修,朱玉麒等整理:《新疆图志》,上海:上海古籍出版社,2017年,第1251页。

赴布隆库尔驻扎。光绪十九年四月，调阿克苏镇标中营步队一营赴布隆库尔驻扎。《戡定新疆记》作"布伦可"，《清史稿·董福祥传》作"库伦"。

由布伦口沿 314 国道南下，经公格尔九别峰、喀拉库勒湖至慕士塔格山。喀拉库勒湖，又称"小哈勒库勒"，位于布伦口乡东南 26 公里处 314 国道旁，面积约 6 平方公里，海拔 3652 米，平均水深 4 米。慕士塔格，维吾尔语、柯尔克孜语意为"冰山"，坐标北纬 38°16′，东经 75°7′，海拔 7546 米，是帕米尔高原东部"三大高峰"之一。山体由花岗片麻岩、石英岩组成，雪线高度 5500 米，分布有大小 14 条冰川，冰川总面积 275 平方公里。冰川融水主要进入盖孜河，是喀什噶尔河的重要水源地之一[①]。

314 国道沿途西侧为阿哈比尔岭（Akhabir）、却和太岭（Chuhetay）。阿哈比尔岭，又作"阿克别尔迪山"，在阿克陶县布伦口乡之西。《新疆图志》卷六十二引《帕米尔山水道里记》："此岭（阿哈比尔岭）东北距喀什噶尔五百七十里，西南接让库尔，为喀什道旧管内地界。"却和太岭，又称却克泰达坂，位于阿克陶县西北与塔什库尔干县交界处苏巴什达坂西北。《新疆图志》卷六十二引《帕米尔山水道里记》："此岭（却和太岭）东北距喀什噶尔五百八十里，西南接让库尔，为喀什道旧管内地界。"[②]《海英路程记》提及由雅什库勒至布伦口之捷径："自苏满至布伦库尔八百五十里，内八十里波孜纳（位于雅什库勒东北），一百九十里苗子塔什（《蒲犁厅图》标作"尼赤塔什"），二百里六尔阿乌（郎库勒西南）即莫尔格布河莫尔格布村，二百里孜

---

① 程其畤：《塔里木河研究》，南京：河海大学出版社，1993 年，第 92 页。
② （清）王树枏等纂修，朱玉麒等整理：《新疆图志》，上海：上海古籍出版社，2017 年，第 1106 页。

吉牙克卡（在郎库勒东南），八十里却克泰达坂，一百里布伦库尔。"苏巴什（Subashy）达坂，即唐代"不忍岭"，《戡定新疆记》作"卡拉塔什达坂"，翻越此地即进入塔什库尔干县地界。

二、塔什库尔干县古道考察纪要

进入塔什库尔干县域的第一站是卡拉苏（Karasu）口岸，为中国与塔吉克斯坦间重要的贸易枢纽。314国道沿阔克塞勒苏河可至科克亚尔乡、塔合曼乡。

阔克塞勒苏河，即"色勒克郭勒"（Serikköl）。英藏敦煌于阗语文书IOL Khot S.21作 Śaraḍūvgä，即 Sarikol[①]。《西域同文志》载："色勒克郭勒，回语，色勒克，黄色；郭勒，山峡之水出，因水以名其地。又名沙尔虎勒。"《西域图志》卷十八载："色勒克郭勒，地以水名，在和什阿喇布西五百里，东距叶尔羌城七百里。"[②]

科克亚尔乡（Kayingar），因喀因戞尔山而得名。《新疆图志》卷六十二引《帕米尔山水道里记》载："此山（喀因戞尔）口北距喀什噶尔六百八十里，西接帕米尔界，为喀什道旧管内地界。"塔合曼（Tagarma），又作"他合满""塔戞尔玛""塔哈尔满"，塔吉克语意为"四面环山"。光绪十九年（1893）三月，新疆巡抚陶模曾调清军马队赴塔合曼境内驻扎。《莎浦线路兵要地志》载："他合满，位于蒲犁县之北，乃蒲犁附近优美之盆地……得勒下提，位于齐齐克力克达坂之西，至蒲犁小盆地与他合满小盆地之山口。其地两旁石壁屹立，乱石

---

① 荣新江：《敦煌文献所见公元10世纪的丝绸之路》，荣新江、党宝海主编《马可·波罗与10—14世纪的丝绸之路》，北京：北京大学出版社，2019年，第190—205页。
② 钟兴麒等校注：《西域图志校注》，乌鲁木齐：新疆人民出版社，2002年，第286页。

遮道，有水无草。"① 得勒下提，又作"达尔夏特"。

　　由塔合曼乡经萨尔库尔干、提孜那甫乡至塔什库尔干县城。提孜那甫，塔吉克语意为"早收获"。上述路线与清代海英勘察色勒库尔之前半段路线一致。清光绪十七年（1891）五月二十七日，海英奉新疆巡抚魏光焘之命查勘西南边界，《新疆图志》卷八引《海英路程记》有详细记述："自疏附县至布伦库尔（布伦口乡）五百三十里，内八十里波罗黑坦（疏附县布拉克苏乡）、六十里塔什米利卡（塔什米里克乡）、一百六十里科普特则（阿克陶县科克开牙）、五十里改子外卡（盖孜村）、一百八十里布伦库尔（布伦口乡）。自布伦库尔至塔敦巴什五百八十里，内一百二十里苏巴什（布伦口乡苏巴什）、一百八十里塔哈尔满（塔什库尔干县塔合曼乡）、八十里色勒库尔（塔什库尔干县城）、一百四十里和家克巴依、六十里塔敦巴什。"②

　　塔什库尔干（Tash-kurghan），又作"色勒库尔"（Sariköl）、"塞尔勒克"、"塔什霍尔罕"，汉代称"蒲犁"，《北史》《梁书》等作"渴盘陀"，沙畹考证为 Khavandha。《汉书·西域传》载："蒲犁国，王治蒲犁谷，去长安九千五百五十里……东北至都护治所五千三百九十六里，东至莎车五百四十里，北至疏勒五百五十里，南与西夜、子合接，西至无雷五百四十里。"《魏书》作"呵盘陀""渴槃陀"，《续高僧传·阇那崛多传》作"渴罗槃陀"。《唐会要》卷七十三载："少俱部落置犁州。"贾耽《四夷路程》载："葱岭守捉，故羯盘陀国。"《新唐书·西域传》载："开元中破平其（喝盘陀）国，置葱岭守捉，安西（都护府）极边戍也。"《新唐书·地理志》载："自疏勒西南入

---

① 新疆维吾尔自治区档案馆档案，卷号：军 3-1-21。
② （清）王树枏等纂修，朱玉麒等整理：《新疆图志》，上海：上海古籍出版社，2017 年，第 1920 页。

剑末谷、青山岭、青岭、不忍岭，六百里至葱岭守捉，故羯盘陀国。"《往五天竺国传》载："又从胡蜜国东行十五日，过播蜜川，即至葱岭镇。"英藏敦煌于阗语文书 IOL Khot S.21 作 Kaukvāṃ，音译"渴饭"①。回鹘译本《玄奘传》作 Kavanta，即梵语 Kavandha 之转写②。元、明时期称"撒里黑昆""撒里库儿"。《西域同文志》载："塞尔勒克，回语，五彩之饰，漆工居之，故名。"《西域图志》卷十八载："塞尔勒克在葱岭中，由齐齐克里克达巴西南行八十里，至其地。有小城，叶尔羌谔斯腾北源经流其左。"③《西域水道记》卷一载："塞勒库勒，在叶尔羌城西八百里。"《新疆图志》载，蒲犁有"塔什霍尔罕庄"，"厅城至疏勒城八百里"。

出塔什库尔干县城，经提孜那甫乡进入塔什库尔干河谷，第一站新迭村。新迭（Shindi），又称"申干""申底"，《新疆图志》作"新底"，《蒲犁乡土志》作"新干"，《戡定新疆记》作"勤的克"，塔吉克语意为"蓝色的村庄"。《新疆图志》卷六十二引《帕米尔山水道里记》："新底达坂北距喀什噶尔八百八十五里，西接帕米尔，为喀什道旧管内地界。"④《蒲犁乡土志》载："城西六十里达申干卡，层峦叠嶂，土民称为西山，即往俄国要道。"有羌浑河源于慕士塔格山东南，于新迭入塔什库尔干河。塔什库尔干河，《宋云行纪》《洛阳伽蓝记》作"孟津河"，又称"塔克墩巴什河"，为叶尔羌河主要支流之一。《大唐西域记》载："朅盘陁国周二千余里，国大都城基大石岭，背徙

---

① 荣新江：《敦煌文献所见公元 10 世纪的丝绸之路》，荣新江、党宝海主编《马可·波罗与 10—14 世纪的丝绸之路》，北京：北京大学出版社，2019 年，第 190—205 页。
② 黄盛璋：《回鹘译本〈玄奘传〉残卷五玄奘回程之地望与对音研究》，黄盛璋著《中外交通与交流史研究》，合肥：安徽教育出版社，2002 年，第 252 页。
③ 钟兴麒等校注：《西域图志校注》，乌鲁木齐：新疆人民出版社，2002 年，第 1106 页。
④ （清）王树柟等纂修，朱玉麒等整理：《新疆图志》，上海：上海古籍出版社，2017 年，第 1920 页。

多河。"

新迭是塔什库尔干河上游的一个交通枢纽，在此分为三路：

（1）由新迭向北翻越齐齐克里克（Chichilik）达坂，可进入阿克陶县沙热塔什村。齐齐克里克，又作"其切克里克""齐齐克力克""池吉里克"。《西域图志》载："齐齐克里克达巴，在哈喇塔克东一百里，当孔道北。"今齐齐克里克达坂在新迭东北部山区，海拔约5604米，由此东北行，可抵沙热塔什（Saritashy）。沙热塔什，又称"萨热塔什""他日巴什"。《莎蒲线路兵要地志》载，"他日巴什"在"托一布伦"（托依鲁布隆村）之西，"齐齐克力克达坂"东北[1]。由此与"叶色道""英帕道"部分路段重合。

（2）由新迭经下坂地水库，东南行可抵班迪尔乡、瓦恰乡。班迪尔（Bandir），又作"班第"，在塔什库尔干县城东约45公里。《新疆图志》载，班迪尔乡因班迪尔河而得名，为塔什库尔干河支流。《新疆图志》卷六十九载："（塔什库尔干河）经申底西，又折而东南流，班第水自南来入之。"班迪尔河发源于塔什库尔干自治县中部别尔力格，北流经瓦恰乡、班迪尔乡，最终汇入塔什库尔干河。

塔什库尔干河上游南源，由明铁盖河和敦巴什河汇流而成，清代作"赛里河"。《帕米尔形势图》载："赛里河二源，一发倭海及蕊达坂东北巴格志海子，东北流经霍什别里，又东流经托阿克玉迭克，至塔吉墩巴什卡西南；一源发明铁盖（Ming tagh）[2]达坂东北，西北流经喀什各醋西，至塔墩巴什西南，二源汇而东北流。"

明铁盖达坂一源，出于科克吐鲁克山（Koktuluk）和克里克山（Kirik）。科克吐鲁克山，又作"克克突聿克""可可特勒可""可克

---

[1] 新疆维吾尔自治区档案馆档案，卷号：军 3-1-21。
[2] 明铁盖，柯尔克孜语，意为"千只野羊"。此地多野羊，故名。

土鲁克"。《新疆图志》卷六十二引《帕米尔山水道里记》:"此岭东北距喀什噶尔一千二百八十五里,西北接帕米尔,为喀什噶尔道旧管内地界。"《新疆图志》卷五载:"由明铁盖达坂及星峡达坂南通者为坎巨提;又东南为穆斯塔格山口,通巴勒提路;又东南卡拉胡鲁木达坂,又东南为昌器利满达坂,皆通条拜提路。"[①] 星峡,即今星峡尔(Shimshal)山口。《蒲犁厅乡土志》载:"明铁盖达坂在城南二百六十里,再向南一百余里,有穆斯塔格山,均极险峻,由坎居提入境,此其要道也。"[②]

克里克山,又作"克列克""基里克"。《新疆图志》卷六十二载:"克里克之岭有水焉,北流入于赛里河。"又引《帕米尔山水道里记》载:"此岭北距喀什噶尔一千二百八十五里,南接坎巨提,为喀什道旧管内地界。"《勘界公牍》载:"由明铁盖阿格嘴向西行七十里,转向正南进山口至克里克达坂,通坎巨提。仍折回向西行二十里至克克突聿克阿格嘴,转向西南行六十里,至阿格吉勒达坂山梁,稍东一海子,通瓦罕。"

瓦罕(Vaghan),又作"斡罕""瓦汉""瓦合吉瑞""倭海及蕊""瓦旱吉尔""瓦呼罗特",即瓦罕帕米尔。《新疆图志》卷六十二引《帕米尔山水道里记》:"此岭(阿格吉勒)东北距喀什噶尔一千二百七十里,西南接瓦罕,为喀什道旧管界内地界。"瓦罕帕米尔乃八帕米尔之一,在大帕米尔之南,小帕米尔之西,其南为兴都库什山。

塔什库尔干河上游北源,出自塔什库尔干县乌鲁克热瓦提达坂

---

① (清)王树枏等纂修,朱玉麒等整理:《新疆图志》,上海:上海古籍出版社,2017年,第117页。
② (清)佚名著,马大正等整理:《新疆乡土志稿》,乌鲁木齐:新疆人民出版社,2010年,第360页。

之西,又称"赛里克塔什"(Seriktag)。《新疆图志》卷六十九引《喀什道分至道里部位图》载:"蒲犁西北,有一源出赛里克塔什东南麓,东南流经伊里克雅克、喀喇苏之间,至黑子里克节克卡北,又东南流,有一源发自喀因戛尔(塔什库尔干科克亚尔乡)东麓,东流来汇,又东南,流至喀哈尔满(塔合曼乡)东,有一水自克克马马(提孜那甫)西流来入之,又东南流至屈满西(曲什曼),入于赛里河。今于曲什曼东入于赛里河。"

(3)由新迭沿塔什库尔干河而下,经幸福一、二号桥至库科西鲁格(Koguxluk)乡。库科西鲁格,清代称"乌溪庄",乡政府驻地很祖铁热克村,塔吉克语意为"姑娘杨树"。《新疆图志》卷六十二载:"此山(堪达)一作坎达尔达坂,在牙满西南、蒲犁城东南,由乌溪庄至枚尔羊庄经此山。乌溪庄在厅城东一百五十里,枚尔羊庄在厅城东南二百二十里。"[①] 枚尔羊,即塔什库尔干县马尔洋乡政府驻地,塔吉克语意为"彩云沟"。库科西鲁格乡境内沿塔什库尔干河谷东行,海拔一路降低,气温逐渐升高,树木植被增多,杏树、梨树、核桃树散布于河滩两岸。考察队在塔吉克向导艾斯家停留,此地有小规模的农业生产,主要种植玉米作为牲畜饲料,花园中栽培蜀葵和雪菊。10月正是晾晒雪菊的季节,村民将其晾干出售,到处可闻到浓郁的香气。此地雪菊品质很好,与红茶混煮,味道甚佳。

库科西鲁格乡有三条通往外界的重要通道:

第一条,由库科西鲁格乡向北翻越哈喇库里山(Karaculy),进入阿克陶县柯可亚尔(Kokyar)村。柯可亚尔,又称"库库牙""科克加尔"或"科克牙"。《莎蒲线路兵要地志》载:"库库牙系库库牙

[①] (清)王树枬等纂修,朱玉麒等整理:《新疆图志》,上海:上海古籍出版社,2017年,第1110页。

谷中之一腰站，居民一户，水草均无。若由石崖下淘砂为窟，尚可渗出碱质过重之苦水。"①陆水林《叶尔羌河上游通巴尔蒂斯坦的道路》引《克什米尔与拉达克地名录》路线表载，其第 19 程即经柯可亚尔至叶尔羌②。

第二条，由库科西鲁格乡南行，经孜利日尔东行，沿勒吾尔哈茨河抵达塔什库尔干县大同（Daton）乡。大同乡，位于叶尔羌河两岸。同（ton），塔吉克语意为"山谷"。大同乡至莎车间，有捷径通行。《莎蒲线路兵要地志》载："自玉曲别里代（达木赛乡依其拜勒提）西行 40 公里为可尔干，由可尔干西南行经阿不达劳达坂后，再继行，即为库鲁克栏杆（库如克兰干村），计程约 20 公里。自库鲁克栏杆，渡过叶尔羌河，即为大同，计程约 5 公里。自大同沿山谷内再行 45 公里，为拉甫拉甫（马尔洋乡）。再继行 45 公里，其中经一达坂，即抵五其（瓦恰乡），由五其西行 35 公里，即至班的（班迪尔）。自班的西行 35 公里，即到达蒲犁。"③

第三条，由库科西鲁格乡东行，经巴什、巴个泽子，抵达阿克陶县塔尔塔吉克族乡。塔尔（Tar），塔吉克语意为"狭窄"。塔尔乡与库科西鲁格乡交界处为牙满（Yaman）山。《新疆图志》卷六十二载："牙满山，托布伦河经其北。《蒲犁乡土志》：'（牙满山）在城东二百三十里。'此岭一作押慢塔斯达坂，在托布伦河之北，不当孔道。岭西八十里为乌溪庄，岭东七十里为阿密里克庄。"④

---

① 新疆维吾尔自治区档案馆档案，卷号：军 3-1-21。
② 陆水林：《叶尔羌河上游通巴尔蒂斯坦的道路》，《西域研究》2015 年第 4 期，第 83—105 页。
③ 新疆维吾尔自治区档案馆档案，卷号：军 3-1-21。
④ （清）王树枏等纂修，朱玉麒等整理：《新疆图志》，上海：上海古籍出版社，2017 年，第 1111 页。

三、阿克陶县南部的路线调查

考察队顺塔什库尔干河一路抵达阿克陶县塔尔乡。塔尔乡全境长约 40 公里，自西向东为巴格、阿勒玛勒克、巴格艾格孜、别勒迪尔、库祖，经幸福 6 号桥与大同乡道路交汇，山地平均海拔 3000 米，谷地平均海拔 1100 米，每年 3—4 月杏花集中绽放，被誉为"杏花谷"。

塔尔乡境内有几处年代不明的遗址，被现代墓地叠压。附近有大麻扎一座，称为"斯提瓦力地麻扎"。麻扎西侧有一处类似尼玛堆的石垒，多放牛羊角，内有一方石碑，文字被遮挡，无法识读。石堆对面高山上有土台，类似佛塔遗址。因天色渐暗，笔者未能亲往考察。此外，塔尔乡境内还有几处驿站和烽燧遗址，如提热克里克哨楼，据说建于 1864 年，是控制塔什库尔干河谷的一处重要军事设施。笔者查阅《新疆三普资料汇编——阿克陶卷》，未提及塔尔乡的情况。

夜宿塔尔乡校长米里力克家中，有舞会。乐队由 5 人组成，一人打手鼓，一人弹热瓦普，一人吹鹰笛（翅膀骨制成），一男一女跳鹰舞。舞会气氛欢快，笔者抽空于室内整理考察材料。谷内海拔较低，气候舒适，宜睡眠。夜间湿气重，鞋面有水汽凝结。

此次考察最重要的发现位于库祖村。新疆博物馆张晖曾撰文提到大同乡一处大像窟遗迹。笔者在此次考察中，观察到的一处类似遗迹，位于塔什库尔干河与叶尔羌河交汇处附近。大窟残高 17 米左右，宽约 6 米，内壁隐约见人工痕迹，因河水阻隔，无法靠近观察。询问当地老人得知，塔什库尔干河下坂地水库修建前，此地曾多次爆发过洪水，冲出过古代干尸及遗物，去向不明。

出塔尔乡至幸福 6 号桥，塔什库尔干河与叶尔羌河在此汇合。考察队穿行于塔莎古道的悬崖峭壁上。现行公路位于半山腰，沿途九曲十八弯，车速须控制得很慢。新公路修建之前，老路在河滩边，紧邻河道。沿途水流湍急，河中有多处类似沙洲的台地。

经塔莎古道前行，考察队进入库斯拉甫乡。库斯拉甫乡宜农宜牧，有库斯拉甫河与叶尔羌河交汇。库斯拉甫，又作"哥杀刺布""火什剌普""和什刺布"，东距莎车县130公里。学界认为，"渠沙国都城"或位于库斯拉甫乡境内："即在今哥杀剌布，Ko-sarab 亦作 Kusharab，头两个音节 Kusha，恰为渠沙的音译，至北魏时渠沙国与莎车合并，故《魏书》载：'渠沙国居莎车城。'"①《魏略·西戎传》载："桢中国、莎车国、竭石国、渠莎国、西夜国、依耐国、蒲犁国、亿若国、榆令国、捐毒国、休脩国、琴国，皆并属疏勒。"②

由库斯拉甫乡东南行，可抵达阿尔塔什水利工程。阿尔塔什（Alatash），又称"阿拉他什"，北依阿尔塔什山，南临叶尔羌河，维吾尔语意为"中间的石头"。《莎蒲线路兵要地志》载："阿拉他什，位于伙什拉甫西北叶河河谷中，为叶河左岸带形之小绿洲，西经险桥达库斯拉甫，南环叶河，北依红土达坂，为战术要地之一。"③此处有岔路：

（1）沿叶尔羌河经霍什拉甫（Koshrap）乡，可进入莎车县。霍什拉甫，又称"和什阿喇布""伙什拉甫""和什喇布""和什拉普""和什拉甫""伙什喇卜""和什喇甫（浦）"，维吾尔语意为"河流汇集之地"。《西域同文志》卷十八载："回语，和什，双歧之谓；阿勒布，帕尔西语，水也。地有河流歧出，故名。"④《西域图志》卷十八

---

① 周连宽：《大唐西域记史地研究丛稿》，北京：中华书局，1984年，第203页。
② （晋）陈寿撰，（南朝宋）裴松之注：《三国志》，北京：中华书局，1964年，第860页。
③ 新疆维吾尔自治区档案馆档案，卷号：军3-1-21。
④ （清）傅恒等撰：《钦定西域同文志》，乌鲁木齐：新疆文化出版社，2017年，第221页。

载:"和什阿喇布,在哈喇古哲什城西南二十里,有小城,东距叶尔羌城二百里。"①清代在此设卡伦,《西陲总统事略》卷十作"伙什喇卜卡伦"②,《新疆图说》作"和什喇布卡伦"。《莎蒲线路兵要地志》载:"伙什拉甫,位于其木都西南,其地南依土石混合山地,西通他西那,东北通其木都,北为叶尔羌河。已建修营房一座,可容骑兵人马各二百。"

莎车至塔什库尔干的山间支路:第一条,由霍什拉甫经达木赛、库鲁克兰干、大同、瓦恰,至塔什库尔干县城。霍什拉甫以西,有塔什纳(Tashna)山口连接达木赛。塔什纳,又称"他西那",《莎蒲线路兵要地志》载:"他西那,位于伙什拉甫之西,为伙什拉甫通蒲犁之必经山口,其石山高达三百公尺以上,两崖峭壁,行人经此,舍此口不能入。由他西那进入雄状之岩石山口,顺谷南行约六公里,达白尔得。其右傍一狭谷,可至砲江而通库斯拉甫,仍沿此塞谷西行七公里即抵达木赛。"③达木赛,即今莎车县达木斯(Damsy)乡政府驻地,维吾尔意为"祈祷"。《莎蒲线路兵要地志》载:"达木赛,位于他西那西南之山谷中。"第二条,霍什拉甫经阿尔塔什、库斯拉甫、恰尔隆,与清代驿道汇合,亦可至塔什库尔干县城。

(2)由库斯拉甫乡沿恰尔隆河,经巴格村抵达恰尔隆乡。巴格,又称"巴克"(Bak)。《莎蒲线路兵要地志》载:"巴克(卡龙)位于加斯拉甫西北,铁克库斯拉甫西北,铁克色克西南。系莎蒲第一、第二路线之会合点,其地处山谷中而多树,故柯尔柯(克)孜人称之

---

① 钟兴麒等校注:《西域图志校注》,乌鲁木齐:新疆人民出版社,2002年,第286页。
② (清)汪廷楷辑,(清)祁韵士编,(清)松筠修:《西陲总统事略》,北京:中国书店,2010年,第175页。
③ 新疆维吾尔自治区档案馆档案,卷号:军3-1-21。

曰巴克。"铁克色克（Tcseq），达坂名。据《莎蒲路线兵要地志》载："（自黑达坂）降至深谷后，顺谷西行，再通过一达坂，其达坂纯系青石，光而且滑，偶一不慎，即有摔毙之危，其高度虽仅约三百公尺，但其危险性，并不逊于黑达坂，土人称为铁克色克达坂，意即山羊跳之大（达）坂。"

恰尔隆河，即恰尔隆萨依（Qarlixsay），又称"热水沟""汤克塔尔河"。恰尔隆，柯尔克孜语意为"群山汇集"。《新疆图志》卷六十九载："热水沟河，自热水沟南流者为汤克塔尔河，东流之水经天罡塔尔东北，有托鲁布伦驿水，二源合而西北流，来入之，又东流经铁里牙达坂西南麓，至七里拱拜驿西南，折而南流经塔希代克驿东，恰尔伦东，又南流，有恰尔伦水，二源合而东北流来入之，又南流经八海驿西，有一水自东南来入之；又南流，有一水自南来入之；又折而东北流，有一水，二源合而西北流来入之；又东北流经开子驿南；又东北流，逼近哈拉达坂、黑子达坂、色克里克达坂南麓山峡中，纳南北四小水，合而东北流至托乎拉克驿南戈壁，伏于沙。"[①]

铁里牙（Teliya）山位于恰尔隆乡西北，是往来喀什与帕米尔高原的另一捷径。《新疆图志》卷六十二载："铁里牙山，汤克塔尔河水出焉，南流入于托布伦河。"晚清民国时期，英国驻新疆领事常从此路线往来于印度与新疆间，故又作"领事路"[②]。《莎蒲路线兵要地志》载："自托一布伦（托鲁布伦）西南行，9 公里左傍一石崖，高约五公尺，有清流透石而出，温度将近沸点，行人称为'热水泉'。"[③] "热水

---

① （清）王树枏等纂修，朱玉麒等整理：《新疆图志》，上海：上海古籍出版社，2017 年，第 1260—1261 页。
② 李吟屏：《19 世纪末 20 世纪初外国人对帕米尔地区的探险考察》，《丝绸之路研究集刊》（第 6 辑），北京：商务印书馆，2021 年，第 417—428 页。
③ 新疆维吾尔自治区档案馆档案，卷号：军 3-1-21。

泉"即莫达龙温泉，四周绿树成荫，水温40℃—80℃，长年喷流不息，据说可治疗关节炎、皮肤病。

结束恰尔隆乡的考察后，队伍沿特勒克达坂盘山而行，经阔什乌托克、库尔吉勒尕、阿克达拉牧场，抵达克孜勒陶乡。特勒克达坂，即"特勒克达巴"。《西域图志》载："特勒克达巴，在齐齐克里克达巴东一百里，当孔道北。"① 清代《蒲犁厅图》标示在恰尔隆乡以北。

由克孜勒陶乡返回阿克陶县城，全程考察结束。

四、考察后记

由于受"新冠"疫情影响，考察并未涉及达布达尔乡以东及以南区域，现将上述地区的古代路线进行梳理，以便日后调查。

一、《海英路程记》补证

光绪十七年（1891）九月，海英、李源鋺率相关人员奉命巡查帕米尔西南边界，从疏附县城出发，经盖孜、布伦口、塔合曼、达布达尔等地，翻越丕一克山口进入小帕米尔，后经雅尔特拱拜孜等地，于1892年初抵达阿尔楚尔帕米尔的苏满卡伦。《新疆图志》卷八引《海英路程记》有详细记述："（蒲犁厅）一百四十里和家克巴依（达布达尔乡南），六十里塔敦巴什（喀拉其库尔河南岸土拉）。自塔敦巴什至伊斯里克卡二百九十里，内六十里至坏一克（喀拉其库尔河上游塔敦巴什平川），一百四十里阿克苏（小帕米尔阿克苏河东南），九十里伊斯里克卡（小帕米尔东北）。自伊斯里克卡至苏满四百七十里，内

---

① 钟兴麒等校注：《西域图志校注》，乌鲁木齐：新疆人民出版社，2002年，第346页。

八十里雅尔特拱拜（瓦罕岭东北），二百一十里大帕米尔川中（大帕米尔），四十里大帕米尔川尾（雅什库勒东），七十里图斯库尔（雅什库勒湖），七十里苏满。"①

和加克巴依（horjakbay），又作"额加克巴依卡伦"，位于达布达尔乡境内。达布达尔（Dabadal），《新疆图志》卷四作"迭布得尔"，塔吉克语意为"门卫"，即今塔什库尔干县达布达尔乡。《新疆图志》卷九载："由它斯曼向北行一百四十里，至和加克巴依卡，柴草俱足，此处系塔墩巴什、红孜纳普、尔勒格苏（伊勒里克苏）三道总要之地。"塔敦巴什（Tadunbashy），清代设卡伦，位于今明铁盖附近。1902 年，大谷光瑞由明铁盖山口出境，结束在新疆的考察。1909年，英国中尉艾瑟顿（P. T. Etheton）由吉尔吉特、罕萨经明铁盖山口进入塔什库尔干境内帕米尔高原进行测绘②。

红孜纳普（Konzirap），又作"浑居拉普""浑楚鄂帕"，即今红其拉甫口岸附近，越过达坂可进入克什米尔（巴基斯坦控制区）罕萨河（Hunza）东源。《勘界公牍》载："和家克巴依卡南行一百四十里，至它斯曼，有塔齐克游牧数户，一百二十里至乙垒沿河一带，草足薪缺，转向西南，行六十里，至红孜纳普达坂。北距蒲犁城五百一十里也。"尔勒格苏（Illiq Su），又称"伊里苏"，即红其拉甫口岸附近的伊勒力克苏。《新疆图志》卷六十二载："尔勒格苏山，有水焉，西北流入于赛里河。"清代《蒲犁厅图》将"尔勒格苏"标于色勒克库米什（苏里库哇提）之北。1895 年 7 月，斯文·赫定沿红其拉甫河谷前

---

① （清）王树枏等纂修，朱玉麒等整理：《新疆图志》，上海：上海古籍出版社，2017 年，第 192—193 页。
② 李吟屏：《19 世纪末 20 世纪初外国人对帕米尔地区的探险考察》，《丝绸之路研究集刊》（第 6 辑），北京：商务印书馆，2021 年，第 417—428 页。

行，最终抵达红其拉甫山口附近[①]。

坏一克（Baiyik），《新疆图志》卷六十二作"丕伊克"岭，又作"排克其""排依克"，位于塔什库尔干县达布达尔乡西南。《新疆图志》引《勘界公牍》载："色勒库尔城（塔什库尔干县城）南行一百九十里，至和家克巴依卡。向西南，进山口一带，为塔敦巴什。六十里，至丕伊克山口，转向西北行八十里，至丕伊克达坂。"[②]

二、"罽宾乌弋山离道"补证

吴琅璇《葱岭地域考证》曾对罽宾乌弋山离道进行考证[③]。今塔什库尔干县东南叶尔羌河上游苏里库哇提村，又称"库阑奴提""沙拉克卡木什""色勒苦木什布拉可""色勒克库米什"，是通往罽宾、乌弋山离的重要通道。《汉书·西域传》载："（皮山）西南至乌秅国千三百四十里，南与天笃接，北至姑墨千四百五十里，西南当罽宾、乌弋山离道。"《后汉书·西域传》亦云："自皮山西南经乌秅，涉悬度，历罽宾，六十余日行至乌弋山离国，地方数千里，时改名排持。"[④]

马雍曾对巴基斯坦北部罕萨（Hunza）所见"大魏使谷巍龙向迷离使去"岩刻进行考证，认为"乌秅"即"洪扎"（罕萨）之音变。此外，巴基斯坦至中国喀喇昆仑公路沿线保留有大量动物岩画、佛教石刻，以及婆罗米文、佉卢文、粟特文等文字的题记，说明这一路线

---

① ［瑞典］斯文·赫定著，王蓓译：《穿过亚洲》，乌鲁木齐：新疆人民出版社，2013年，第488页。
② （清）王树枬等纂修，朱玉麒等整理：《新疆图志》，上海：上海古籍出版社，2017年，第1106—1107页。
③ 吴琅璇：《葱岭地域考证》，《中国边疆史地研究报告》1993年第1—2期，第70—71页。
④ （南朝宋）范晔：《后汉书》，北京：中华书局，1973年，第2917页。

在历史上曾长期使用①。《汉书·西域传》载:"乌秅国,王治乌秅城,去长安九千九百五十里……东北至都护治所四千八百九十二里,北与子合、蒲犁,西与难兜接,山居,田石间,有白草,累石为室,民接手饮,出小步马,有驴无牛,其西则有悬度,去阳关五千八百八十八里,去都护治所五千二十里。"《魏书·西域传》载:"权於摩国,故乌秅国也。其王居乌秅城,在悉居半西南,去代一万二千九百七十里。"②《佛国记》作"於麾国"③。《北史》称"权於摩国,故乌秅国也"。苏北海《西域历史地理》认为,"乌秅"在今坎巨提境内④。

《邓缵先日记》中提及"而古奴牙棍杂道",即叶城县西南通往巴基斯坦罕萨的道路。棍杂(Kandschut),即今巴基斯坦罕萨,又作"喀楚特""谦珠特""乾竺特""坎巨提"⑤。《邓缵先日记》载:"查而古奴牙地距八札达拉卡西北四百三十里,在叶城县西南。该地在玉河西岸戈壁,土硗石多,旧垦六七十亩,玉河引渠浇注。种小麦、青稞。旧有矮小土房一间,又小水磨一盘,被坎人侵占……查由而古奴牙西行一百一十里至乌帕朗,为叶城、蒲犁交界;又向西南行一百三十里至帕美依达坂;又向南行一百四十里至星峡达坂,为中、坎交界;又南行一百二十里至澜干;又西行一百二十里至唐格尔;南行一百二十里至古尔玛特;又西行一百二十里至棍杂,即坎巨提酋长城堡,计程共八百八十里。"⑥

---

① [巴基斯坦]艾哈默德·哈桑·达尼著,赵俏译:《喀喇昆仑公路沿线人类文明遗迹》,北京:中国国际广播出版社,2011年,第66—80页。
② (北齐)魏收:《魏书》,北京:中华书局,1974年,第2264页。
③ (东晋)法显撰,章巽校注:《法显传校注》,北京:中华书局,2008年,第16页。
④ 苏北海:《西域历史地理》,乌鲁木齐:新疆大学出版社,1988年,第31页。
⑤ 许崇灏编著,阿地力·艾尼点校:《新疆志略》,哈尔滨:黑龙江教育出版社,2015年,第226页。
⑥ 邓缵先著,潘震勘定,黄海棠、邓醒群点校:《叶迪纪程》,上海:华东师范大学出版社,2012年,第87—88页。

清代《新疆图志》卷六十二引《勘界公牍》载:"由色勒苦木什布拉可（苏里库哇提）东南行九十里,至星硖阿格嘴,柴草均足。向南行五十里至星硖卡伦,坎巨提尾卡设驻于此,卡外深沟一道,约深十余丈,宽五六丈,曲折而下,盘旋而上,极险要。卡门启闭无人。由此转向西南行约六七十里,至星硖达坂,通坎巨提后部。此岭东流折而北流之水,与阿格里岭西北流水会于星硖阿格嘴,入泽普勒善河。其由叶城县向西南,历库库雅卡,越英艾达坂、渡泽普勒善,向东南转正南折西南至星硖达坂,计程一千二百余里。"①

　　史籍中提到的"头痛山",即位于塔什库尔干县东南部喀喇昆仑至阿吉尔山一带。《汉书·西域传》载:"又历大头痛、小头痛之山,赤土,身热之阪,令人身热无色,头痛呕吐,驴畜尽然。"②《通典》载"头痛山在渴槃陀西南",可与前述路线相佐证。阿吉尔山,又称"阿格里山",即"阿钩羌"。《魏书·西域传》载:"阿钩羌国,在莎车西南,去代一万三千里,国西有悬度山。"《汉书·西域传》载:"县（悬）度者,石山也,溪谷不通,以绳索相引而度云。"《新疆图志》卷六十二载:"阿格里山有水焉,北流入于泽普勒善河。此山东北距叶城九百七十里。"③王小甫认为,悬度即奇拉斯（Chilas）以西的夏提欧（Shatial）④。民间往来多由于阗西行至皮山,再沿"罽宾乌弋山离道"去往"子合""乌秅"及"迦湿弥罗"⑤。

---

① （清）王树枏等纂修,朱玉麒等整理:《新疆图志》,上海:上海古籍出版社,2017年,第1108页。
② （汉）班固撰,（唐）颜师古注:《汉书》,北京:中华书局,1964年,第3887页。
③ （清）王树枏等纂修,朱玉麒等整理:《新疆图志》,上海:上海古籍出版社,2017年,第1114页。
④ 王小甫:《七至十世纪西藏高原通其西北之路》,王小甫著《边塞内外——王小甫学术文存》,北京:东方出版社,2016年,第60—61页。
⑤ 余太山主编:《西域通史》,郑州:中州古籍出版社,2003年,第229—230页。

阿里·玛扎海里（Ali Mazalleri）在著作《丝绸之路：中国—波斯文化交流史》中指出："早在前伊斯兰时期，在西突厥人和嚈哒人统治时代，或者是在更为古老的贵霜人或大月氏在位时代，伊朗居民就通过两条不同的道路而与吐蕃人保持着联系，一条是吐蕃西南部的迦湿弥罗（克什米尔）之路，一条是西藏高原以北的塔里木之路。"[①]由此可见，帕米尔高原与昆仑-喀喇昆仑山都是青藏高原通往塔里木盆地的重要地段。

---

① [伊朗]阿里·玛扎海里著，耿昇译：《丝绸之路中国——波斯文化交流史》，乌鲁木齐：新疆人民出版社，2006年，第439页。

第六章　古代于阗的交通

于阗（Khotan）是汉唐时期塔里木盆地南道的交通枢纽，位于今新疆维吾尔自治区和田地区境内。于阗，又称"于窴""于遁""瞿萨旦那""涣那""李域""忽炭""斡端""五端""兀丹""豁丹""和阗"，佉卢文作 Khotana，梵语作 Gostana，于阗语作 Gaustam[①]。《史记·大宛列传》载："于窴之西，则水皆西流，注西海；其东水东流，注盐泽。盐泽潜行地下，其南则河源出焉，多玉石，河注中国。"《汉书·西域传》载："于阗国，王治西城，去长安九千六百七十里……东北至都护治所三千九百四十七里，南与若羌接，北与姑墨接。西通皮山三百八十里。"《后汉书·西域传》载："于窴国居西城，去长史所居五千三百里，去洛阳万一千七百里。"《魏书》《梁书》《周书》《隋书》《旧唐书》《新唐书》《旧五代史》《新五代史》《宋史》《明史》以及《佛国记》《洛阳伽蓝记》《高僧传》《续高僧传》《宋高僧传》均作"于阗"。5 世纪于阗文抄本《金光明经》（*Suvarnabhāsottama-sūtra*），于阗写作 Hvatana，音近"和田"[②]。《大唐西域记》作"瞿萨旦那""涣那"。暾欲谷（Tonyuquk）碑作 qurtan，吐蕃文书作 Liyül（李域）、li-yul-

---

[①] 孟凡人：《尼雅遗址与于阗史研究》，北京：商务印书馆，2017 年，第 240 页。
[②] ［美］施杰我著，文欣译：《于阗——西域的一个早期佛教中心》，《西域文史》（第 1 辑），北京：科学出版社，2006 年，第 87—110 页。

vu-tan（李域于阗）或 zhin-cang（新疆）[①]，回鹘语作 udun。耶律楚材《西游录》作"五端"，《元史》作"斡端"（Odon）、"忽炭"，《蒙古秘史》作"兀丹"[②]。《马可·波罗游记》写作 Cotan，《拉班·扫马和马克西行记》作 Loton[③]，阿卜·杜拉夫·米萨尔（Abu Dulaf Mis'ar bin al-Mahalhil）作 Khatiyan[④]。《明史》作"阿端""黑台"。

清代和田旧城，又称"额里齐"（Ilchi）、"依里奇"。《西域同文志》载："额里齐，回语，居民环城之谓。"《西域图志》卷十九载："额里齐，旧对音为伊立齐，距京师一万二千一百五里。和阗境内村庄栉比，最著者凡六城，曰额里齐，曰哈喇哈什、曰玉陇哈什、曰车呯、曰塔克、曰克尔雅。六城咸属和阗，而额里齐当道冲，为之首。"[⑤]《西域水道记》卷一云："（额里齐城）高丈九尺，周三里三分，门四，三品阿奇木伯克一人治之。镇城在其中。东南隅辟东门一，办事、协办各一人治之。"[⑥]今和田市区，是在清代旧城的基础上发展而来。旧城，维吾尔语作 Kone shahr，相对于新城 Yangi shahr 而言。

[①] 丹曲、朱悦梅：《藏文文献中"李域"（Liyul，于阗）的不同称谓》，《中国藏学》2007 年第 2 期，第 83—94 页。
[②] （唐）玄奘、（唐）辩机著，季羡林等校注：《大唐西域记校注》，北京：中华书局，1985 年，第 1002—1003 页。
[③] *The Monks of Kublai Khan, Emperor of China*, tr. by E. A. Wallis Budge, London, 1928, pp. 138-139. 中译本见伊儿汗国（佚名）著，朱炳旭译：《拉班·扫马和马克西行记》，郑州：大象出版社，2018 年，第 10 页。
[④] 冯承钧：《大食人米撒儿行纪中之西域部落》，冯承钧著《冯承钧西北史地论集》，北京：中国国际广播出版社，2013 年，第 169—172 页。［法］费琅著，耿昇、穆根来译：《阿拉伯波斯突厥人远东文献辑注》，北京：中国藏学出版社，2018 年，第 81 页。［英］裕尔撰，［法］考迪埃修订，张绪山译：《东域纪程录丛》，北京：商务印书馆，2021 年，第 149—150 页。
[⑤] 钟兴麒等校注：《西域图志校注》，乌鲁木齐：新疆人民出版社，2002 年，第 294 页。
[⑥] （清）徐松著，朱玉麒整理：《西域水道记（外二种）》，北京：中华书局，2005 年，第 71—72 页。

一、于阗交通路线补证

（一）南北向交通

1. 于阗—拨换道

于阗—拨换道，是于阗向北进入龟兹地区的主要通道。《新唐书·地理志》载："自拨换南而东，经昆岗，渡赤河，又西南经神山、睢阳、咸泊，又南经疏树，九百三十里至于阗镇城。"《太平寰宇记》载："又从拨换正南渡思浑河，又东南经昆岗、三义等守戍，一十五日程至于阗大城，约千余里。"[1]《资治通鉴》"咸亨元年四月条"载："吐蕃陷西域十八州，又与于阗袭龟兹拨换城，陷之。"[2] 吐蕃应借助了于阗—拨换道行军。整体而言，《新唐书·地理志》《太平寰宇记》《资治通鉴》的记载均较为简略。学界已据吐鲁番文书《唐于阗诸馆人马给粮历》推测出"草泽馆""欣衡馆""谋常馆"，均设在"神山"以北区域[3]。林梅村认为："谋常馆"在伯克萨姆，斯坦因作 Boksam，安博特作 Boqsam；"欣衡馆"在"必底列克乌塔哈"（Bedelik-utak）；"草泽馆"在河口（Tallak Tumushuk）附近[4]。据吐鲁番阿斯塔那墓地 66TAM61 出土文书推测，唐代在此道沿线曾设有"玉河军"[5]。

《莎车行记》载：阿克苏札木台南"哈拉塔什庄"，"与和阗界"，

---

[1] （宋）乐史撰，王文楚校点：《太平寰宇记》，北京：中华书局，2008 年，第 3000 页。
[2] （宋）司马光撰，（元）胡三省注：《资治通鉴》，北京：中华书局，1956 年，第 6363 页。
[3] 荣新江：《于阗在唐朝安西四镇中的位置》，《西域研究》1992 年第 3 期，第 56—64 页。
[4] 林梅村：《汉唐和田河的古代交通》，林梅村著《汉唐西域与中国文明》，北京：文物出版社，1998 年，第 211—216 页。
[5] 国家文物局古文献研究室、新疆维吾尔自治区博物馆、武汉大学历史系：《吐鲁番出土文书》第 7 册，北京：文物出版社，1983 年，第 476 页。

清代富德援和阗时"置六台站于此"[①]。《西域图志》对"和田—阿克苏道"有较详细的记述，与《新唐书·地理志》所载"拨换—于阗道"可相互参照。《西域图志》载，从和阗老城北上，经乌哈什、勒沁托海、素勒坦雅伊拉克、额克里雅尔、喀提里什、塔喀克、玛尔占鄂勒氏、吉拉木雅伊氏、巴什布克色木、鄂托喇布克色木、爱雅克布克色木、德伯里克鄂拓克、伯什阿喇勒、齐克齐鄂拓克、波斯汤托郭喇克、哈喇乌苏，由此北上经今阿拉尔市境汇入塔里木河[②]。1903年，日本大谷光瑞探险队曾沿此道行抵阿克苏[③]。

《叶迪纪程》载，民国初年有库车经沙雅、阿克苏通往和田的道路，其详程为："(1) 站九十里至托克苏，经过阿哈雅河，系土路。(2) 站九十里至托土墩，有官店，土路。(3) 站九十里至博斯坦托乎拉克，荒滩路，经过古城一座，又小城一座，均倾废，沙、雅界。(4) 站九十里至索阿提布拉克，无往站，戈壁路。(5) 站一百一十里至考路瓦墩，沿途有泉，沙路，有官店，沙、阿分界处。(6) 站九十里至要那哈克筛，有官店，树窝路。(7) 站九十三里至库有希，有官店，树窝路，和阗界。(8) 站八十里至子里，草湖路，和阗河与阿克苏河汇合。(9) 站八十里至英哥得牙，居民有五六家，土路。(10) 站九十里至九子拉，沙路。(11) 站七十里至得立克，经过河道，树窝路。(12) 站七十里至库彦地立克，沙路。(13) 站七十五里至乌斯特，沙路平坦。(14) 站七十五里至哎海子，戈壁路。(15) 站八十里至塔哈阿益里，经过石山沙路。(16) 站七十五里至阿

---

① （清）倭仁著，李正宇点校：《莎车行记》，胡大浚主编《西北行记丛萃》，兰州：甘肃人民出版社，2002年，第83页。
② 钟兴麒等校注：《西域图志校注》，乌鲁木齐：新疆人民出版社，2002年，第293—301页。
③ [日] 广中智之：《汉唐于阗佛教研究》，乌鲁木齐：新疆人民出版社，2013年，第10页。

海巴什,芦苇路。(17)站七十五里至和什拉什,自库有希至此十站,均有官店,系墨玉界,河西为墨河,东为和(河),有卡伦,戈壁路。(18)站七十五里至尔格里牙,有渡船。(19)站八十里至斯玛瓦提,有田园村庄,人烟颇盛。(20)站八十里至他夏里克,土路。(21)站八十里至和阗。(22)站七十里至洛浦。自托克苏至此,共二十二站,计一千七百八十八里,道路平坦,柴水足用,惟首七站沿途多红柳,大道尚未开辟。八站以下,或绕树窝,或涉河滩,均无阻滞,惟路径多沙,用木轮车较为便利云。"①

《阿和路线兵要地志》对和田—阿克苏道亦有记载:"由阿克苏沿小路南行,40公里至浑巴什,再40公里至阿瓦提,25公里至乌鲁木桥(今阿瓦提县乌鲁桥乡),15公里至河口,85公里至调开,55公里至吉格的力阿热力,100公里至比的力克吾他克,60公里至阿克提干,75公里至马扎他克,95公里至霍什拉克,85公里至司马瓦提,再120公里至和田,全长约790公里。此线由阿克苏至和田河交会处均可通行大车,由此交会点至霍什拉克一段,多沿和田河西岸行走,甚少居民与房舍。仅有联勤总部之食宿站以供食宿。春夏秋三季仅能通行驼马,至冬季沙滩冻结,河水干涸,沿河床行走,与公路无异。由霍什拉克南行另有道可达墨玉。司马瓦提有直达洛浦之路。"②

于阗—拨换道主要沿和田河通行,其两大支流为喀拉喀什河与玉龙喀什河:

(1)喀拉喀什河(Kara kash),又作"达利水""西玉河""喀喇哈什""哈拉哈什"。《魏书·西域传》:"(于阗)城西五十五里亦有

---

① 邓缵先著,潘震勘定,黄海棠、邓醒群点校:《叶迪纪程》,上海:华东师范大学出版社,2012年,第45—46页。
② 新疆维吾尔自治区档案馆档案,卷号:军3-1-21。

大水，名达利水，与树枝水会，俱北流。"吐蕃文作"Shel chab gong ma"（西玉河）[①]。《西域同文志》载："回语，哈喇，黑色。河中多产黑玉，故名。"《新疆图志》卷六十七引《喀什噶尔道分至道里图》载，昌器（利）满达坂西北麓西流之水皆喀拉哈什河源："西北流约二百里，折而东北流，至塔勒喀什古子布拉克。布拉克巴什四山之水汇为海子，大小凡九，有西北流入于河者。又东北流，至松角尔，南距昌器（利）满达坂六百八十里。又折而西北流一百里，至康西伯（今皮山县康西瓦）南。又西北流七十里，至康挖克（今皮山县喀瓦克）南。又七十里，至古鲁巴霞（今皮山县古里巴扎）南，沿奇博里、素盖提两达坂东北麓，仍西北流。又八十里，至桑图拉（今皮山县协依都拉）东。折而北流，有一水自八沙特达坂东北流来入之，即《新疆图说》之哈拉哈什河源也。"[②]

喀拉喀什河有支流称"蓝玉水"，在今和田县米提孜达利亚至帕那孜达利亚一带。《新疆图志》卷六十七载："（哈喇哈什河）渐东流，经阿卡提阿玉拉沙依北，又经下哈立克东南。有一源出库布哈达坂东南、一品达坂西南，东北流经一品达坂、多拉达坂东麓，东北流来汇。即《新疆图说》之蓝玉水也。"引《新疆图说》载："蓝玉水在城西南一百四十里。源出默特斯山，东北流二百里，至蓝玉庄，与哈拉哈什河会。"

墨玉县喀拉喀什镇，又作"哈剌合底""哈喇哈什""哈拉哈什"，

[①] Zhu Lishuang, "A Preliminary Survey of Administrative Divisions in Tibetan-Ruled Khotan", in B.Dotson, K.Iwao and T.Takeuchi (eds.), *Scribes, Texts, and Rituals in Early Tibet and Dunhuang: Proceedings of the Third Old Tibetan Studies Panel Held at the Seminar of the International Association for Tibetan Studies, Vancouver 2010*, Wiesbaden: Reichert Verlag, 2013, pp.48-50.

[②] （清）王树柟等纂修，朱玉麒等整理：《新疆图志》，上海：上海古籍出版社，2017年，第1220页。

是清代"和阗六城"之一，今墨玉县政府驻地。《西域水道记》卷一载："哈喇哈什城，元之哈剌合底城，司空、景义公撒亦的之先世所居。由此徙西洋，世为贾贩，以财雄海外矣。"[1]《新疆识略》载："哈拉哈什，在额里齐城西北六十里，居六城之一，东傍哈喇哈什郭勒二里，西距皂洼勒谔斯腾二十里。"

（2）玉陇（龙）哈（喀）什河（Yorung kash），又作"树枝水""东玉河""白玉河"，西源为策勒县西南哈朗归山，东源来自策勒县昆仑山东端，二源汇合西北流120公里，经策勒县、墨玉县、洛浦县、和田市，在今一站以南与喀拉喀什河汇聚成和田河。《魏书·西域传》载："（于阗）城东二十里有大水北流，号树枝水，即黄河也，一名计式水。""于阗城东三十里有首拔河，中出玉石。"[2]《高居诲使于阗记》载："于阗河分为三，东曰白玉河，西曰绿玉河，又西曰乌玉河。"《册府元龟》卷二四"帝王部·符瑞条"载："天宝元年正月戊申，安西都护田仁琬下于阗东王（玉）河，获瑞玉龟一，画以献。"《张匡邺行程记》载："白玉河在城东三十里，绿玉河在城西二十里，乌玉河在绿玉河西七里。其源虽一，而其玉随地而变。"吐蕃文作Shel chab 'og ma（东玉河）[3]。《西域同文志》载："回语，玉陇，往取之谓。于此取玉，故名。"《西域图志》载："今玉咙哈什郭勒在额里齐城东南境上，北入和阗达里雅，中分两流行六十里而复合。其西流

---

[1] （清）徐松著，朱玉麒整理：《西域水道记（外二种）》，北京：中华书局，2005年，第68页。
[2] 学界认为首拔河为玉龙喀什河支流，属洛浦县大小胡麻地水系。《新疆图志》卷六十七载："大小胡麻地向产美玉，皆与玉陇哈什河通流，旧属和阗，今划归洛浦矣。"
[3] Zhu Lishuang, "A Preliminary Survey of Administrative Divisions in Tibetan-Ruled Khotan", in B.Dotson, K.Iwao and T.Takeuchi (eds.), *Scribes, Texts, and Rituals in Early Tibet and Dunhuang: Proceedings of the Third Old Tibetan Studies Panel Held at the Seminar of the International Association for Tibetan Studies, Vancouver 2010*, Wiesbaden: Reichert Verlag, 2013, pp.48-50.

为《魏书》所载树枝水，则东流应属首拔河也。"①

《西域水道记》载，玉龙喀什河西源出"哈朗归山"。哈朗归，《西域图志》作"哈浪归"，《新疆图志》卷六十二作"呢蟒依"，即今和田县东南、策勒县南部与西藏自治区交界处的昆仑山。《和阗乡土志》载，呢蟒依山"距州城五百八十里，山势险峻，坚冰积雪，人迹罕到"②。玉龙喀什河西源出"布伦哈山"，即今和田县喀什塔什乡西北。《新疆图志》卷六十二载："布伦哈山，切取水经其西。此山在和阗州南，玉司马山北，切取水出呢蟒依山，东北流入于玉珑喀什河。"③宣统元年（1909）《和阗州总图》标玉龙喀什河源为"卡浪古达坂"。

今和田市玉龙喀什镇，清代作"玉陇哈什"，为"和阗六城"之一。《西域图志》卷十九载："玉陇哈什，在额里齐城东南三十里，玉陇哈什郭勒环抱之内，民物繁庶，无城垣，而居六城之一。"

喀拉喀什河与玉龙喀什河在今一站以南区域汇成和田河。《水经注》云："南源导于阗南山，俗谓之仇摩置，自置北流，径于阗国西，治西城。"④所言"南源"，即"北流与葱岭河合"的和田河。和田河东西二源——玉龙喀什河与喀拉喀什河，均出自和田南端的昆仑山。《周书》载："（于阗）城东二十里有大水（今玉龙喀什河）北流，号树枝水，即黄河也；城西十五里亦有大水，名达利水（今喀拉喀什河），与树枝俱北流，同会于计戍（今塔里木河）。"⑤乌哈什，位于今和田县色格孜库勒乡，距离和田市区约45公里，《新唐书·地理志》

---

① 钟兴麒等校注：《西域图志校注》，乌鲁木齐：新疆人民出版社，2002年，第402页。
② （清）佚名著，马大正等整理：《新疆乡土志稿》，乌鲁木齐：新疆人民出版社，2010年，第387页。
③ （清）王树枏等纂修，朱玉麒等整理：《新疆图志》，上海：上海古籍出版社，2017年，第1122页。
④ （北魏）郦道元著，陈桥驿校证：《水经注校证》，北京：中华书局，2013年，第34页。
⑤ （唐）令狐德棻等：《周书》，北京：中华书局，1974年，第917页。

作"疏树"①。勒沁托海,位于塔瓦库勒乡,距市区约 80 公里。素勒坦雅伊拉克,位于塔瓦库勒乡东北乌尊库勒一带,《新唐书·地理志》作"碱泊"。额克里雅尔,位于今依斯拉木阿瓦提乡境内,《阿和路线兵要地志》作"司马瓦提"。

喀提里什,在今一站以南区域,距离市区约 160 公里。《西域同文志》载:"喀提里什,回语二水会流之谓。"《西域图志》载:"喀提里什,在额克里雅尔北七十里,玉咙哈什郭勒经其东,哈喇哈什郭勒经其西,会于其北,入和阗达里雅,西南距额里齐城三百三十里。"清代《和阗州总图》标作"伙什侬勒",《阿和路线兵要地志》作"霍什拉克"。

塔喀克,位于喀拉喀什河与玉龙喀什河汇合处以北 12 公里的和田河东岸。《西域同文志》载:"塔喀克,回语,水闸也。"《西域图志》卷十九载:"塔喀克,在喀提里什北二十五里,东傍和阗达里雅,西南距额里齐城三百五十里。"

吉拉木雅伊氏至玛尔占鄂勒氏一带,《新唐书·地理志》作"睢阳",位于今墨玉县麻扎塔格东南和田河东岸。吉拉木雅伊氏,今已被沙漠掩埋,不可考。《西域图志》卷十九载:"吉拉木雅伊氏,在玛尔占鄂勒氏北二十里,东傍和阗达里雅,西南距额里齐城四百四十里。"玛尔占鄂勒氏,又名"阿亚克玛姜",位于麻扎塔格东南和田河东岸,有道路通丹丹乌里克遗址。《西域图志》卷十九载:"玛尔占鄂勒氏,在塔喀克北六十五里,东傍和阗达里雅,西南距额里齐城四百二十里。"

巴什布克色木,即麻扎塔格(Mazartag)的红白山段,位于塔喀

---

① 钟兴麒认为,"疏树"在和田县北部东方红水库之西的兰干村。

拉玛干沙漠腹地、和田河西岸北部。《阿和路线兵要地志》作"马扎他克",《新唐书·地理志》称"神山",唐代在此设"神山馆",吐蕃文书作 Sangsan,吐蕃文献《牛头山授记》称 Senze,《宋史·于阗传》称"通圣山"。《西域图志》卷十九载,巴什布克色木"西南距额里齐城（和田市区）四百九十里"[1]。

鄂托喇布克色木,位于和田市以北 270 公里麻扎塔格东北和田河西岸。爱雅克布克色木,位于和田市以北约 300 公里和田河西岸,《阿和路线兵要地志》作"阿克提干"。德伯里克鄂拓克,位于和田市以北约 330 公里和田河西岸,《阿和路线兵要地志》作"力克吾他克"。伯什阿喇勒,位于和田市以北约 300 公里和田河西岸[2]。

齐克齐鄂拓克,位于和田市以北约 410 公里和田河西岸,《阿和路线兵要地志》作"吉格的力阿热力"。《西域图志》卷十九载:"齐克齐鄂托克,在伯什阿喇勒北六十里,东傍和阗达里雅,西南距额里齐城八百二十里。"

波斯汤托郭喇克,位于阿瓦提县与墨玉县交界处,距离和田市 470 公里。《西域同文志》载:"回语,波斯汤,支棚以迎凉气也;托郭喇克,树名。"《西域图志》卷十九载:"波斯汤托郭喇克,在齐克齐鄂托克北一百二十里,东傍和阗达里雅,西南距额里齐城九百四十里。"

哈喇乌苏,清代和田河故道,位于阿瓦提县东南,今"八井"以北,由八井北流,入今阿拉尔境内。《旧唐书·郭元振传》所载"计舒河口",即和田河、叶尔羌河、阿克苏河汇入塔里木河的交汇处,清代亦称"噶巴克阿克集"。《旧唐书·郭元振传》载,"阙啜在计舒河口候见嘉宾,娑葛兵掩至,生擒阙啜,杀嘉宾等。"计舒,即计戍,

---

[1] 钟兴麒等校注：《西域图志校注》,乌鲁木齐：新疆人民出版社,2002 年,第 299 页。
[2] 新疆维吾尔自治区档案馆档案,卷号：军 3-1-21。

是今塔里木河的古称。据卫星图片，清代和田河汇入塔里木河的入口比今日偏东，与《太平寰宇记》所载"三叉"守戍距离相近。《西域水道记》述，葱岭南河（叶尔羌河）、葱岭北河（喀什噶尔河）、和阗河汇流于此，即阿拉尔市东段农一师9团至10团附近。

值得注意的是，清代对于塔里木河阿拉尔至沙雅各段有不同的称呼：

（1）清代和田河汇入塔里木河以东区域，即今农一师阿拉尔市塔里木河段，清代称"布古斯孔郭尔郭"。《西域水道记》卷二载："回语孔郭尔郭，野果名，布古斯，谓腹，借以喻果实之大也。地在额里齐（和田）城东北五百余里，距噶巴克阿克集近百里，极四十度二十五分、西三十六度二十分。午正日景夏至长三尺一分，冬至长二丈二支六分，春秋分长八尺四寸七分。其境南皆沙碛，中有大山绵亘。沙图图岭支峰也。大河径其北，为额尔勾河。"①

（2）布古斯孔郭尔郭以北及以东流域，称作"额尔勾郭勒"。《西域图志》卷二十七载："额尔勾郭勒，在库车东南，西承乌恰恰特达里雅，额什克巴什郭勒，合而东流。为额尔勾郭勒。又东流六百里，北会海都郭勒，又东二百二十里，入罗布淖尔。"②《西域水道记》卷一载：叶尔羌河、噶什哈尔河、和阗河"三源既合，阿克苏河从北来注之"，"过布古斯孔郭尔郭境北，为额尔勾河。又东，过沙雅尔城南。又东，为塔里木河"③。额尔勾河，准噶尔语"河流回抱"之意，指上游五源合流后的一段河道，其下游则称塔里木河。

拨换，又称"姑墨""亟墨""威戎""跋禄迦""钵浣""怖汗"，

---

① （清）徐松著，朱玉麒整理：《西域水道记（外二种）》，北京：中华书局，2005年，第84—85页。
② 钟兴麒等校注：《西域图志校注》，乌鲁木齐：新疆人民出版社，2002年，第394页。
③ （清）徐松著，朱玉麒整理：《西域水道记（外二种）》，北京：中华书局，2005年，第73—89页。

伯希和释作 Baluka。《汉书·西域传》载："姑墨国，王治南城，去长安八千一百五十里……东至都护治所二千二十一里，南至于阗马行十五日，北与乌孙接……东通龟兹六百七十里。王莽时，姑墨王丞杀温宿王，并其国。"[①]《水经注》曰："北河又东径姑墨国南，姑墨川水注之，水导姑墨西北，历赤沙山，东南流径姑墨国西，治南城。"[②]《一切经音义》卷八十二载："跋禄迦国，上盘末反。此国出细好白㲲，上细毛罽为邻国中华所重，时人号为末禄㲲，其实毛布也。"[③]《新唐书·地理志》引贾耽《边州入四夷道里记》载："安西西出柘厥关，渡白马河，百八十里西入俱毗罗碛。经苦井，百二十里至俱毗罗城。又六十里至阿悉言城。又六十里至拨换城，一曰威戎城，曰姑墨州，南临思浑河。"《悟空入竺记》作"钵浣""怖汗"；竺法护所译《密迹金刚力士会》作"剑浮"（Bamko）。中国人民大学博物馆藏和田出土粟特语文书 GXW0114 作 prw'n[④]。《突厥语大词典》作 Barman；波斯阿拉伯史料作 Bakhouan 或 Barwan。《大清一统志》载："阿尔巴特河，源出阿克苏城（今温宿县城）北玛杂尔沟，东南流经阿尔巴特军台之北，为阿尔巴特河，又南流经哈喇裕勒滚军台之西，又东南流入沙而止。亦曰阿察哈喇河，即《水经注》之姑墨川，唐之拨换河也。"林梅村考证，温宿县扎木台镇（Jam）喀什艾日克古城为拨换故址，《西域图志》作"札木城"[⑤]。

---

① （汉）班固撰，（唐）颜师古注：《汉书》，北京：中华书局，1964年，第3910页。
② （北魏）郦道元著，陈桥驿校证：《水经注校证》，北京：中华书局，2013年，第36—37页。
③ 徐时仪校注：《一切经音义》，上海：上海古籍出版社，2008年，第1950页。
④ 毕波、［英］辛威廉：《中国人民大学博物馆藏和田出土粟特语文书》，北京：中国社会科学出版社，2018年，第25页。
⑤ 林梅村：《汉唐和田河的古代交通》，林梅村著《汉唐西域与中国文明》，北京：文物出版社，1998年，第214页。

2. 皮山—赛图拉道

皮山—赛图拉道，是由皮山县城至喀喇昆仑山赛图拉的交通路线。唐代皮山镇的设置，即与皮山镇通往喀喇昆仑山的道路有关。据《皮赛路线兵要地志》载："皮山至赛图拉全长二百六十二公里，出皮山东行四十四公里至木吉，南行四十二公里至桑株，西南行再折而南，三十公里至坑坑牙（康凯），仍南行二十公里至阿克卡孜，十一公里至柯尔良，二十六公里至窘谷尔达克，四十公里经桑株达坂至艾尔勒扎尔，四十公里至赛图拉。"①《皮山县兵要地志》载："皮赛道由皮山县东南六十五公里至桑株镇，由桑株沿公路至坎黑尔（库克尔），再南行则为崎岖小道，攀登山岭，经柯尔良（库尔浪）、曲古里得克（曲谷达克）大坂、塔呼哈斯、蒙古包至赛图拉边卡，全长二百二十公里。"由此可知，《皮赛路线兵要地志》所记路线为大路，《皮山县兵要地志》所述路线为小路。

木吉，又作"木济"，今皮山县木吉镇政府驻地，清代设驿站。《西域同文志》载："木济，回语，谓地角也，偏隅之意。"《西域图志》载："木济，在固满东南八十里，东距叶什勒库勒五里，西距叶尔羌城四百六十里。"②

桑株（Sanjzu），今皮山县西南 65 公里桑株镇，清代设卡伦。朱丽双、郭声波等认为，唐代固城镇（Ko sheng）即在桑株河流域③。《西域同文志》作"萨纳珠"："回语，萨纳，起数之谓；珠，指人而言，其地为各藩通商之界，回人旧于此通税，稽查通商人数，故

---

① 新疆维吾尔自治区档案馆档案，卷号：军 3-1-21。
② 钟兴麒等校注：《西域图志校注》，乌鲁木齐：新疆人民出版社，2002 年，第 288 页。
③ 朱丽双：《唐代于阗的羁縻州与地理区划研究》，《中国史研究》2012 年第 2 期，第 71—90 页。郭声波、买买提祖农·阿布都克力木：《毗沙都督府羁縻州之我见——兼评〈唐代于阗的羁縻州与地理区划研究〉》，《西域研究》2014 年第 2 期，第 37—48 页。

名。"① 转音为桑珠。《西域图志》卷十八载:"萨纳株,在章固雅南二十里,西距叶尔羌城四百里,有城垣,由此西南行,可达痕都斯坦。城西北面临叶什勒库勒。"《新疆图志》卷八十二载:"又(皮山)城东九十里木吉驿,折南行九十里桑株庄,五十里克伯孜,六十里阿卡孜,三十里桑株达坂,折西南一百三十里过达坂抵塔乌孜卡,四十里而立尼则合浑,三十里瓦未克,四十里托克苏,三十里素盖提。"② 由桑株卡入山,过桑株达坂至喀拉喀什河附近蒙古包牧点,溯喀拉喀什河而上,至吐日苏、赛图拉,与奇灵、库库雅尔道相汇。

桑株山在桑珠东南,又作"萨纳珠塔克"。《西域图志》卷二十三载:"萨纳珠塔克,在萨纳珠东南。"③《新疆图志》载:"桑株山,桑株水出其北麓,厥产黑土,其树多梨,小而味甘。"并引《勘界公牍》载:"由邱邱达坂西南行,七十里至垣卡(桑株卡),春冬水小,由桑株百余里顺河而上,夏秋则当绕邱邱达坂山、垣卡,转向东南行,六十里至渠滚(桑株河源),四围山皆青草,有布鲁特人十余户居此牧放。向西南行,五十里至桑株达坂。丁癸骑仑,辛乙过径,山峰极陡峭,居然天险,有一夫当关,万人莫敌之势。东流转向北流之水,绕桑株庄,出木吉,伏戈壁。山生黑土,用火炒之,可代颜料。"

坑坑牙,即今皮山县康克尔柯尔克孜民族乡政府驻地。阿克卡孜,今作"阿喀孜",在桑株河东西二源交汇处。柯尔良,今作"库尔浪",在桑株河西源二水交汇地。窘谷尔达克,今作"曲谷达克",位于桑株达坂之北。艾尔勒扎尔,今作"蒙古包",位于喀拉喀什河南岸。

赛图拉(Shahidolah),又称"沙昔都拉""协依都拉""谢伊拉",

---

① (清) 傅恒等撰:《钦定西域同文志》,乌鲁木齐:新疆文化出版社,2017年,第228页。
② (清) 王树枏等纂修,朱玉麒等整理:《新疆图志》,上海:上海古籍出版社,2017年,第1561页。
③ 钟兴麒等校注:《西域图志校注》,乌鲁木齐:新疆人民出版社,2002年,第344页。

位于皮山县南部喀拉喀什河东流拐弯处，距皮山县城262公里，是和田地区通往拉达克的重要山口，战略地位险要。《新疆图志》卷九引《勘界公牍》载："由八沙拉达坂东南行二百三十里至阿巴伯克，与桑株道会，向南行三十里至赛图拉，洪图作沙昔都拉。"民国初期设"苏盖提设治局"于赛图拉，1937年撤销。学界认为，《世界境域志》所载Tusmat，即在赛图拉至素盖提达坂一带[①]。

赛图拉东南，清代设苏哲特（Söget）卡伦，又作"素盖提卡伦""苏盖提卡伦"，位于皮山县新藏公路国庆桥西北的三十里营房，素盖提达坂之北。《新疆图志》卷九引《勘界公牍》载："由叶城县向东南，历桑株达坂至素盖提卡，洪图作苏哲特，计程六百五十余里，又向南行进山口，八十里过达坂，五十里至奇博里，即洪图之池布喇也。"光绪十五年（1889），英国人扬哈斯班（Francis Edward Younghusband，又译作"杨哈斯本"，中文名"荣赫鹏"），招募非法人员盘踞赛图拉卡。莎车知州潘震、叶城县令黄禀得知消息后，迅速拆除非法边卡，在赛图拉以东的素盖提重新设立哨卡[②]。《新疆图志》载："素盖提卡为皮山县东南门户，凡赴条拜提贸易、赴麦加朝山之缠民暨英俄游历之士，冬春通克里阳达坂，出入克里阳卡；夏秋由桑株达坂，出入桑株卡，而素盖提则为两路总汇之区，亦南疆一大关隘也。"[③]

《皮山县兵要地志》《皮赛路线兵要地志》所述"桑株道"主要在夏秋两季通行，而冬春季主要使用"克里阳道"。克里阳道，始于皮山

[①] 王小甫：《七至十世纪西藏高原通其西北之路》，王小甫著《边塞内外——王小甫学术文存》，北京：东方出版社，2016年，第60—61页。
[②] （清）佚名著，马大正等整理：《新疆乡土志稿》，乌鲁木齐：新疆人民出版社，2010年，第376页。
[③] （清）王树枏等纂修，朱玉麒等整理：《新疆图志》，上海：上海古籍出版社，2017年，第1562页。

县城南阔什塔格镇[1]，经巴什兰干乡至克里阳乡塔斯洪河东岸，过"奇灵卡伦"[2]至堉阿巴提塔吉克民族乡南的阿克硝尔村，由克里阳达坂出入克里阳卡，最终至素盖提。《新疆图志》卷六十二载："克里阳山产白土……用火炒之，粉墙极白。"克里阳（Kilyan），又称"奇勒扬"（Qilyan），即唐代"吉良镇"[3]，吐蕃文《于阗国授记》作 Gyil Kyang[4]。《西域同文志》载："奇勒扬塔克，回语，奇勒扬，磨刀石也，山产此石，故名。"《西域图志》卷二十三载："奇勒扬塔克，在贝拉塔克南，库克雅尔塔克东，库克雅尔、奇勒扬两塔克以南，为痕都斯坦界。"《新疆图志》卷六十二载，"奇勒扬山"即库库雅山东南的"吉利羊山"。《皮山乡土志》载，克里阳山又名"居什肯"："克里阳山雪水会入草湖，北出一百五十里，开沙状渠，又八十里开克里阳渠。"

由素盖提卡向南可至喀喇昆仑山口。喀喇昆仑山口，清代称"卡拉胡鲁木"（Karakorum）、"喀喇阔鲁木"、"喀喇阔隆"、"哈拉合拉木"。历史上，罗伯特·沙敖[5]、戈登[6]、亨廷顿[7]、斯坦因[8]、勒柯克[9]、斯

---

[1] 阔科什塔格（Koshlag），又作"呼什塔克""和什拉""科什塔格"，是皮山县城至克里阳的中转站。
[2] 清代设"奇灵卡伦"，位于皮山县克里阳乡品尼农场境内。
[3] 《新唐书·地理志》载："（于阗）西二百里有固城镇，西三百九十里有吉良镇。"笔者推测，固城在皮山县桑株乡以东坡斯喀河流域。
[4] 朱丽双：《唐代于阗的羁縻州与地理区划研究》，《中国史研究》2012年第2期，第71—90页。
[5] [英]罗伯特·沙敖著，王欣、韩香译：《一个英国"商人"的冒险》，乌鲁木齐：新疆人民出版社，2003年，第270页。
[6] [英]戈登著，成斌、王曼evaluated译：《世界屋脊》，乌鲁木齐：新疆人民出版社，2013年，第35页。
[7] [美]亨廷顿著，王彩琴、葛莉译：《亚洲的脉搏》，乌鲁木齐：新疆人民出版社，2001年，第49—55页。
[8] [英]奥里尔·斯坦因著，巫新华、伏霄汉译：《斯坦因中国探险手记》（一），沈阳：春风文艺出版社，2004年，第9页。
[9] [德]阿尔伯特·冯·勒柯克著，陈海涛译：《新疆的地下文化宝藏》，乌鲁木齐：新疆人民出版社，1999年，第154页。

文·赫定[1]等西方探险家，都曾取道喀喇昆仑山口进入新疆。《新疆图志》卷九载："喀喇阔隆尤商旅出入之途，无一不关扼要。"[2]《皮山乡土志》载："此山北距皮山县城一千二百里，西北通叶城，东通伯凌吉达坂、昌吉利达坂，又东迤逦至于和阗，北至合达孜、阿卡孜、素盖提三达坂，由阿卡孜西出叶城之八札塔拉，由素盖提北通克里阳，雅尔提达坂出和阗境。"《新疆图志》卷八引《扬哈斯班日记》："每年八、九、十月间，叶城（莎车县）、拉城、列城商队往来不少。唯地势过高，空气稀薄，人马皆惫。喀拉阔隆山口（卡拉胡鲁木）尤高。"新疆巡抚饶应祺曾言："自明铁盖达坂至阿克塞城，通英与外部之路甚多。喀喇阔隆，尤商旅出入之途。"

《新疆图志·国界五》载李源鋧《勘界公牍》载："由素盖提向南行，进山口八十里过达坂，五十里至奇博里，柴草均缺，又六十里至明立克卡，七十里至达尔乌孜与康挖克道合，又五十里至黑子里塔哈，转向西南行四十里至八浪沙，即洪图之布朗萨，沿途柴草全无，又行五十里，至卡拉胡鲁木达坂。卡拉胡鲁木达坂，通退摆特（即条拜提），西北流之水即泽普勒善河源也，询有铁铸界牌埋藏此地，因雪深未便启视，离界牌内约三里许，有石砌三角墩一座，每方七尺高三尺，竖石牌于墩上……"[3]

奇博里，今作"大可布里"。明立克卡，今作"阳立克卡"。康挖克道，即由哈瓦克达坂南下的道路。八浪沙，今作"布朗沙"。由

---

[1] [瑞典]斯文·赫定著，包菁萍译，李恺整理：《失踪雪域750天》，乌鲁木齐：新疆人民出版社，2000年，第275—276页。
[2] （清）王树枏等纂修，朱玉麒等整理：《新疆图志》，上海：上海古籍出版社，2017年，第240页。
[3] （清）王树枏等纂修，朱玉麒等整理：《新疆图志》，上海：上海古籍出版社，2017年，第240页。

此南下至新藏公路神仙湾站之南，即卡拉胡鲁木达坂。《新唐书·地理志》载："（于阗）南六百里有胡弩镇。"李吟屏认为，"胡弩"为"昆仑"之音转[①]。王小甫指出，"胡弩镇"在赛图拉附近[②]。《晋书》卷三二《孝武文李太后》载"时后为宫人，在织房中，形长而色黑，宫人皆谓之'昆仑'"，释"昆仑"为"黑"。戴名世《穷河源记》载："群山四周，土番名曰库而棍，即昆仑也。"胡弩应为 korum 之对音，即"山口"之意。《世界境域志》中提到 Twsmt 之地，即"胡弩"之音译[③]。学界指出，翻越喀喇昆仑山口至拉达克的道路可全年通行，而其他路线只能在 5 月中旬至 9 月通行[④]。如斯坦因第一次赴新疆考察行程，出发时间是 1900 年 5 月 31 日，起点为斯利那加（Srinagar），穿越喀喇昆仑山抵达喀什的时间为 56 天。

3. 于阗南山道

于阗南山道是指由今和田市南郊沿和田河及其支流通往昆仑山的道路。1889 年 7 月，英国探险家鲍威尔（Boweir）由列城出发，经喀喇昆仑山口、赛图拉，对喀拉喀什河谷进行考察。1893 年 6 月，英国探险家厄尔（Earl）由列城出发，经喀喇昆仑山口，沿喀拉喀什河谷进行考察[⑤]。1903 年，美国人克罗斯比（Crosby）至喀拉喀什河上游考

---

① 李吟屏认为，"胡弩镇"在和田皮夏（Pisha）附近。皮夏，又称"皮什雅"，位于和田县南部喀什塔什乡。《西域同文志》载："皮什雅，回语，皮什，谓熟物也。雅，问词。"《西域图志》卷十九载："皮什雅，在额里齐城西南一百六十里，有城垣，不当孔道。其南部玉咙哈什、哈喇哈什两郭勒发源处，分流于城之东西，三面距河各二十里许，河以外连山环抱，即《汉书》所谓南山，玉石之所出也。"详见李吟屏：《和田历代交通路线研究》，马大正主编《西域考察与研究》，乌鲁木齐：新疆人民出版社，1997 年，第 173—194 页。
② 王小甫：《唐、吐蕃、大食政治关系史》，北京：中国人民大学出版社，2009 年，第 38 页。
③ 佚名著，王治来译注：《世界境域志》，上海：上海古籍出版社，2010 年，第 67 页。
④ 陆水林：《叶尔羌河上游通巴尔蒂斯坦的道路》，《西域研究》2015 年第 4 期，第 83—105 页。
⑤ 李吟屏：《19 世纪末 20 世纪初外国人对帕米尔地区的探险考察》，《丝绸之路研究集刊》（第 6 辑），北京：商务印书馆，2021 年，第 417—428 页。

察，并经喀喇昆仑山口返回列城[①]。胡兴军认为，沿喀拉喀什河至和田市的通道，是吐蕃进攻于阗的一条捷径，也是于阗南部的防御重点[②]。

于阗南山道行程：由和田市南郊出发，经吐沙拉镇、布扎克乡沿和田河东南行，经普希亚、奴索依、塔格买里至郎如乡。

吐沙拉镇（Tusallagui），清代作"托苏拉固叶"。《西域同文志》载："回语，人奉回教不诚之谓。"《西域图志》卷十九载："托苏拉固叶，在额里齐城南。"

布扎克乡（Borvzak），清代作"包札口""博尔乌匝克"。《西域同文志》载："博尔，石灰也；乌匝克，谓遥远也。其地出石灰，离城遥远，故名。"[③]《西域图志》卷十九载："博尔乌匝克，在额里齐城西。"[④]《新疆图志》卷七十五载："和阗州包札口渠，在城南25里。"

郎如乡（Langru），《新疆图志》卷七十五作"狼肉"。郎如境内有支路可通皮山县杜瓦（Duwa）镇：由库遂村沿和田河经普喀农场、博斯坦托格拉克村，有小路东行，可至皮山县杜瓦镇欧尔那村。杜瓦，托马斯（Thomas）认为即《于阗国授记》之 Durya 或 Dur ya，是唐代连接固城镇与于阗王城的重要交通枢纽，也是杜瓦河流域防御的重点区域[⑤]。

由郎如乡南行至乌鲁瓦提村，此地喀拉喀什河谷两岸陡峭难行，沿米提孜达里亚河南行，经吐鲁干孜、库娜提阿格子、米提孜、提尔喀尔地牧场，抵普吉亚村。此处有岔路口，分为两道：

[①] [日]广中智之:《汉唐于阗佛教研究》，乌鲁木齐：新疆人民出版社，2013年，第10页。
[②] 胡兴军:《安西四镇之于阗镇防体制考》，荣新江、朱玉麒主编《丝绸之路新探索：考古、文献与学术史》，南京：凤凰出版社，2019年，第51—67页。
[③] （清）傅恒等撰:《钦定西域同文志》，乌鲁木齐：新疆文化出版社，2017年，第238页。
[④] 钟兴麒等校注:《西域图志校注》，乌鲁木齐：新疆人民出版社，2002年，第298页。
[⑤] F. W. Thomas, The Language of Ancient Khotan, *Asia Major*, first series II, 1925, pp.259-261.

(1) 喀拉喀什河谷道，由普吉亚至喀瓦克，翻越阿克塔什达坂，经库勒克、达坂什德、阔西于孜至铁热克，由此沿喀拉喀什河谷经音西、喀拉其、蒙古包、吐日苏、古如什尕勒克、乌依比克，至赛图拉与新藏公路汇合。

(2) 普下山道，由普吉亚村西南行，至普希亚村。"普吉亚""普希亚"均为维吾尔语 Puxa，得名于"普下山"。《新疆图志》卷六十二载："普下山，哈剌哈什河经其西北。"[①] 由普希亚村翻越昆仑山达坂，可抵康西瓦。

4. 克里雅河流域的南北交通

克里雅河（Keriya），又作"扜弥""建德力""克勒底雅""克尔雅"，发源于新疆与西藏交界处乌斯腾塔格的克里雅山口，东北支流经吕什塔格西南，北流汇合于于田县城附近，又西北流经木尕拉镇、英巴格乡、琼麻扎、巴斯坎艾格勒、克孜勒克、达里雅布依乡等处。《汉书·西域传》载："（扜弥国）东北与龟兹、西北与姑墨接，西通于阗三百九十里。"[②] 扜弥，佉卢文作 Kheme 或 Kema[③]。《大唐西域记》载："（瞿萨旦那）城东南百余里有大河，西北流，国人利之，以用溉田。"《新唐书·西域传》载："于阗东三百里有建德力河。"《西域同文志》作"克勒底雅"："回语，意其来而未定之词，旧对音为克里雅。"《西域图志》卷十九载："克尔雅，旧对音为克里雅，在车呼城东南二百里，西距额里齐城四百三十里。有城垣，居六城之一，东境傍克尔雅部勒。"《西域水道记》卷二载："克勒底雅河从南来注之

---

① （清）王树枏等纂修，朱玉麒等整理：《新疆图志》，上海：上海古籍出版社，2017年，第1118页。
② （汉）班固撰，（唐）颜师古注：《汉书》，北京：中华书局，1964年，第3880页。
③ 孟凡人：《尼雅遗址与于阗史研究》，北京：商务印书馆，2017年，第240页。

(塔里木河)。"①《新疆图志》卷六十二载:"克里雅之山,克里雅河水出焉,多金、多盐、多犁牛,多猞猁狲,多野牛、野马。"②

克里雅河,发源于昆仑山脉乌什腾格山北麓,全长约 740 千米,其中长期流域约 537 千米,季节性流域约 124 千米,干河床约 79 千米。历史上,克里雅河曾由南向北注入塔里木河,但由于塔里木盆地西南高、东北地低的地理特性,加之沙质河床的不稳定性,克里雅河存在频繁改道的现象③。克里雅河流域有两条重要的南北通道,分别沟通青藏高原与塔里木盆地北缘:

(1) 克里雅—吐蕃道。"至少在中石器时代(距今 10000 年)起,克里雅河流域上游沿线,就分布有人类定居的痕迹"④。11 世纪,于阗在与喀喇汗(Karakhanid)的"宗教战争"中失败,于阗王室成员及佛教徒从此道逃亡吐蕃。据藏文史料记载:1037 年,喀喇汗王朝(Gar log)曾进攻西藏阿里地区的古格王朝(Gu ge),洗劫了著名的佛教圣地托林寺(Tho ling),其进军路线或沿用了克里雅—吐蕃道⑤。

《西域水道记》载:"(克勒底雅山)有径通藏地。康熙五十八年(1719)六月,四川总督年羹尧疏言:'近者西藏诸部落,以贝勒达颜病故,人人有相吞并意。闻策零敦多布现令左哨头目春丕勒率兵

---

① (清)徐松著,朱玉麒整理:《西域水道记(外二种)》,北京:中华书局,2005 年,第 82 页。
② (清)王树枏等纂修,朱玉麒等整理:《新疆图志》,上海:上海古籍出版社,2017 年,第 1123 页。
③ 新疆克里雅河及塔克拉玛干科学考察队综合课题组:《克里雅河流域生态环境的变迁与区域开发》,《克里雅河及塔克拉玛干科学探险考察报告》,北京:中国科学技术出版社,1991 年,第 1、2 页。
④ 黄小江、吴州:《克里雅河上游地区新发现的两处石器地点》,《克里雅河及塔克拉玛干科学探险考察报告》,北京:中国科学技术出版社,1991 年,第 85—97 页。
⑤ 荣新江、朱丽双:《11 世纪初于阗佛教王国灭亡新探——兼论喀喇汗王朝的成立与发展》,《西域文史》第六辑,北京:科学出版社,2011 年,第 192—202 页。

六百余过喀喇乌苏河,往青海。又闻发兵八千来藏,已至叶尔羌、克勒底雅。'雍正元年(1723)六月,青海罗布藏丹津将由克勒底雅入藏,松潘镇总兵官周瑛选精骑三百,贝勒康济鼐带番兵万余,由杨八景追至噶勒藏骨岔,阻雪乃止。"①《于阗乡土志》载:"(克里雅之山)在县城极南千余里,与后藏交界……南境呢蟒依山与后藏相通,亦可通英属之退摆特,山甚险隘,中有十余里仅容一人步行。"《清史稿·藩部传》载:"(康熙)五十六年(1717),策旺阿喇布坦遣台吉策凌敦多布等率六千,徒步绕戈壁,逾和阗南大雪山,涉险冒瘴,昼伏夜行,赴阿里克,扬言送拉藏汗长子噶尔丹忠夫妇归。拉藏汗不知备,贼至达木始觉,偕仲子索尔扎拒,交战两月,不敌,奔守布达拉,始来疏乞援。"②据《西藏志》载:"自卫藏招正北,二十四日至纳克产,又十五日至书隆沙尔,又十八日至克勒底雅城。"光绪四年(1878),清军提督董福祥曾派兵至此道"择最险处凿垒","以后行径遂绝"。光绪十六年(1890),清廷曾考虑重开此通道,但当地官员以"行查仍以素无人行"为由,"详请封禁"③。1897年,英国上尉迪西(H. Deasy)曾探查克里雅山口,测绘了克里雅山口至塔格敦巴什帕米尔沿途的地理数据④。1903年,美国人克罗斯比(Crosby)至于田县阿羌乡普鲁山区考察入藏通道,后中途放弃⑤。

《汉书·西域传》所载"戎卢",在今于田县南部吕什塔格至乌孜塔格一带。《汉书·西域传》载:"戎卢国,王治卑品城,去长安

---

① (清)徐松著,朱玉麒整理:《西域水道记(外二种)》,北京:中华书局,2005年,第82—83页。
② 赵尔巽等撰:《清史稿》,北京:中华书局,1998年,第14537页。
③ 杨镰:《法国杜特雷依探险队遭际考实》,马大正等编《西域考察与研究》,乌鲁木齐:新疆人民出版社,1994年,第59—79页。
④ 杨铭:《唐代吐蕃与于阗的交通路线考》,《中国藏学》2012年第2期,第108—133页。
⑤ [日]广中智:《汉唐于阗佛教研究》,乌鲁木齐:新疆人民出版社,2013年,第10页。

八千三百里……东北至都护治所二千八百五十八里，东与小宛、南与婼羌、西与渠勒接，辟南不当道。"吕什塔格，又称流水山，"吕什""流水"皆为"戎卢"的变音。《新疆图志》载："流水山，有水焉，产礠子玉。《于阗乡土志》：'在县城南二百五十余里，普罗山东。'"① 《于阗乡土志》载："普罗山在县城南二百六十里，科可牙达坂迤北塔克努明境内……索胡塔雅克山在县城南二百八十余里，流水山迤东克里雅明境内。"② 今《于阗县图》将阿羌山、皮介山③、索胡塔雅克山、喀拉布拉克山和图木牙山④以南均标为吕什塔格。2003—2005年，中国社会科学院考古研究所在于田县阿羌乡流水村流水墓地发掘墓葬65座，距今2950±50年，属于前戎卢时期的考古学文化⑤。

据波斯学者加尔迪齐记载，从于阗至吐蕃的道路要"越过一座有毒之山，穿过一座由于阗人建造的处于两山之间的桥到达阿尔珊（Alshan），再北上至于阗"⑥。阿尔珊即今于田县阿羌乡，上述路线即由阿羌乡普鲁村沿克里雅河支流通往西藏的道路。

今日由阿羌乡至藏北的交通路线，主要在春、秋两季通行：第一段，由阿羌乡普鲁村出发，沿库拉普河谷南行，经阿拉叫依卡子、二号卡子（有矿山遗址）、白达坂至苏巴什；第二段，由苏巴什南行，

---

① （清）王树枏等纂修，朱玉麒等整理：《新疆图志》，上海：上海古籍出版社，2017年，第1125—1126页。
② （清）佚名著，马大正等整理：《新疆乡土志稿》，乌鲁木齐：新疆人民出版社，2010年，第425页。
③ 皮介山，又作必佳山，在于田县城南350里阿羌山迤东。《新疆图志》卷六十二载："皮介山有水焉，北流入于克里雅河。"
④ 图木牙山，又作"吐木牙山"，在于田县东吐木牙河源头。《于阗乡土志》载："（图木牙山）在县城南四百一十里喀喇布拉克山迤东。"
⑤ 中国社会科学院考古研究所新疆队：《新疆于田县流水青铜时代墓地》，《考古》2006年第7期，第31—38页。
⑥ 李吟屏：《和田历代交通路线研究》，《西域考察与研究》，乌鲁木齐：新疆人民出版社，1997年，第173—194页。

海拔迅速爬升，翻越硫磺达坂（海拔5186米），沿途经大黑山火山、阿什库勒、色格孜库勒、乌鲁克库勒至阿什库勒火山群；第三段，由阿什库勒火山群出发，经阿克苏卡子、冰河床、脱特拉尕特达坂（海拔5030米）、阿特塔木达坂（海拔5500米）、火山沟、乌拉英库勒至乌拉英可尔（海拔4950米）；第四段，由乌拉英可尔出发，经阿塔木帕夏古堡、高原草场（海拔4950米）至克里雅山口（海拔5445米）。前四段全程约250公里。第五段，由克里雅山口，沿大河床经草原土路可达藏北邦达错湖（海拔4944米），再西南行经兽形湖、马头湖、龙木措，最后抵达阿里地区日土县东汝乡松西村（海拔5214米）。

（2）克里雅—龟兹道，主要沿克里雅河及其下游古河道前行[①]。克里雅河北方墓地的考古发现表明，今达里雅布依（Daryaboyi）乡以北区域分布着大量青铜时代遗址，与若羌县小河墓地考古学文化具有一定的相似性[②]。早期铁器时代遗存主要分布于苏克麻西北的喀拉墩、圆沙古城等地。《汉书·西域传》载："（扜弥国）东北与龟兹、西北与姑墨接，西通于阗三百九十里。"《法显传》载："（焉耆国）西南行，路中无居民，沙行艰难，所经之苦，人理莫比。在道一月五日，得到于阗。"[③]法显极有可能沿克里雅河道穿越塔里木盆地。殷晴认为，薛万备的行军路线也是从沙雅取道进入克里雅河流域的[④]。清代徐松《西域水道记》提及克里雅河"北流三百余里，汇大河（塔里木河）"[⑤]。《新疆乡土志稿》载，"徐氏《西域水道记》以此

---

① 光绪二十八年（1902）沙雅建县，之前隶属库车管辖，属于古龟兹境域。
② 中法联合克里雅河考古队：《新疆克里雅河流域考古考察概述》，《新疆文物》1997年第4期，第3页。 新疆文物考古研究所、法国科学研究中心315所中法克里雅河考古队：《新疆克里雅河流域考古调查概述》，《考古》1998年第12期，第28—37页。
③ （东晋）法显著，章巽校注：《法显传校注》，北京：中华书局，2008年，第11页。
④ 殷晴：《古代于阗的南北交通》，《历史研究》1992年第3期，第85—99页。
⑤ （清）徐松著，朱玉麒整理：《西域水道记（外二种）》，北京：中华书局，2005年，第84页。

河（克里雅河）注葱岭大河，入罗布淖尔，殆未经亲历之误耳"[①]，表明清末时克里雅河水流已不能汇入塔里木河，但道路依旧通行。《于阗乡土志》载："自县治北行至库车交界九百六十里。县治四十里博斯坦，五十里帖瓦额黑勒，六十里麻札，五十五里塔卡哈，五十里卡斯坎，六十里密沙奈，四十五里毕阑干，五十里玉汪昆，四十五里阿克恰特，四十里塔什肯，四十五里和什卡瓦什提，五十里托巴克威力根，四十里辟恰里克，五十里玉吉格得多可，五十五里博斯坦托和拉克，四十五里窝托奇，四十里昆木库多克，四十五里吉格德库多托，四十五里克哈什，五十里库木洛河。以上并非大路，均系牧户沿克里雅河逐水草，放牧牲畜，每处有井。以下均系沙漠，不能前进，故难再计里数。"[②]

《于阗乡土志》所述路线主要沿克里雅河道北上，进入今沙雅县。博斯坦，即今于田县木尕拉镇博斯坦村。帖瓦额黑勒，在今绕干托拉克村南。玛杂，即今琼麻扎村。塔卡哈，即今塔卡赫村。卡斯坎，即今卡斯坎艾格勒（已废弃）。密沙奈，即今米萨来村。毕栏干，即今土鲁木阿斯汗一带。玉汪昆，即今包孜尤儿滚。阿克恰特，在今介孜科依汗库力村。塔什肯，即今达里雅布依乡政府驻地。和什卡瓦什提至库木洛可段，顺达里雅布依乡政府驻地西北干河床分列排布，直至沙雅县境内塔里木河南岸，今已深入沙海，荒废无人。

1896年，斯文·赫定曾从喀拉墩古城出发，沿克里雅河古河道抵达塔里木河南岸[③]。谢彬《新疆游记》载，民国早期的商贩，曾沿克

[①] （清）佚名著，马大正等整理：《新疆乡土志稿》，乌鲁木齐：新疆人民出版社，2010年，第428页。
[②] （清）佚名著，马大正等整理：《新疆乡土志稿》，乌鲁木齐：新疆人民出版社，2010年，第434页。
[③] 林世田：《斯文赫定与中亚探险》，《中国边疆史地研究》1989年第3期，第44—49页。

里雅河道往来于库车与于田两地，沿河"站口皆有羊厂，水草柴薪，俱极充足"，至克里雅河尾闾的库木洛可则"少有水草，多不足用"，"约三四日，入沙雅界，渐入佳境"[1]。周兴佳、殷晴等实地考察后认为，克里雅河确曾汇入塔里木河，今日卫星影像上仍可见干河道[2]。唐之后丝路南道交通与今日的路线基本重合，而汉唐时期的路线则更靠北，这与相关河流的改道及水流量减少有关[3]。

（二）东西向交通

1. 蒲犁—康西瓦道

蒲犁—康西瓦道，由今塔什库尔干县达布达尔乡克吉克巴依一带出发，经麻扎桥、依勒克苏（依里克苏）、柯尔克孜江尕勒等至康西瓦的道路。

据 1948 年《蒲康边境兵要地志》载："由明铁克东返坏依克，再东南至麻扎，三十二公里至依里克苏，东南越依里克苏达坂二十四公里至三大口，二十六公里至玉司克布拉克，十公里至沙拉克卡木什，越图尔皮达坂，十公里至密斯干，越可垄阔斯调尔达坂，北上三十公里抵胞尔他什，东南二十八公里抵克孜拉克，经热瓦提，东南越库卡兰达坂。六十公里抵巴扎大拉，东南行三十五公里抵其拉克萨尔古，北上二十一公里抵沙来克达坂，东南二十八公里抵托乎力克，三十二公里抵黑黑子站干，东北十五公里越考卡特达坂。二十四公里抵苏玉

---

[1] 谢晓钟：《新疆游记》，北京：中国国际广播出版社，2016 年，第 219 页。
[2] 周兴佳：《克里雅河曾流入塔里木河的考证》，新疆克里雅河及塔克拉玛干科学考察队编《克里雅河及塔克拉玛干科学考察报告》，北京：中国科学技术出版社，1991 年，第 40—46 页。
[3] 孟凡人：《丝路交通概说》，孟凡人著《新疆考古与史地论集》，北京：科学出版社，2000 年，第 359 页。

克布拉克，二十八公里抵赛图拉，十五公里抵苏盖提营房，四十六公里抵哈瓦克，十五公里抵伙什比尔，二十二公里抵康西瓦尔。"①

坏依克，又称"克吉克""坏一克""排其克"，《新疆图志》卷六十二作"丕伊克"。《新疆图志》引《帕米尔山水道里记》载："此岭北距喀什噶尔一千一百五十里，西接阿克苏阿克塔什，为喀什道旧管内地界。"引《勘界公牍》载："色勒库尔城（塔什库尔干县），城南行一百九十里，至和家克巴依卡。向西南，进山口一带，为塔敦巴什。六十里，至丕伊克山口，转向西北行八十里，至丕伊克达坂。"②

翻越依里克苏达坂至岔河口，此地为克勒青河与叶尔羌河交汇处。岔河口，又称"三大口""宗章夏尔"，"宗"塔吉克语为"大"。"章夏尔"意为"草地"，即今达布达尔乡热斯喀木村（Raskam）附近的穹托阔依（穹托和一）③。《新疆图志》卷八载，"两河合流处，地名宗章夏尔……宗章夏尔亦有屋冶田塍旧迹，树有杏李，塔克敦巴什人向耕于此。"许景澄注曰："至宗章夏尔始归大路。"④《新疆图志》卷九载："宠托和一者，布回草木蕃茂之谓；宗章夏尔者，西人草地崇大之称。名虽殊，实系一意。"⑤

《新疆图志》卷九载穹托阔依至红其拉普的通道："由宠托和一向西北行三十余里，转向北行二十余里，至色勒克托和那克。二十里至

---

① 新疆维吾尔自治区档案馆档案，卷号：军3-1-21。
② （清）王树柟等纂修，朱玉麒等整理：《新疆图志》，上海：上海古籍出版社，2017年，第1106—1107页。
③ 殷晴：《塔里木盆地南缘与古代印度等地的交通》，殷晴著《丝绸之路与西域经济》，北京：中华书局，2007年，第306页。
④ （清）王树柟等纂修，朱玉麒等整理：《新疆图志》，上海：上海古籍出版社，2017年，第205页。
⑤ （清）王树柟等纂修，朱玉麒等整理：《新疆图志》，上海：上海古籍出版社，2017年，第229页。

色勒苦木石,树木丛杂,芦草蕃茂。又三十里,至尔勒格苏阿格嘴,薪足,草无多,若如此处设一卡伦,可扼由星峡、红孜纳普、尔勒格苏顺泽普勒善河直入莎车、英吉沙尔腹地矣。转向西行五十里,至铁克托和迫,柴草俱足。又六十里,至塔拉特可隆,草木蕃茂,一带无人游牧。转向西北行八十里,至尔勒格苏达坂。向西南行八十里,至它斯曼,有塔奇克游牧数户。一百二十里至乙垒,沿河一带草足薪缺。转向西南行六十里,至红孜纳普达坂,通坎巨提。"①

克勒青河,又称"福新河"、"库勒钦河"②、"乌帕朗河"(Uparan),《邓缵先日记》作"五古会沙衣",《蒲康路线边境地志》作"五普郎"。《新疆图志》卷八引《扬哈斯班游记》载:"三十日,至苏格穆,拟往乌帕朗与叶尔羌河合流处。时已十月,而山雪尚融,河水未减。行三日,见一河从士穆沙洛山口来,入乌帕朗。闻沿河有路,逾此山口可至乾竺特,彼族之掠叶尔羌行旅者,即由此来。河口一堡,亦彼所筑,为避扼计者也。又三日,见一河,当是叶尔羌,而水小于乌帕朗,色青且清,迥异所见,颇疑之。向导云,此真叶河,前月冰融多,故水多而浊,今冰融少,故水小而清也。此处亦名喇斯库穆河,两河合流处,地名宗章夏尔。"1887—1891 年间,扬哈斯班(荣赫鹏)四次深入帕米尔高原进行调查,并沿克勒青河上游支流,翻越东穆斯塔格山口(East Muztagh Pass)③。陆水林指出,由克勒青河谷出发,有两条路通往巴尔蒂斯坦(Baltistan):越穆斯塔格山口,通往巴

---

① (清)王树枏等纂修,朱玉麒等整理:《新疆图志》,上海:上海古籍出版社,2017 年,第 228 页。
② 新疆地名大词典编纂委员会编著:《新疆地名大词典》,北京:中国大百科全书出版社,2012 年,第 386 页。
③ [英]杨哈斯本著,任宜勇译:《帕米尔历险记》,乌鲁木齐:新疆人民出版社,2001 年,第 153—166 页。

尔蒂斯坦的斯格尔河谷（Shigar）；经锡亚琴冰川（Siachen Glacier），通往巴尔蒂斯坦的哈伯罗（Khaplu）谷地①。王小甫认为，封常清伐大勃律即沿此道行军②。

由岔河口沿叶尔羌河西南行，经巴什安的钧至热斯坎木村附近。《新疆图志》卷八引《扬哈斯班游记》载："阿奇尔与穆斯塔格两山间，其川为乌帕朗河。（光绪十五年九月）初五日，至库阑奴提路，夷坦，履小石而行，即河身之未有水者，是为叶尔羌河源，北望、西望均有二万数千尺高峰。越日至奇拉克沙特，是地本有居民，予曾到此。初七日，顺河而行，山势渐束，河窄如涧，南北频渡，水没马腹，忽睹高山，即前二年阻止之所，遂宿焉。平明乘河水未渐而行，明日至喀喇什塔里穆，见废屋废冶，野有旧塍，地产铜铁，石中又露金苗，入山即喇斯库穆矣。明日至喀鲁尔，水草颇腴，树有高廿尺者，因休马力，又觅得水草数区，据云较哈喇哈什河旁为胜。闻此一带向多居民，凡贸易人欲南逾穆斯塔格而至巴勒提者，多出于此。近乾竺特肆扰，居民散而行旅亦绝云。"③

热斯坎木，又作"热斯喀木""喇斯库姆""喇斯库穆"，《蒲康边境兵要地志》载"玉司克布拉克"亦在其境内。《邓缵先日记》载："喇斯库穆者，屯牧各地之总名也。"④"库阑奴提"即沙拉克卡木什，又称"色勒苦木什布拉可""色勒克库米什"，《邓缵先日记》作"苏

---

① 陆水林：《叶尔羌河上游通巴尔蒂斯坦的道路》，《西域研究》2015年第4期，第83—105页。
② 王小甫：《封常清伐大勃律之路》，王小甫著《边塞内外——王小甫学术文存》，北京：东方出版社，2016年，第101—119页。
③ （清）王树枏等纂修，朱玉麒等整理：《新疆图志》，上海：上海古籍出版社，2017年，第205页。
④ 邓缵先：《调查八札达拉卡边界屯务暨沿途情形日记》，叶城县地方志编纂委员会《叶城县志》，乌鲁木齐：新疆人民出版社，1997年，第672—678页。

里库洛提",今苏里库哇提(Sulkuwat)。

巴扎大拉(Bazar Darra),又称"八札达拉""八札塔拉",位于叶城县东南与塔什库尔干县交界处麻扎大拉沟。《新疆图志》卷六十二载:"八札塔拉山有水焉,西北流入于泽普勒善河……在叶城西南阿格里山东北,距英艾一百二十里,为星硖岭迤东北出之支山,通乔堡。"李源鉌认为:"(八札塔拉)祇可扼坎巨提由星峡、红孜纳普各达坂来路入叶城各道,而卡拉胡鲁木由退摆特之来路与素盖提、八札塔拉径歧路远,势难兼顾。若在可卡提山口驻兵扼守,不独与素盖提、赛图拉声势联络,即与八札塔拉卡一气贯注,其中数百里柴草蕃茂,可资军用。"[1]邓缵先《调查八札达拉卡边界屯务暨沿途情形日记》载:"八札达拉卡地方,在叶城县西南,兹再为列明。东北一千二百八十里至叶城;西偏南大站六天,小站十天,约七百余里至浦犁;西北二百里至大冰山;东南十八站至条拜提;东行八站约九百里至皮山素盖提卡;西南行约一千三百里至坎巨提。喇斯库穆者,屯牧各地之总名也。布回牧户零星散处,旧称曰库里阿洪,曰宗章夏尔,曰密斯格,曰阿子卡,曰黑黑子江干,曰阿押可布里勒克,曰科可塔什,曰玉溜克。距八札达拉卡远近不一,近者一二百里,远者五六百里。前清光绪二十二年至二十五、二十六年间,安插布回兴垦。给以草湖,以库里阿洪为牧畜起点;给以成本食粮,以阿子卡及科可塔什为垦地起点。"[2]

黑黑子站干,清代称"黑黑孜将干",位于今喀拉塔格山西北端,

---

[1] (清)王树枏等纂修,朱玉麒等整理:《新疆图志》,上海:上海古籍出版社,2017年,第224页。
[2] 邓缵先著,潘震勘定,黄海棠、邓醒群点校:《叶迪纪程》,上海:华东师范大学出版社,2012年,第84—85页。

叶尔羌河上游河谷，今称"柯尔克孜江尕勒"。《新疆图志》卷八十二载："（蒲犁）城东南经塔敦巴什三百余里，接叶城黑黑孜将干支路。"考卡特达坂，即叶城县与皮山县交接之山隘处。苏玉克布拉克，即今皮山县苏阿克布拉克道班。苏盖提营房，即今三十里营房。哈瓦克，即今哈瓦克达坂。康其瓦，今皮山县与和田县交界的康西瓦，其西有康西瓦达坂。

由康西瓦达坂东北行，经和田县普西亚村、达坂吉勒尕艾格孜、提尔喀尔地牧场、米提孜，之后沿米提孜达里亚河可至和田县郎如乡。普西亚，清代作"普下"。《新疆图志》卷六十二载："普下山，哈剌哈什河经其西北。"郎如（Langru），在和田市区西南 40 公里处，《新疆图志》卷七十五作"狼肉"。哈佛大学施杰我（P. O. Skjærvø）教授指出，于阗语是现代瓦罕语（Wakhi）与色勒库尔语（Sarikoli）的鼻祖[①]，应与古代于阗至帕米尔高原的交通路线有关，这与《新唐书·西域传》"（喝盘陀人）貌、言如于阗"的记载相符。乔伊斯（Joyce）认为，古代于阗人的体质特征与帕米尔高原噶尔克人群（Galchas）较为接近[②]。结合道路沿线阿勒库尧勒岩画推测[③]，此线路可能在史前时代晚期即已存在。

2. 麻扎塔格道

麻扎塔格道，是指从巴楚县东境出发，沿麻扎塔格山麓东行至和田河沿岸的古代交通路线。麻扎塔格，又作"玛杂尔塔克""玛咱尔

[①] ［美］施杰我著，文欣译：《于阗——西域的一个早期佛教中心》，《西域文史（第1辑）》，北京：科学出版社，2006年，第87—110页。
[②] ［美］J. G. 马勒著，王欣译：《唐代塑像中的西域人》，兰州：兰州大学出版社，2012年，第100页。
[③] 新疆维吾尔自治区文物局：《新疆第三次全国文物普查成果集成喀什地区卷》，北京：科学出版社，2011年，第72页。

塔克""马扎他克"等,位于塔克拉玛干大沙漠腹地,西起巴楚县东部,东临和田河岸,分别由红白山、古董山(乔喀塔格)和罗斯塔格山三段组成,坐标东经79°44′至80°48′、北纬38°44′,山体长100余公里,宽2公里—8公里,相对高度100米—400米,是塔克拉玛干大沙漠中最大的一座东西走向的山体。《西域图志》卷二十三载:"玛杂尔塔克,在和阗郭勒西三百里,为和阗北屏。"

学界认为,麻扎塔格道的历史记载可上溯到汉代。据《后汉书·班超传》载:"时龟兹王建为匈奴所立,倚恃虏威,据有北道,攻破疏勒,杀其王,而立龟兹人兜题为疏勒王。明年春,超从间道至疏勒。去兜题所居槃橐城九十里,逆遣吏田虑先往降之。"[1]侯灿认为,《后汉书·班超传》所言"间道"即沿麻扎塔格山至疏勒的道路[2]。唐代在麻扎塔格红白山段设"神山馆",吐蕃占领时期沿用Shing Shan之名,于阗语作gara[3]。

据《中亚蒙兀儿史—拉失德史》载,在哈实哈儿(喀什噶尔)的边界上有一个阿尔图什(阿图什);从此到于阗边境的克里雅河策勒共一月路程。"但是(从西山山麓往东)的农耕地带宽度很窄,快步跋涉只须一两天就能越过。源出于西部山脉的每一条河川,两岸都已耕种,五谷繁庶。"[4]另据米尔咱·马黑麻·海答儿记述:"从叶尔羌(Yarkand)出发,以中等速率徒步朝于阗(khotan)方向行走约二

---

[1] (南朝宋)范晔:《后汉书》,北京:中华书局,1973年,第1574页。
[2] 侯灿:《从麻扎塔格古戍堡看丝路南道走向与和田绿洲变迁》,陈华主编《和田绿洲研究》,乌鲁木齐:新疆人民出版社,1988年,第244—256页。
[3] [日]荒川正晴著,章莹译:《唐代于阗的"乌骆"——以tagh麻扎出土有关文书的分析为中心》,《西域研究》1995年第1期,第66—76页。
[4] 米尔咱·马黑麻·海答儿著,新疆社会科学院民族研究所译,王治来校注:《中亚蒙兀儿史—拉失德史》第二编,乌鲁木齐:新疆人民出版社,1986年,第207页。

天，都是人烟稠密的城镇和乡村；最远的一个村名叫拉胡克（Lahuk）。从此到于阗缓行要十天左右。其间除了歇脚的地方外，看不到任何居民点。"①

黄文弼在麻扎塔格调查期间，曾发现有东西向的道路遗迹。关于麻扎塔格存在东西向交通路线的观点，最早见于斯文·赫定②，此后斯坦因、别夫佐夫③均持此说。除黄文弼外，侯灿④、樊自立⑤、廖肇羽⑥等也对此进行过论证，认为存在一条从据史德城（今图木舒克市托库孜萨来遗址），经罗斯塔格山、古董山、红白山、丹丹乌里克遗址、喀拉墩遗址、尼雅遗址、安迪尔遗址至且末古城（今且末县城北）的通道。据《塔里木盆地考古记》载："红山咀本地人名为麻扎塔哈。盖西山为西北山脉之尾，临和田河旁，突出二山。在北名曰白山咀，在南为红山咀。在两山之间，有大道西行，或为古时交通通衢。有古城（今麻扎塔格戍堡）在红山巅，周约里许，城三重，城内烽渣甚多。"⑦斯坦因认为，贾耽《四夷路程》载"岐山"即巴楚县东的麻扎塔格余脉，由此出发沿麻扎塔格东行可至墨玉县境内的麻扎塔格（红白山）。但也有学者对上述路线仍有质疑，指出别夫佐夫在麻扎塔格山西麓发现的墨玉河古河道及遗址，并不能证明沿麻扎塔格存在东西

---

① 米儿咱·马黑麻·海答儿著，新疆社会科学院民族研究所译，王治来校注：《中亚蒙兀儿史－拉失德史》第二编，乌鲁木齐：新疆人民出版社，1986年，第210—211页。
② ［瑞典］斯文·赫定著，赵书玄、张鸣译：《穿过亚洲》，乌鲁木齐：新疆人民出版社，2013年，第370—378页。
③ ［俄］别夫佐夫著，佟玉泉、佟松柏译：《别夫佐夫探险记》，乌鲁木齐：新疆人民出版社，2013年，第35页。
④ 侯灿：《麻扎塔格古戍堡及其在丝绸之路上的重要位置》，《文物》1987年第3期，第74页。
⑤ 樊自立等：《塔克拉玛干沙漠中的古代交通路线》，《中国沙漠》2009年第5期，第817页。
⑥ 廖肇羽、贾东：《于阗龟兹道考证》，中国中外关系史学会等编《"丝绸之路与文明的对话"学术讨论会论文集》，乌鲁木齐：新疆人民出版社，2007年，第69—70页。
⑦ 黄文弼：《塔里木盆地考古记》，北京：科学出版社，1958年，第45页。

向的交通①。

3. 于阗—疏勒道

于阗—疏勒道，是连接于阗与疏勒的重要交通路线。《新唐书·地理志》载："于阗西五十里有苇关，又西经勃野，西北渡系馆河，六百二十里至郅支满城，一曰碛南州。又西北经苦井、黄渠，三百二十里至双渠，故羁饭馆也。又西北经半城，百六十里至演渡州，又北八十里至疏勒镇。"

苇关，学界认为在墨玉县喀拉喀什河西岸扎瓦乡附近。扎瓦（Zawal），又作"皂洼勒""杂瓦"。《西域同文志》载："皂洼勒，回语，犹云消灭。盖诅其人词。"《西域图志》卷十九载："皂洼勒，在哈喇哈什郭勒迤西二十里，东南距额里齐城一百二十里。"《西域水道记》卷一载："（哈喇哈什河）径待达克卡伦西、阿哈萨尔卡伦东，又北流，分为二，西支西北流七十里，径哈喇哈什城西三十里皂洼勒军台东，为皂洼勒河。"②《新疆图志》卷八十四载："由披雅尔满六十里至皂洼勒台，北过皂勒河三十里即哈喇哈什城，过河五十里至和阗。按皂洼即札瓦之对音也。"③清代在此设军台，《西陲总统事略》卷十作"杂瓦军台"④，《新疆图志》卷八十四作"札瓦台"。

《西域水道记》引《新唐书·地理志》载："于阗西五十里有苇

---

① 田海峰：《唐代于阗交通路线补考》，《丝绸之路研究集刊（第七辑）》，北京：社会科学文献出版社，2021年，第96—108页。
② （清）徐松著，朱玉麒整理：《西域水道记（外二种）》，北京：中华书局，2005年，第67—68页。
③ （清）王树枏等纂修，朱玉麒等整理：《新疆图志》，上海：上海古籍出版社，2017年，第1601页。
④ （清）汪廷楷辑，（清）祁韵士编，（清）松筠修：《西陲总统事略》，北京：中国书店，2010年，第176页。

关，又西经渤海，西北渡繄馆河，六百二十里至郅支满城。"①《西域水道记》所载"渤海"，"渤"字下括注"当作瀚海"。学界一般认为，"渤海"是"勃野"之误，"勃野"即"勃伽夷"。清代文献提及，皮山县境内有叶什勒库勒水及面积广大的尾闾湖湿地，疑为"渤海"。《西域图志》卷十八载："木济，在固满东南八十里，东距叶什勒库勒五里，西距叶尔羌城四百六十里。""章固雅，在固满南四十里，东傍叶什勒库勒，当孔道南，西距叶尔羌城三百九十里。""萨纳珠，在章固雅南二十里，西距叶尔羌城四百里，有城垣，由此西南行，可达痕都斯坦，城西北面临叶什勒库勒。""衮得里克②，在木济东南四十里，逾叶什勒库勒至其地，西距叶尔羌城四百八十里。""皮雅勒阿勒玛，在木济东南二百里，逾叶什勒库勒至其地，西距叶尔羌城六百六十里，东境有黄水沟。""阿克阿里克，在木济东北二百里，东傍叶什勒库勒，不当孔道。"③《西域图志》卷二十三载："和什塔克，在奇勒扬塔克东北，叶什勒库勒发源东麓。"《西域同文志》载："回语，和什，对峙之谓。山有双峰对立，故名。"《皮山乡土志》载："（皮山县）城南九十里，合什塔庄。"④合什塔庄，即皮山县阔什塔格镇政府驻地，其南布琼村有和什塔克，康阿孜河源位于此处。

《西域图志》所述，和什塔克、木济、章固雅、萨纳株、衮得里克、皮雅勒阿勒玛、阿克阿里克等地均在皮山境内，与叶什勒库勒密切相关，或为今康阿孜河、塔斯洪河、桑株河、杜瓦河、波斯喀河等

---

① （清）徐松著，朱玉麒整理：《西域水道记（外二种）》，北京：中华书局，2005年，第59页。
② 衮得里克（Gundilik），位于今皮山县藏桂乡西北。《西域同文志》载："回语，衮得，脚镣木名。即所有以名其地。"《西陲总统事略》卷十作"滚得里克"。
③ 钟兴麒等校注：《西域图志校注》，乌鲁木齐：新疆人民出版社，2002年，第288页。
④ （清）佚名著，马大正等整理：《新疆乡土志稿》，乌鲁木齐：新疆人民出版社，2010年，第378页。

共同组成的水系。木济，即今皮山县木吉镇（Moji）。《西域水道记》
"罗布淖尔所受水第七图"有伊斯库尔淖尔，分二源：西为奇灵一水，
东为滚（衮）得里克台一水，此水即《西域图志》所载"叶什勒库
勒"[①]。《西域同文志》载："回语，叶什勒，绿色，库勒，即准语之淖
尔。"《西域水道记》所言二源，西源为皮山县西部塔斯洪河，从固玛
西北流，东入伊斯库尔淖尔；东源由桑株河、坡斯喀河和杜瓦河汇集
而成。二源最终汇为一水，注入伊斯库尔淖尔。今新疆生产建设兵团
第十四师皮山农场阿瓦提村以北 28—48 千米一线分布有亚尕其乌里
克 1—22 号遗址，"三普"材料标注为唐宋时期遗址[②]，应与伊斯库尔
淖尔及其水系有关。

清宣统元年（1909）《和阗州图》标有"卡押坤海子"，位于皮
山、叶城、巴楚的分界线处，应是叶什勒库勒水的尾闾湖，即《西域
水道记》的伊斯库尔淖尔。《新疆图志》载："卡押坤海子，在和阗城
西北四百三十里，与叶城各半分辖。"此湖今已不存。《汉书·西域传》
载"（皮山国）北至姑墨千四百五十里"[③]，应有通行道路。皮山至姑墨
道仅见于《汉书》，后世文献不见记载[④]。殷晴指出："一条古河道从和
田市西，今墨玉县即古皮山境内，向北穿越大漠，通过麻扎塔格和乔
喀达格两山之间，与叶尔羌河汇合，注入古称为计戍河的塔里木河。"[⑤]

系馆河，《西域水道记》作"繫馆河"，徐松认为即"听杂阿布

---

① （清）徐松著，朱玉麒整理：《西域水道记（外二种）》，北京：中华书局，2005 年，第 346—347 页。
② 新疆维吾尔自治区文物局编：《不可移动的文物：和田地区卷（2）》，乌鲁木齐：新疆美术摄影出版社，2015 年，第 624—664 页。
③ （汉）班固撰，（唐）颜师古注：《汉书》，北京：中华书局，1964 年，第 3882 页。
④ 田海峰：《唐代于阗交通路线补考》，《丝绸之路研究集刊（第七辑）》，北京：社会科学文献出版社，2021 年，第 95—108 页。
⑤ 殷晴：《古代于阗的南北交通》，《历史研究》1992 年第 3 期，第 86 页。

钦"（今提孜那甫河）①。钟兴麒认为，皮山县境内的叶什勒库勒水，即系馆河。杨建新等以今叶城县治当之②。叶城，古称"斫句迦""朱驹波""朱俱波""悉居半""遮拘迦""遮拘槃""碛南州"③。《洛阳伽蓝记》《大唐西域记》作"朱驹波"，如《宋云行纪》载："神龟二年（519）七月二十九日入朱驹波国。"《大方等大集月藏经》作"遮俱波"，《魏书》作"朱俱波"，如《魏书·西域传》云："于阗国去朱俱波千里。"《新唐书》作"朱俱波"或"朱俱槃"，《新唐书·西域传》载："朱俱波亦名朱俱槃，汉子合国也，并有西夜、蒲犁、依耐、得若四种地。直于阗西千里，葱岭北三百里，西距喝盘陀，北九百里属疏勒，南三千里女国也。"唐乾陵石人像题记作"朱俱半"④。国家图书馆藏和田出土汉文文书 BH1-1《某年十一至十二月付粮历》与 BH1-2《某年九月付粮历》有"猪拔州"，学界认为即"朱俱波"之音异⑤。《续高僧传·阇那崛多传》作"遮拘迦"，沙畹、列维等释作 Cukupa 或 Cukuban，即佉卢文书 čugupa 或 Cugopa，吐蕃文书作 Cu-go-ban 或 Cu-gu-pan，回鹘文《玄奘传》作 Cäkük，《马可·波罗游记》作 Kalgan。今叶城县治，清代称"哈尔噶里克"（Karghalik）、"哈拉

---

① 孟凡人：《唐代于阗境内外交通概述》，孟凡人著《尼雅遗址与于阗史研究》，北京：商务印书馆，第 324—340 页。
② 叶城县治叶城镇，清代称"哈尔噶里克"。《西域同文志》卷十八载："回语，地多林木，群鸦巢焉。即所有以名其地。"《西域图志》卷十八载："哈尔噶里克，在伯什阿里克东南，逾提斯衮谔斯腾，又东十里，至其地，北距叶尔羌城二百二十里。"《新疆识略》作"哈尔哈里克"。
③ 《大唐西域记校注》注："朱驹波，旧曰沮渠。"日本学者羽溪了谛认为，"沮渠"初为匈奴官号，东晋时有沮渠蒙逊，以官为氏，割据河西。魏太武帝灭之，余部退居高昌。北魏和平元年（460），柔然破高昌，沮渠余部逃往朱驹波，故以沮渠名其地。
④ 陈国灿：《唐乾陵石人像及其衔名的研究》，陈国灿著《陈国灿吐鲁番敦煌出土文献史事论集》，上海：上海古籍出版社，2012 年，第 175—176 页。
⑤ 朱丽双：《唐代于阗的羁縻州与地理区划研究》，《中国史研究》2012 年第 2 期，第 71—90 页。郭声波、买买提祖农·阿布都克力木：《毗沙都督府羁縻州之我见——兼评〈唐代于阗的羁縻州与地理区划研究〉》，《西域研究》2014 年第 2 期，第 37—48 页。

噶里克"、"哈尔哈里克"、"哈哈里克"。《西域同文志》释曰:"哈尔噶里克,回语。地多林木,群鸦巢焉,即所有以名其地。"《西域图志》卷十八载:"哈尔噶里克,在伯什阿里克东南,逾提斯衮谔斯腾,又东十里,至其地,北距叶尔羌城二百二十里。"

苦井、黄渠,具体位置不可考,大体在今麦盖提县南境之沙漠中。羯饭馆,周伟洲等认为在英吉沙县黑孜尔戈壁中[1],钟兴麒认为在岳普湖县巴依阿瓦提一带。半城,无具体位置可考,推测在今岳普湖县治附近。岳普湖县,清代称"岳坡尔湖""岳坡尔和"。《西域图志》卷十七载:"岳斯尔和,在提斯衮南三十里,北傍赫色勒郭勒,北距喀什噶尔城八十里。"[2]《清史稿·多隆武传》载:"(道光六年)贼由阿色尔布依、岳坡尔湖而南,分兵防御。"岳普湖河,清代称"雅满雅尔河",即盖孜河在疏勒县以南和岳普尔湖县西段的名称。

演渡州,"演渡"音近"岳普",故址在今疏勒县岳普湖河沿岸,附近有大量汉唐时期的屯田遗址。《后汉书·西域传》《魏略·西戎传》之"桢中",《后汉书·班超传》之"损中",大致在岳普湖河流域。余太山认为,"桢中"可释作 tieng-tiucm:"与'鄯善''精绝'等亦得视为同名异译,似乎可以说明该处亦有 Kroraimna 人活动之踪迹。"[3]清代史料提及疏勒府"五大回庄"之一的"罕南力克"(Khan arik),即在今岳普湖河北岸罕南力克镇,《新疆图志》卷四作"罕爱里克",维吾尔语意为"可汗渠"。疏勒镇城,在今喀什市境内。

综上所述,由于阗至疏勒的行程为 13—14 日。据 12 世纪中亚穆斯

---

[1] 周伟洲、王欣主编:《丝绸之路辞典》,西安:陕西人民出版社,2018年,第23页。
[2] 钟兴麒等校注:《西域图志校注》,乌鲁木齐:新疆人民出版社,2002年,第273页。
[3] 余太山:《楼兰、鄯善、精绝等的名义——兼说玄奘自于阗东归路线》,《西域研究》2000年第2期,第32—37页。

林学者马卫集（Al-Marvazī）在《动物之自然属性》（*Tabāyi'alHairān*）中记述，从喀什噶尔抵达于阗的行程是 14 日[①]。17 世纪，耶稣会士鄂本笃（Benedict Goës）由和阗抵达莎车的行程为 10 日[②]。19 世纪末，杜特雷依探险队从喀什至和阗的行程共 13 日[③]。20 世纪初，斯坦因由喀什至和阗的行程为 13 日[④]。考虑到水源补给、季节性洪水、沙尘暴及其他人为因素的影响，其每日的行程里数和路线会略有变动，但大体仍按照各绿洲的空间分布活动。

二、玄奘在于阗——于阗史地札记

（一）于阗风物志

643 年，游历天竺多年的玄奘，踏上了返回大唐的旅程。经过艰难的跋涉，玄奘一行翻越"万山之祖"帕米尔高原，经乌铩（莎车）、斫句迦（叶城）等地，沿塔克拉玛干沙漠南缘抵达于阗。

1. 于阗之由来

关于"于阗建国"的神话，山崎元一（Gen'ichi Yamazaki）、施杰我、广中智之等学者从不同角度对其进行过探讨。在《大唐西域记》中，玄奘称于阗为"瞿萨旦那"（Gostana），意为"地乳"，并

[①] Al-Marwazī, *Sharaf al-Zamān Tāhir Marvazī on China, the Turks, and India*, translation and commentary by V. Minorsky, London: Royal Asiatic Society, 1942, p.18. 中文资料见［伊朗］乌苏吉著，王诚译：《〈动物之自然属性〉对"中国"的记载——据新发现的抄本》，《西域研究》2016 年第 1 期，第 105 页。

[②] 张星烺编著，朱杰勤校订：《中西交通史料汇编》第一册，北京：中华书局，2003 年，第 528 页。

[③] 杨镰：《法国杜特雷依探险队遭际考实》，马大正等编《西域考察与研究》，乌鲁木齐：新疆人民出版社，1994 年，第 59—79 页。

[④] ［英］奥雷尔·斯坦因著，巫新华译：《古代和田》，济南：山东人民出版社，2009 年，第 82—97 页。

记述了于阗王统与毗沙门天王（Vaiśravaṇa-deva）的渊源："其王迁都作邑，建国安人，功绩已成，齿耋云暮，未有胤嗣，恐绝宗绪。乃往毗沙门天神所，祈祷请嗣。神像额上，剖出婴孩，捧以回驾，国人称庆。既不饮乳，恐其不寿，寻诣神祠，重请育养。神前之地忽然隆起，其状如乳，神童饮吮，遂至成立。智勇光前，风教遐被，遂营神祠，宗先祖也。自兹已降，奕世相承，传国君临，不失其绪。故今神庙多诸珍宝，拜祠享祭，无替于时。地乳所育，因为国号。"[1] 学界考证，敦煌莫高窟第454窟甬道下部壁画，表现的正是"于阗王先祖地乳而生"的传说。土谷舍娃指出，回鹘本《玄奘传》中关于于阗的内容增补最多，对于研究"于阗建国"神话提供了重要补充[2]。

唐贞观二十二年（648），阿史那社尔遣长史薛万备率五十骑抵于阗，于阗王伏阇信遂随万备来朝。"因王敬重佛法，自云毗沙门天之祚胤。"高宗上元初（674—675），于阗王助唐击吐蕃有功，授为右卫大将军，在其地设毗沙都督府，"以尉迟伏阇雄为毗沙都督，分其境内为十州"。毗沙都督府隶属安西都护府。敦煌108窟甬道顶南北披瑞像题记为"毗沙门天王守护于阗国"，与《大唐西域记》的记载可相互佐证[3]。另外，吐蕃文《于阗古史》、《于阗教法史》（Li-yul chos-kyi lorgyus）也谈及"于阗建国"与"守护神名号"的传说，均与毗沙门天王信仰密不可分。[4] 俄罗斯学者卢湃沙（Pavel Lurje）认为，于阗的毗沙门（Vrrīṣaṃam）天王信仰及图像与粟特人的巴瑞萨

---

[1] （唐）玄奘、（唐）辩机著，季羡林等校注：《大唐西域记校注》，北京：中华书局，1985年，第1006页。
[2] 黄盛璋：《回鹘译本〈玄奘传〉残卷五玄奘回程之地望与对音研究》，黄盛璋著《中外交通与交流史研究》，合肥：安徽教育出版社，2002年，第242—287页。
[3] 张小刚：《敦煌所见于阗牛头山圣迹及瑞像》，《敦煌研究》2008年第4期，第6—11页。
[4] 朱丽双：《敦煌藏文文书P.t.960所见于阗佛寺的创立——〈于阗教法史〉译注之三》，《敦煌研究》2011年第4期，第113—118页。

明（βr'yšmn）神较为相似，其文化渊源可追溯至美索不达米亚的巴尔萨明（Baʻal Šamin）神①。

2. 物产与习俗

玄奘对于阗自然景观的描写十分传神："国周四千余里，沙碛太半，壤土隘狭。"概括了于阗沙漠广阔、绿洲狭长的地理风貌。"宜谷稼，多众果"，"又产白玉、黳玉（墨玉）"，则体现出于阗"瓜果之乡""玉石之乡"的特点。"气序和畅，飘风飞埃"是对于阗气候温和、春季多有浮尘的准确描述。

据玄奘记载，于阗盛产精美的毛毡和栽绒毯，出产粗制丝绸与棉布。于阗百姓喜爱丝绸、棉布服饰，较少穿着"毛褐毡裘"，因此"仪形有体，风则有纪"。上述记载与山普拉墓地、尼雅墓地的考古发现可相佐证。山普拉（Sampul）墓地位于洛浦县山普鲁乡，于阗语作 Sūmapauña，吐蕃语作 Sum-pon②，出土了大量的毛纺织品③。尼雅墓地出土的服饰则以丝、棉织物为主，并发现了中国最早的棉布实物④。民丰县博物馆所藏尼雅遗址采集的棉桃，经 BETA 实验室测定为距今 1800±30 年，是目前国内已知最早的汉晋棉花标本（见本书附录）。由此推测，汉晋时期尼雅地区可能已开始种植棉花。

玄奘喜爱于阗的风土人情，称赞为"俗知礼仪，人性温恭，好学典艺，博达技能。众庶富乐，编户安业。国尚音乐，人好歌舞"。于阗乐在中原久负盛名，刘歆撰《西京杂记》已提及"于阗乐"。《隋

---

① ［俄］卢湃沙著，毛铭译，武志鹏校：《从巴比伦主神到于阗毗沙门：一个波斯神谱中的异类》，《内蒙古大学艺术学院学报》2017 年第 3 期，第 68—75 页。
② 段晴：《新疆洛浦县地名"山普鲁"的传说》，《西域研究》2014 年第 1 期，第 1—8 页。
③ 贾应逸：《新疆古代毛织品研究》，上海：上海古籍出版社，2015 年，第 280—290 页。
④ 新疆维吾尔自治区博物馆编：《古代西域服饰撷萃》，北京：文物出版社，2010 年，第 46 页。

书·音乐志》载,"于阗佛曲"曾在河西走廊一带流行,后被归入"西凉伎"。至唐代,长安城中声名远播的筚篥演奏家尉迟青、尉迟璋,均来自于阗。

19世纪末,俄罗斯探险家彼得罗夫斯基(Nikolai F. Petrovsky)在和田约特干(Yotkan)遗址采集到大量陶塑饰件,尤以演奏乐器形象最为典型,乐器包括琵琶、箜篌、排箫、陶埙、竖笛、大鼓等。1906年,英国探险家斯坦因在尼雅遗址发现一把琵琶残件,仅剩琴颈、琴轸等部分,年代为魏晋时期。2006年,策勒县达玛沟乡托普鲁克墩佛寺2号遗址附近发现一件直颈三弦琵琶,琴箱、琴颈、覆手保存完好。琴头两侧对称开3个圆孔,用以插装弦轴。琴颈第一柱见3道弦痕,琴身见明显刮擦痕,证明曾被长期弹奏[①]。

（二）佛教圣迹

玄奘在于阗期间,拜访了娑摩若伽蓝、毗卢折那伽蓝、瞿室陵伽山、地迦婆缚那伽蓝、麻射伽蓝等佛教圣迹,在《大唐西域记》《大慈恩寺三藏法师传》中均有记载。伽蓝,源自梵语 samghārama,samgha 释作"僧团",ārama 意为"家园",原指僧众共住的居所。从印度早期的佛教遗迹来看,初期伽蓝是供奉佛陀的宗教仪轨场所,后来才出现僧侣的生活区。

据《大唐西域记》载:"王城西五六里,有娑摩若僧伽蓝,中有窣堵波,高百余尺,甚多灵瑞,时大出神光。"[②] 娑摩若(Samājñā)属

---

① [日]广中智之:《和田约特干出土的猴弹乐器陶俑类型分析——以俄藏彼得罗夫斯基收集品为中心》,《新疆师范大学学报（哲学社会科学版）》2008年第4期,第62—67页。
② (唐)玄奘、(唐)辩机著,季羡林等校注:《大唐西域记校注》,北京:中华书局,1985年,第1019页。

于王室寺院,地位很高。东晋法显《佛国记》载:"其城西七八里有僧伽蓝,名王新寺。""岭东六国诸王所有上价宝物"多在此供养。学界认为,娑摩若僧伽蓝即王新寺,吐蕃文作 Sum-nya 或 So-ma-nya[①]。据斯坦因考证,娑摩若佛塔遗址在约特干附近的"达艾斯坎特村",即今和田市巴格其镇比曾村。

约特干(Yotkan),又作"姚头冈"。Yot 为"家乡"之意,kan 是 khan 的缩写,即"可汗",可释为"王之故地"。kan 也可释作粟特语 kand 的缩略语,即"城"之意,Yotkan 可作 Yotkand,作"故城"之意。《汉书·西域传》载:"于阗国,王治西城,去长安九千六百七十里。"《新唐书》作"西山城",《于阗教法史》作"苏蜜大城"(dNgar ldan),吐蕃文《于阗国授记》作 Shel chab dbus,意为"河中州"[②]。学界认为,约特干即于阗王城所在地[③]。1983 年以来,和田市布扎克乡相继出土多具彩棺及干尸,可大致确定于阗王陵区的位置。

毗卢折那(Vairocana)伽蓝位于于阗王城南十多里,又作"毗卢遮那""毗卢舍",汉语"遍照"之意。《大唐西域记》载:"(于阗)王城南十余里有大伽蓝,此国先王为毗卢折那(唐言遍照)阿罗汉建也。"[④] 此地曾有迦湿弥罗(Kāsmīra,克什米尔)阿罗汉前来修行,并说服于阗王皈依佛门。《魏书·西域传》云,于阗"城南五十里,有赞摩寺,即昔罗汉比丘卢旃为其王造覆盆浮图之所",在吐蕃文《李

---

① 荣新江:《于阗佛寺志》,张广达、荣新江著《于阗史丛考》,上海:上海书店出版社,2021 年,第 243 页。
② 朱丽双:《敦煌藏文文书 P.t.960 所见于阗佛寺的创立 ——〈于阗教法史〉译注之一》,《敦煌研究》2011 年第 1 期,第 84 页。
③ 孟凡人:《于阗国都城方位考》,孟凡人著《尼雅遗址与于阗史研究》,北京:商务印书馆,2017 年,第 298—323 页。
④ (唐)玄奘、(唐)辩机著,季羡林等校注:《大唐西域记校注》,北京:中华书局,1985 年,第 1009 页。

域记》中也有类似的故事。荣新江指出，赞摩又作匝摩、桵摩，于阗语作 Tcarma，吐蕃文作 Tsar-ma[①]。斯坦因认为，毗卢折那伽蓝遗址在约特干东南约 13 英里的"恰勒马卡赞"（Chalma-Kazān），即《魏书》中提到的"赞摩"。

瞿室陵伽山是另一处佛教圣地，梵文作 Gośṙṅga，吐蕃文作 Ri-Glan-Ru，于阗文作 Gumattira，汉语"牛角"之意，位于今和田市西南约 23 公里喀拉喀什河北岸的库玛尔山。库玛尔山，又作"库玛提山"，斯坦因记为"Komāri"，其山体磷峋陡峭，状若牛角，故名"牛角山"，唐代慧琳《一切经音义》作"牛头山"，《于阗教法史》作 glang mgo ri 或 glang mgo'iri[②]。《大唐西域记》载："王城西南二十余里，有瞿室铰伽山（唐言牛角），山峰两起，岩隒四绝，于崖谷间建一伽蓝。"[③] 库玛尔山顶现有石室一间，即库克玛日木石窟。《大唐西域记》载："牛角山岩有大石室，中有阿罗汉，入（修习）灭心定，待慈氏佛（即弥勒佛），数百年间，供养无替。"敦煌莫高窟第 454 窟《于阗牛头山图》描绘有于阗牛头山的景象：其山顶有一洞，洞口立木梯，山下有水，波光粼粼，与今日库玛尔山景色别无二致。敦煌莫高窟第 85、237 窟还绘有"牛头山瑞像"图，由此可见于阗佛教对敦煌壁画艺术的影响[④]。牛头山佛寺，法显作"瞿摩帝寺"，属于大乘佛教寺院。"王所敬重，最先行像"，表明了牛角山在于阗佛教中的神圣地位。吐蕃文《于阗国授记》（Li-yul Lung-bstan-pa）载："尔后，府

[①] 荣新江：《于阗佛寺志》，张广达、荣新江著《于阗史丛考》，上海：上海书店出版社，2021 年，第 243 页。
[②] 朱丽双：《敦煌藏文文书 P.t.960 所见于阗佛寺的创立——〈于阗教法史〉译注之一》，《敦煌研究》2011 年第 1 期，第 84 页。
[③] （唐）玄奘、（唐）辩机著，季羡林等校注：《大唐西域记校注》，北京：中华书局，1985 年，第 1013 页。
[④] 张小刚：《敦煌所见于阗牛头山圣迹及瑞像》，《敦煌研究》2008 年第 4 期，第 6—11 页。

朝大臣谢大使（Ser The-shi）与尉迟达摩（Vijiya Dharma）王一起，为他们的善友瞿摩帝（'Gum-tir）的上座阁那斯纳（Jiniasena），于东城建弥勒寺（Byams-pa Maitri）。"①

地迦婆缚那（Dīrghabhāvana）伽蓝，位于于阗王城西南十余里，梵语意为"长官"。荣新江据于阗文写卷 Ch.00268，推测"地迦婆缚那"得名于 Ditka-banī 菩萨②。此地有夹纻立佛像，据说由龟兹传来。夹纻是一种佛像塑造技术，通常先塑泥胎，再用漆将麻布贴于泥胎外面，待漆干后，反复涂抹，最后取空泥胎，故又称"脱空像"。此技法所塑造像，质地轻盈，柔和逼真，又称"行像"。营盘墓地 M15 男尸的面具，就采用了麻质夹纻法，其源头可追溯到汉代中原的漆器加工工艺③。

麻射（Ma-Ża）伽蓝位于王城东南五六里，由于阗先代王妃所造，即"东国公主传丝"故事之由来，《新唐书》《于阗国史》均记录了类似的内容。据《于阗国史》记载，"东国公主传丝"之事发生于十四世于阗王尉迟迟耶（Vijaya Jaya）在位时期。2013 年，俄罗斯国立艾尔米塔什博物馆（Государственный Эрмитаж）公布了 2 件来自策勒县丹丹乌里克遗址的木板画，由彼得罗夫斯基于 1882—1902 年收集④：

（1）"纺织神"木板画，尺寸 25 厘米 × 10 厘米，年代为 6—8 世纪，编号 ГА-1120。画面中，纺织神端坐于宝座上，伸出四臂，其

---

① 荣新江：《于阗在唐朝安西四镇中的位置》，《西域研究》1992 年第 3 期，第 56—64 页。
② 荣新江：《于阗佛寺志》，张广达、荣新江著《于阗史丛考》，上海：上海书店出版社，2021 年，第 252 页。
③ 张弛：《明月出天山——新疆天山走廊的考古与历史》，北京：商务印书馆，2018 年，第 160—161 页。
④ Julia Elikhina, "The Renovated Central Asia Exhibit in the State Hermitage Museum", *Silk Road*, 2013（11），pp. 154-171.

中右上方手臂持织机簧片,右下方手臂托于胸前;左上方手臂手指头冠,左下方手臂置于膝上,其形象可能是祆教纺织神伊玛(Yima)或贾姆希德(Jamshid)。

(2)"于阗蚕桑传说"木板画,尺寸25厘米×10厘米,年代为6—8世纪,编号 ΓA-1125。画面中,纺织女神左手握桑树枝叶,右手执一件锥形容器,内装蚕种。下方穿中原服饰女子跪于女神前,发间有长簪饰。女子右手执梭,其上绕蚕丝;左手拿白练。最下方有两名女子,一人端坐织机前,另一人正在纺纱。

学界曾将斯坦因在丹丹乌里克所获木版画,比定为"东国公主传丝"或"龙女索夫"故事。由俄藏木版画推测,古代于阗可能普遍存在纺织神信仰。玄奘记录的"东国公主传丝"传说,其原型或来自中亚祆教信仰。另外,策勒一带在古代于阗一直以擅长丝绸加工而著称。汉文及于阗语文书中,多次提及"六城"的丝绸纺织品。据《回疆通志》记载,清代策勒仍以"产丝绵,善养蚕,能织紬帛"而著称于"和阗六城"[①]。

(三)鼠壤坟与民间信仰

玄奘在《大唐西域记》提及一则"鼠壤坟"传说:"王城西百五六十里,大沙碛正路中,有堆阜,并鼠壤坟也。闻之土俗曰:此沙碛中,鼠大如猬,其毛则金银异色,为其群之酋长。每出穴游止,则群鼠为从。昔者匈奴率数十万众,寇掠边城,至鼠坟侧屯军。时瞿萨旦那王率数万兵,恐力不敌,素知碛中鼠奇,而未神也。洎乎寇至,无所求救,君臣震恐,莫知图计,苟复设祭,焚香请鼠,冀其有

---

① (清)和宁撰,孙文杰整理:《回疆通志》,北京:中华书局,2018年,第182页。

灵，少加军力。其夜瞿萨旦那王梦见大鼠曰：'敬欲相助，愿早治兵。旦日合战，必当克胜。'瞿萨旦那王知有灵祐，遂整戎马，申令将士，未明而行，长驱掩袭。匈奴之闻也，莫不惧焉，方欲驾乘被铠，而诸马鞍、人服、弓弦、甲繨，凡厥带系，鼠皆啮断。兵寇既临，面缚受戮。于是杀其将，虏其兵，匈奴震慑，以为神灵所祐也。瞿萨旦那王感鼠厚恩，建祠设祭，奕世遵敬，特深珍异。"[1]

《大唐西域记》记述的"鼠壤坟传说"，客观反映出古代于阗的鼠神信仰。1900年，斯坦因曾在丹丹乌里克发现一幅彩色木板画，长44.8厘米，宽10.6厘米，厚约1.9厘米，年代为8世纪。画中神像鼠头人身，头戴王冠，身穿赤色青领袍，背有光环。斯坦因认为，画中的鼠头神形象应是《大唐西域记》中的"鼠王"[2]。李吟屏认为，"鼠壤坟"在墨玉县扎瓦乡西部的玉木拉克沙其康遗址。玉木拉克沙其康，正是维吾尔语"圆老鼠"之意[3]。另外，于田县克里雅河西岸有木尕拉镇（Mugal），"木尕拉"维吾尔语意为"田鼠"，是清代"和阗六城"之一，可见"神鼠崇拜"在地名中仍有保留。邓缵先《叶迪纪程》提到"土人云：'麻札穴中有鼠，大如兔，色黄，见者有喜兆'云"[4]，应是"鼠壤坟传说"的一种文化延续。

于阗的"神鼠崇拜"还见于大量史料记载。唐代李筌《太白阴经》载，吐蕃大军围攻于阗时，城头突现金甲武士前来解围。吐蕃军

---

[1] （唐）玄奘、（唐）辩机著，季羡林等校注：《大唐西域记校注》，北京：中华书局，1985年，第1017—1018页。
[2] 马昌仪：《西域鼠国及其信仰》，《中国历史博物馆馆刊》1998年第1期，第107—114页。
[3] 李吟屏：《和田历代交通路线研究》，马大正主编《西域考察与研究》，乌鲁木齐：新疆人民出版社，1997年，第173—194页。
[4] 邓缵先著，潘震勘定，黄海棠、邓醒群点校：《叶迪纪程》，上海：华东师范大学出版社，2012年，第84—85页。

中瘟疫横行，大批黑鼠涌出，咬断弓弦，致吐蕃狼狈败退[①]。另据《宋高僧传》载：唐天宝年间，吐蕃围攻安西都护府，高僧不空奉命"作法"。毗沙门天王突现于阗空中，吐蕃军见金色大鼠咬断弓弦，遂败走。作为于阗的守护神，毗沙门天王常以手托"吐宝鼠"的形象出现，可见"神鼠崇拜"与"毗沙门信仰"存在一定的联系。据《北史》《隋书》载，于阗王常戴"锦帽金鼠冠"，足见于阗王族对神鼠的崇敬之情。

在今天印度北部地区，仍保留有鼠神崇拜的习俗。在拉贾斯坦（Rajasthan）邦比卡内尔（Bikaner）市的"卡尔尼玛塔"（Karni Mata）鼠神庙内，供奉有数万只老鼠，信徒每日用食物供养[②]。在我国民间信仰中，也有老鼠崇拜的现象，如天津杨柳青的"鼠仙传说"、湖北恩施土家族的"老鼠嫁女"以及陕北、晋南一带的"金鼠剪纸"等，均表达出鼠神赐福的朴素愿望。学界指出，鼠神崇拜与于阗当地的鼠灾存在一定的联系，是"客观事实"与"文化加工"的共同产物，但其本质仍是"于阗本土崇拜的佛教化"[③]。

（四）于阗地名补注

1. 勃伽夷

玄奘的于阗之行，始于勃伽夷城。据《大慈恩寺三藏法师传》载："法师入其境，至勃伽夷城。"[④]《大唐西域记》载："（瞿萨旦那

---

① 谭蝉雪：《西域鼠国及鼠神庶谈》，《敦煌研究》1994年第2期，第120—126页。
② Fleur Daugey, *Miscellanées des animaux*, Paris: Libella, 2017, p.6.
③ 张鹏：《毗沙门天与鼠》，《西域研究》2012年第1期，第93—100页。
④ （唐）慧立、（唐）彦悰著，高永旺译注：《大慈恩寺三藏法师传》，北京：中华书局，2020年，第325页。

王城西行三百余里，至勃伽夷城。"① 勃伽夷，似为"皮山"之对音，梵语疑为 Bhagai 或 Bhāgya，于阗语作 Bhagai，回鹘文《玄奘传》作 Mirkäj，周连宽、黄文弼等认为在皮山县藏桂乡境内②。据《塔里木盆地考古记》载，"在装桂牙西北约五里许徒诺克有废寺遗址，旁散布泥溯残件甚多"，"如此地遗址为唐勃伽夷城，则廊基亦即瞿萨旦那王所建之伽蓝"③。

藏桂（Zanguya），又作"装桂雅""藏桂雅""章固雅"。《西域同文志》释曰："谓铸铃者居之"。《新疆图志》卷四载："装桂雅，即章固雅，城东北五十里"。《西域图志》卷十八曰："章固雅，在固满南四十里，东傍叶什勒库勒，当孔道南，西距叶尔羌城三百九十里。"固满（Guma），又称"固玛""固蹪""固莽""個玛"，在今皮山县治所固玛镇，于阗语文书作 Gūma 或 Gūmada。《西域同文志》载："固满，谓可疑也。初其地人奉回教，后有逃去者，因以名之也。"《西域图志》载："固蹪，在皮什南之东七十里，逾河至其地，西距叶尔羌城三百八十里。"《西陲总统事略》卷十记有"固玛军台"④。

"蒲山""皮山"乃同音异译，均与"冻凌山"有关。《汉书·西域传》载："皮山国，王治皮山城，去长安万五十里……东北至都护治所四千二百九十二里。西南至乌秅国千三百四十里，南与天笃接，北至姑墨千四百五十里，西南当罽宾、乌弋山离道，西北通莎车三百八十里。"《魏书·西域传》载："蒲山国，故皮山国也。居皮城，

---

① （唐）玄奘、（唐）辩机著，季羡林等校注：《大唐西域记校注》，北京：中华书局，1985年，第1015页。
② 周连宽：《大唐西域记史地研究丛稿》，北京：中华书局，1984年，第252页。
③ 黄文弼：《塔里木盆地考古记》，北京：科学出版社，1958年，第55页。
④ （清）汪廷楷辑，（清）祁韵士编，（清）松筠修：《西陲总统事略》，北京：中国书店，2010年，第176页。

在于阗南。国西南三（百）里有冻凌山。"《新唐书·地理志》载："冻凌山在于阗国西南七百里。"冻凌山，学界认为即皮山县西南的喀喇昆仑山[①]，或专指主峰乔戈里峰。乔戈里峰，柯尔克孜语作 Muztagh Chelpanglik，意为"星光闪烁的冰山"[②]。唐代所设"皮山镇"故址，位于今皮山县皮西那乡一带，在县城西南35公里处，是通往拉达克地区的重要驿站。皮西那（Pishna），又作"皮什南""辟西乃""弼西乃"[③]。《西域同文志》曰："皮什南，回语，物之熟者曰皮什南。饼饵之属。"[④]《西域图志》卷十八载："皮什南，在楚鲁克东三十里，有河出南山下，北流百余里，饶水草，西北距叶尔羌三百十里。"[⑤]《皮山县乡土志》卷四作"辟西乃"，清代《皮山县图》标为"弼西乃"。

玄奘在勃伽夷城停留了七日。于阗王听闻玄奘东归的消息，亲自前来拜谒，并留下王子侍奉。玄奘离开勃伽夷，东行二日，在王城以西四十里处休整。第二日，于阗王率僧俗大众奏乐捧花，夹道欢迎。当晚，玄奘在王城内小乘佛寺留宿。

玄奘途经揭盘陀（今塔什库尔干）时，曾遇强盗袭扰，致驮经大象溺水，部分佛经散失。在于阗期间，玄奘派人远赴龟兹、疏勒求访佛经。与此同时，高昌百姓马玄智代表玄奘赴长安请罪，以求朝廷赦免偷渡之罪。

于阗王是虔诚的佛教徒，一再邀请玄奘登台讲法。玄奘盛情难却，为信众讲解《瑜伽》《对法》《俱舍》《摄大乘论》，每日闻者千

[①] 钟兴麒：《西域地名考录》，北京：国家图书馆出版社，2008年，第245页。
[②] 洪建新：《冻凌山考》，《中国边疆史地研究报告》1991年1—2合辑，第87—92页。
[③] 史雷：《清代拉达克与新疆之间的交通路线研究》，《云南大学学报（社会科学版）》2017年第5期，第63—73页。
[④] （清）傅恒等撰：《钦定西域同文志》，乌鲁木齐：新疆文化出版社，2017年，第228页。
[⑤] 钟兴麒等校注：《西域图志校注》，乌鲁木齐：新疆人民出版社，2002年，第288页。

人，皆心悦诚服。经过漫长等待，从长安传来太宗特赦的佳音。唐廷安排人力、马匹护送玄奘，并邀请其他高僧一同入朝。

2. 媲摩与策勒

玄奘接到玄宗敕令，决定迅速启程。于阗王资助玄奘大量财物，并派专人沿途护送。王城东行三百余里至媲摩城，即今策勒县境内。策勒（Qira），又作"渠勒""质逻""车呼"，于阗语作 Cira，吐蕃文作 Jila。《汉书·西域传》载："渠勒国，王治鞬都城。去长安九千九百五十里。东北至都护治所三千八百五十二里。东与戎卢、西与若羌、北与扞弥接。"岑仲勉认为"渠勒"即托勒密（Ptolemy）《地理志》（Geography of Claudius Ptolemy）之 Thogara[①]。林梅村指出，"渠勒"之称谓应源自于阗语 Cira[②]。《大方等大集经》卷四五《日藏经护塔品》提及"彼于阗国名迦逻沙摩"，"迦逻"应为 Cira 之对音。吐蕃文献《于阗国授记》及其他吐蕃文书记有 ji-la 之地名，即汉语文书《唐大历三年典成铣牒》中的"质逻"[③]。《西域图志》卷十九载："车呼，旧对音为齐喇，在玉咙哈什城东二百里，西距额里齐二百三十里，民物繁庶，无城垣，而居六城之一，城西有河，自塔克来，西北流入于沙碛。"[④]《新疆图志》卷八十四载："由白石驿至渠勒驿（策勒村）九十里。"

《西域图志》载"城西有河"即策勒河（Chira River），源于南部喀拉塔什山西部慕士峰北麓，阿希以南称阿希河，以北称策勒河，

---

① 余太山：《托勒密〈地理志〉所见丝绸之路的记载》，《欧亚学刊》第八辑，北京：中华书局，2008年，第85—98页。
② 林梅村：《新疆和田出土汉文于阗文双语文书》，《考古学报》1993年第1期，第89—107页。
③ 朱丽双：《〈于阗国授记〉译注》（上），《中国藏学》2012年第S1期，第223—268页。
朱丽双：《〈于阗国授记〉译注》（下），《中国藏学》2014年第S1期，第121—131页。
④ 钟兴麒等校注：《西域图志校注》，乌鲁木齐：新疆人民出版社，2002年，第299页。

经策勒县城北流入沙碛。丹丹乌里克遗址即位于策勒河下游干河道附近。慕士峰，维吾尔语"冰山"之意，在策勒县与和田县交界处，为中昆仑山最高峰，海拔 7282 米，雪线 5440 米，东西绵延 40 公里，西临玉龙喀什河，东近喀拉塔什山，融水补给玉龙喀什河、策勒河，是策勒绿洲的主要水源补给地。1905 年，美国地理学家亨廷顿（Ellsworth Huntingdon）对策勒河沿线进行了科学调查，进而提出了中亚气候变化的新理论。策勒河上游有阿希、阿萨两座城堡遗址，是于阗防范吐蕃的重要军事设施。两处遗址均位于策勒县恰哈（Qaha）乡境内，亨廷顿在《亚洲的脉搏》中写道"恰哈，一个有城墙的古城遗址"，即今阿萨城堡遗址。

媲摩，Hedin 24 号文书汉文作"霈马"，梵文作 Bhīmā，于阗语作 Phimmāmna 或 Pheṃā[①]，吐蕃文作 phye-ma 或 bye-ma，回鹘文作 bim，中古穆斯林文献作 pima[②]，《马可·波罗游记》作 Pein，即于阗语文书所载"六城"（ksa au）之一。斯坦因认为，乌尊（曾）塔提（地）（Uzun-Tati）遗址即媲摩城，沙畹、殷晴等将"媲摩城"比定为《新唐书·地理志》中的"坎城镇"[③]。然而敦煌莫高窟"瑞像记"和"瑞像图"将二者分别画出，媲摩与坎城镇恐非一地[④]。贝利（Bailey）认为，于阗语"媲摩"（phema）可能由于阗语"瑞像"（pema）演化而来，词源是梵语 pratimā[⑤]。段晴认为，坎城是"媲摩地区的一座中

---

① 段晴：《吕琮胡书——对中国国家图书馆藏西域文书 BH1-17 于阗语文书的释读》，《西域研究》2022 年第 2 期，第 73—88 页。
② 冯承钧：《大食人米撒儿行纪中之西域部落》，冯承钧著《冯承钧西北史地论集》，北京：中国国际广播出版社，2013 年，第 169—172 页。
③ 殷晴：《丝路重镇：唐宋之际的于阗坎城媲摩绿洲演变并六城问题辨析》，《新疆师范大学学报》（哲学社会科学版）2015 年第 2 期，第 57—67 页。
④ 孙修身：《于阗媲摩城、坎城两地考》，《西北史地》1981 年第 2 期，第 67—72 页。
⑤ ［日］广中智子：《汉唐于阗佛教研究》，乌鲁木齐：新疆人民出版社，2013 年，第 94 页。

心城池",即布拉夫（Brough）所考证的 Khema[①]。荣新江指出，唐代在"媲摩"的中心城镇设立"坎城"守捉，《于阗教法史》的 Kham sheng,《于阗国授记》的 Kam sheng，均来自汉语"坎城"[②]。朱丽双引《牛角山授记》('Phags pa ri glang ru lung bstan pa）认为，"Phye ma 当来自于阗语 Phema"[③]。

另有学者指出，媲摩即《史记》之"扜罙"，《汉书》之"扜弥""宁弥"，《后汉书》之"拘弥"，《洛阳伽蓝记》之"捍麼"，《新唐书》之"汗弥""达德力城"，《五代史》之"绀州"[④]。《汉书·西域传》载："扜弥国，王治扜弥城，去长安九千二百八十里……东北至都护治所三千五百五十三里，南与渠勒，东北与龟兹，西北与姑墨接，西通于阗三百九十里，今名宁弥。"李光庭《汉西域图考》载："扜弥国（《后汉书》作拘弥）在今和阗属之克勒底雅城，其西为克勒底雅河，唐之建德力河，亦名媲摩川也，水北流入塔里木河，东入罗布泊。"根据里程推测，媲摩城在今策勒县达玛沟（Domoko）一带，冯承钧认为在 Farhad-Beg-Yailaki 附近。达玛沟，又称"达木沟"，有达玛沟河、大龙河、罕兰沟水、潘拉克水流入，是一处重要的绿洲交通驿站。

达玛沟河发源于策勒县博斯坦乡南部山区。《西域同文志》载："塔克，地居南山中，故以山名也。"《西域图志》卷十九载："塔克，

[①] 段晴：《Hedin 24 号文书释补》，新疆吐鲁番研究院编《语言背后的历史——西域古典语言学高峰论坛论文集》，上海：上海古籍出版社，2012 年，第 74—78 页。
[②] 荣新江：《真实还是传说：马可·波罗笔下的于阗》，《西域研究》2016 年第 2 期，第 37—44 页。
[③] 朱丽双：《唐代于阗的羁縻州与地理区划研究》，《中国史研究》2012 年第 2 期，第 71—90 页。
[④] 朱丽双、荣新江：《两汉时期于阗的发展及其与中原的关系》，《中国边疆史地研究》2021 年第 4 期，第 12—23 页。

在车呼城东南一百八十里,西北距额里齐城四百十里,民物繁庶无城垣,而居六城之一。城西有河,发源南山中,西北流入车呼境。"①

大龙河,源于奴尔山,其下游《新疆图志》卷七十五作"鹿野渠",位于策勒县东南奴尔(Nur)乡,"鹿野"即"奴尔"的音转。《新疆图志》《于阗乡土志》记为"努拉山"。

罕兰沟水,清代作"细墨喇河",今称喀尔苏河。《新疆图志》卷六十二载:"细黑(墨)喇山,罕兰沟水出焉。"《于阗乡土志》载:"(细墨喇山)在县城南四百余里沙依巴克山北。"《新疆图志》载:"细墨喇河,在(于阗城)西一百八十里。其源出本庄南冰山,北流一百八十里,有哈拉兰干水自南入之。又流七十里,至罕兰驿。又流五十里,伏于阿克雅牙衣列哈牧场。"②

潘拉克水,上游称"乌鲁克萨依"。《新疆图志》卷六十七载:"潘拉克水,发源阿克恰克勒山,北流,经乌鲁沙衣,曰乌鲁沙衣水。又北流,努拉山水合沙衣巴克水分支,来注之。又北流,合伊里月艾根泉水。又北流,分二渠,东曰奇里克水,西曰西瓦克水。又北流,分一渠,曰增丹克水。又北流,入沙碛。"③《新疆图志》卷六十七载,"潘拉克水北流经鲁沁阑干东、雅可托和拉克西。又北流,努拉水合沙衣巴克水分支自东南来入之"。引《于阗乡土志》载:"潘拉克在县西一百七十里……增丹克水自发源经潘拉克入沙碛,约六百里,夏涨冬枯,仅资灌溉。"

---

① 钟兴麒等校注:《西域图志校注》,乌鲁木齐:新疆人民出版社,2002年,第300页。
② (清)王树枏等纂修,朱玉麒等整理:《新疆图志》,上海:上海古籍出版社,2017年,第1125、1231页。
③ (清)王树枏等纂修,朱玉麒等整理:《新疆图志》,上海:上海古籍出版社,2017年,第1230页。

3. 泥壤、睹货罗与折摩驮那

从媲摩城向东进入沙碛，行二百余里，到达泥壤城。泥壤，又作"尼壤"，佉卢文作 Nina、Nana[①]，于阗文作 Niña[②]，回鹘文《玄奘传》作 Ninai。学界认为即民丰县尼雅遗址以南大麻扎（Imam Jafar Sadik）附近，尼雅河下游尾闾地带。尼雅遗址，即汉代"精绝国"所在地。《汉书·西域传》载："精绝国，王治精绝城，去长安八千八百二十里。户四百八十，人口三千三百六十，胜兵五百人。精绝都尉、左右将、译长各一人。北至都护治所二千七百二十三里，南至戎卢国四日行，地阸狭，西通扜弥四百六十里。"[③] 尼雅遗址出土过一枚"司禾府印"，证明汉代曾在此驻军屯田。鄯善统治时期，精绝更称凯度多（佉卢文 Cadóta、Cadóda）州[④]，废弃时间大致在 5 世纪。《新疆图志》卷六十七载："尼雅河二源，一源出侠马山，一源出恰哈提山，合而北流，曰乌鲁克沙衣河。又北流，经苏拉克西。又北流，经英尔瓦提西。又北流，经尼雅，为尼雅河，东分三渠。又北流，有他拉竿水自南来注之。又北，有萨拉衣水合乙也水、格子布拉可水，自东南注之。又北流，经大麻札。又北流，入沙碛。"[⑤]

20 世纪 50 年代以来，我国学界对尼雅遗址进行过三次大规模的考察与发掘：1959 年 2 月，新疆博物馆考察队对尼雅遗址进行了调查和发掘；1980—1984 年，和田地区文管所对尼雅遗址进行调查；1988—1997 年，中日联合开展尼雅遗址合作考察项目，其中 1995 年

[①] 孟凡人：《尼雅遗址与于阗史研究》，北京：商务印书馆，2017 年，第 240 页。
[②] 段晴：《吕琮胡书——对中国国家图书馆藏西域文书 BH1-17 于阗语文书的释读》，《西域研究》2022 年第 2 期，第 73—88 页。
[③] （汉）班固撰，（唐）颜师古注：《汉书》，北京：中华书局，1964 年，第 3880 页。
[④] 孟凡人：《尼雅遗址与于阗史研究》，北京：商务印书馆，2017 年，第 240 页。
[⑤] （清）王树枏等纂修，朱玉麒等整理：《新疆图志》，上海：上海古籍出版社，2017 年，第 1232—1233 页。

的发掘成果被评为"全国十大考古新发现"①。

玄奘又东行四百余里,到达睹货罗(Tukhara)故地。《大唐西域记》载:"行四百余里,至睹货罗故国。国久空旷,城皆荒芜。从此东行六百余里,至折摩驮那故国,即沮末地。"伯希和认为,《后汉书·和帝纪》之"兜勒"、《高僧传》之"兜佉勒"、《杂阿含经》之"兜沙罗",均为 Tasāra 之异译,即睹货罗之别称。《新唐书·地理志》载:于阗毗沙都督府下辖十州,其东境系"兰城",斯坦因认为"兰城"即睹货罗,在今民丰县安得悦(Endere)遗址。朱丽双等据 Niña/Nīna 之读音推断,"兰城"应为"蔺城"之误②。林梅村认为,尼雅出土汉文文书提及的"元城"应在安迪尔遗址③。《新疆图志》称安迪尔一带为"安得悦牧场"。

安得悦河,又称"安得月河",即今发源于乌孜塔格山北坡的安迪尔河,长约 241 千米,年径流量 1.16 亿立方米。《新疆图志》卷六十二载:"三加山,有水焉,东北流入于安得月河……水出于于子塔哈西南山中,北流又折而东北入安得月河。"《于阗乡土志》载:"(三加山)在县城东南八百七十里,喀喇沙衣山迤东。"三加山,在安迪尔河上游西段,泉水沟西北一带。《于阗乡土志》载:"于子塔哈山在县城东南九百里三加山东南。"④ 于子塔哈(Yùztaġ)山,今称乌孜塔格山,位于民丰、且末交界处的克子牙山一带。《新疆图志》卷六十二载:"于子塔哈山,安得月水出焉。安得月河发源于于子塔哈

---

① 刘文锁:《尼雅考古一百年》,《考古》2005 年第 11 期,第 85—92 页。
② 朱丽双:《唐代于阗的羁縻州与地理区划研究》,《中国史研究》2012 年第 2 期,第 71—90 页。
③ 林梅村:《楼兰尼雅出土文书》,北京:文物出版社,1984 年,第 86 页。
④ (清)佚名著,马大正等整理:《新疆乡土志稿》,乌鲁木齐:新疆人民出版社,2010 年,第 425 页。

山，曰波斯坦托合拉克，北流入沙碛。洪图安得月作安得喇。"①波斯坦托合拉克，今称博斯坦托格拉克河，即安迪尔河中游民丰、且末县界段。

安迪尔以西的荒漠，《旧唐书》《新唐书》作"图伦碛"，位于民丰、且末间安迪尔河流域以北的区域。唐贞观九年（635），契苾何力、薛万均赴图伦川，入图伦碛，讨伐吐谷浑。徐松《新疆南路赋》引《博物志》载："张骞于西域涂林国得石榴种。"②"涂林""图伦"音近，王国维认为是"吐火罗"（Tochari 或 Toxrï）之音变，"睹货罗"亦与此有关③。黄文弼《重论古代大夏之位置与移徙》指出："于阗以东大沙碛，《唐书》谓图伦碛，今谓之塔克拉玛堪（干）沙碛，皆睹货罗音之变。"④《西域同文志》卷十八曰："玛干"为西蕃语（藏语），"玛"为"母亲"，"干"为"老者"，"绹"是"村落"，"塔克拉玛干"即"故土"之意。荣新江指出，"吐火罗斯坦"（twgryt'n）或"吐火罗"（twyr）称谓与摩尼教东方教区从吐火罗斯坦迁往东部天山地区有关，迁入的粟特摩尼教徒遂用 twgryt'n 或 twyr 指代当地。回鹘人受其影响，也出现了"吐火罗斯坦"（Toxristan）或"吐火罗"（Toxrï）的类似用法⑤。

玄奘又行六百余里，至折摩驮那。折摩驮那，佉卢文作 Calmada，

---

① （清）王树枏等纂修，朱玉麒等整理：《新疆图志》，上海：上海古籍出版社，2017年，第1127—1128页。
② （清）徐松著，朱玉麒整理：《西域水道记（外二种）》，北京：中华书局，2005年，第532页。
③ 余太山：《托勒密〈地理志〉所见丝绸之路的记载》，《欧亚学刊》第八辑，北京：中华书局，2008年，第85—98页。
④ 黄文弼：《重论古代大夏之位置与移徙》，黄文弼《西域史地考古论集》，北京：商务印书馆，2015年，第258—264页。
⑤ 荣新江：《所谓"吐火罗语"名称再议——兼论龟兹北庭间的"吐火罗斯坦"》，王炳华主编《孔雀河青铜时代与吐火罗假想》，北京：科学出版社，2017年，第181—191页。

回鹘文《玄奘传》作 Sarmadan 或 Dirbar，其中 Dirbar 对应"沮沫城"，即今天且末县境内的且末古城遗址，附近即扎滚鲁克墓地。由此东北行一千余里，至纳缚波（Navāp），即鄯善故地，回鹘文《玄奘传》作 Sin。此时鄯善城郭已废，人烟断绝。《大唐西域记》提到"曷劳落迦"传说，托玛斯等认为与楼兰的消亡有关。"曷劳落迦"源自古于阗语 Raurata 之梵语化形式 Rauraka，-ka 为梵文语尾，佉卢文作 Kroraina，即"楼兰"之称谓。水谷真成认为，于阗语 Raurata，佉卢文作 Krora 或 Kroraina，回鹘语作 araurak[①]。类似于"曷劳落迦"传说的内容，还见于 16 世纪历史学家米尔咱·海答儿（Mirza Haidar）对罗布泊畔怯台城（Katak）湮灭的描述[②]，只是宗教背景由佛教变成了伊斯兰教。

  玄奘一行在此得到敦煌送来的马匹、食物，并与于阗向导告别。玄奘由此前行，平安抵达沙州城下。玄奘所走道路，即唐代之"沙州于阗道"。《新唐书·地理志》载："又一路自沙州寿昌县西十里至阳关故城，又西至蒲昌海南岸千里。自蒲昌海南岸，西经七屯城，汉伊修城也。又西八十里至石城镇，汉楼兰国也，亦名鄯善，在蒲昌海南三百里，康艳典为镇守使以通西域者。又西二百里至新城，亦谓之弩支城，艳典所筑。又西经特勒井，渡且末河，五百里至播仙镇，故且末城也，高宗上元中更名。又西经悉利支井、祆井、勿遮水，五百里至于阗东兰城守捉。又西经移杜堡、彭怀堡、坎城守捉，三百里至于阗。"[③]

---

① ［日］广中智之：《汉唐于阗佛教研究》，乌鲁木齐：新疆人民出版社，2013 年，第 94 页。
② ［英］彼得·霍普柯克著，张湘忆译：《劫掠丝绸之路——从斯文·赫定到斯坦因的中国寻宝历程》，北京：九州出版社，2020 年，第 26—27 页。
③ （宋）欧阳修、（宋）宋祁等撰：《新唐书》，北京：中华书局，1975 年，第 1151 页。

第七章　古代且末的交通

且末，又作"左末""折摩驮那""沮末""且沫""播仙""阇甄""阇鄘""阇里辉""扯力昌""卡墙""车尔臣""策尔满"等①，敦煌写本P.3016《天兴七年（404年）索子全状》作"炎摩多"②，尼雅出土佉卢文书作Calmadana或Calmatana，吐蕃文作čar-čhen或ćerćan，《钢和泰藏卷》于阗语作Kadakä bisā kamtha，回鹘文《玄奘传》作Sarmadan，《突厥语大辞典》作Čärčän，《世界境域志》作Kādhkāh，《拉失德史》作Jurjan，现代维吾尔语称Charchen③。

《汉书·西域传》载："且末国，王治且末城，去长安六千八百二十里……西北至都护治所二千二百五十八里，北接尉犁，南至小宛可三日行。有蒲陶诸果。西通精绝二千里。"④《水经注》曰："《汉书·西域传》曰：于阗已东，水皆东流。南河又东北径扜弥国北，治扜弥城，西去于阗三百九十里。南河又东径精绝国北，西去扜弥四百六十里。南河又东径且末国北，又东，右会阿耨达大水。《释氏西域记》曰：阿耨达山西北有大水，北流注牢兰海者也。其水北流径

---

① 王思明、吴昊、叶俊士：《从〈宋云行纪〉路线看中原与西域的交流——以鄯善、左末城、末城为例》，《中国农史》2018年第1期，第86—96页。
② 林梅村：《楼兰鄯善王朝的最后居地》，林梅村著《汉唐西域与中国文明》，北京：文物出版社，1998年，第290页。
③ 林梅村：《犍陀罗语文书地理考》，《传统文化与现代化》1997年第6期，第29—39页。孟凡人：《尼雅遗址与于阗史研究》，北京：商务印书馆，2017年，第240页。
④ （汉）班固撰，（唐）颜师古注：《汉书》，北京：中华书局，1964年，第3879页。

且末南山，又北径且末城西，国治且末城，西通精绝二千里，东去鄯善七百二十里，种五谷，其俗略与汉同。又曰：且末河东北流径且末北，又流而左会南河，会流东逝，通为注滨河。注滨河又东径鄯善国北，治伊循城，故楼兰之地也。"①

《沙海古卷释稿》第329号佉卢文敕谕提及："现在且末（Calmadana）酿酒业盛行。当此谕令到达汝处时，务必即刻将五头橐驼（所能驮载）之酒交左尔格耶，日夜兼程送来。每头橐驼可驮载一弥里码一硒，所以，彼在且末即可将一弥里码计量出来。从汝处……和酒一起运来。此酒务必于4月5日运至且末。绝不允许任何酒……"②《洛阳伽蓝记》引《宋云行记》载："从鄯善西行一千六百四十里，至左末城。城中居民可有百家，土地无雨，决水种麦，不知用牛，耒耜而田。城中图佛与菩萨，乃无胡貌。访古老，云是吕光伐胡所作。"③

《隋书·地理志》载："且末郡，置在古且末城。有且末水、萨毗泽。统县二：肃宁、伏戎。"④《大唐西域记》载："从此东行六百余里，至折摩驮那故国，即沮末地也。城郭岿然，人烟断绝。"《旧唐书·西域传》吐谷浑条云："贞观九年凉州都督李大亮为且沫道行军总管，至且沫西境，或传伏允西走，渡图伦碛，欲入于阗。将军薛万均率轻锐追奔，入碛数百里，及其余党破之。碛中乏水，将士皆刺马血而饮之。"《沙州伊志地志》载："播仙镇，为且末国，上元三年（676）改称播仙镇。"唐乾陵石人像有"播仙城主何伏帝延"题记⑤。《寿昌县地

---

① （北魏）郦道元著，陈桥驿校证：《水经注校证》，北京：中华书局，2013年，第34—45页。
② 林梅村：《沙海古卷——中国所出佉卢文书（初集）》，北京：文物出版社，1988年，第139—140页。
③ （北魏）杨衒之撰，范祥雍校注：《洛阳伽蓝记校注》，北京：中华书局，2010年，第171页。
④ （唐）魏徵等：《隋书》，北京：中华书局，1982年，第816页。
⑤ 陈国灿：《唐乾陵石人像及其衔名的研究》，陈国灿著《陈国灿吐鲁番敦煌出土文献史事论集》，上海：上海古籍出版社，2012年，第176页。

镜》载:"沮末河,源从南山大谷口出。源去镇五百里,经沮末城下过,因以为名。"

《大唐押浑副使忠武将军右监门卫中郎将员外置同正员检校阁甄府都督摄左威卫将军借紫金鱼袋(代)乐王上柱国慕容明墓志铭》写作"阁甄",即西辽之"阁鄘",元代之"阁里辉"[1]。《拉失德史》载,黄头回纥的活动区域被称为"Jurjan"和"LobKatak"。哈密顿(Hamilton)认为,Jurjan 即 CarCan,在且末河流域。"LobKatak"又作"Lob-Katak",Katak 源自于阗语 Kadakä; Lob 即 Lopnor 的缩写,吐蕃语作 Nob,意为"盐湖",指罗布泊。LobKatak 即《史记》之"盐泽",《汉书》《后汉书》之"蒲昌海",又作"辅日海""牢兰海"等。《汉书·西域传》载:"黄河西源,一出葱岭,一出于阗。(于阗)在南山下,其河北流,与葱岭河合,东注蒲昌海,一名盐泽者也。"《旧唐书·西戎传》载:"诏李靖为西海道行军大总管,侯君集积石道,任城王道宗鄯善道,李道彦赤水道,李大亮且末道,高甑生盐泽道,并为行军总管,率突厥、契苾兵击之。"[2]《沙州伊州地志》载:"蒲昌海,在石城镇东北三百里,其海围广四百里。"《新五代史·四夷附录三》载:"沙州西曰仲云,其牙帐居胡卢碛。云仲云者,小月支之遗种也,其人勇而好战,瓜、沙之人皆惮之。"[3]哈密顿著《十世纪仲云考》(Le pays des Tchong-Yun, Čungul, ou Cumuda au Xe Siècle)认为,回鹘文 Čungul 即于阗文 Cumuda,汉文史料称"仲云"[4],10—11 世纪

---

[1] 郭声波、颜培华:《渠犁、阁甄、妫塞:唐中期新置西域羁縻都督府探考》,《中国边疆史地研究》2010 年第 1 期,第 91—99 页。
[2] (后晋)刘昫等撰:《旧唐书》,北京:中华书局,1975 年,第 6224 页。
[3] (宋)欧阳修撰,(宋)徐无党注:《新五代史》,北京:中华书局,1974 年,第 918 页。
[4] 付马:《丝绸之路上的西州回鹘王朝——9—13 世纪中亚东部历史研究》,北京:社会科学文献出版社,2019 年,第 53 页。

间活动于罗布淖尔、阿尔金山及且末一带。

且末的古代交通主要分为若羌—且末道、且末—于阗道两部分。后晋天福三年（938）冬，后晋使者张匡邺、高居晦自灵州至于阗。据《新五代史·四夷附录》载："其西，渡都乡河曰阳关。沙州西曰仲云，其牙帐居胡卢碛……匡邺等西行入仲云界，至大屯城……自仲云界西，始涉碱碛，无水，掘地得湿沙，人置之胸以止渴。又西，渡陷河，伐柽置水中乃渡，不然则陷。又西，至绀州。绀州，于阗所置也，在沙州西南，云去京师九千五百里矣。又行二日至安军州，遂至于阗。"[①] 综上可知，由沙州至于阗的道路可分为两段，即"且末—若羌道"与"且末—于阗道"。

一、且末—若羌道

（一）米兰—卡墙道

由若羌县36团米兰（Mirran）遗址出发，经瓦石峡乡到达且末县城。米兰遗址，即"屯城""七屯城"，《新五代史·四夷附录》作"大屯城"，清代《若羌县图》标为"磨朗"，即学界普遍认为的汉代"伊循城"[②]。贾耽《四夷路程》载，"自蒲昌海南岸西经七屯城，汉伊修（循）城也"。《沙州伊州地志》（S.367）载："屯城，西去石城镇一百八十里。鄯善质子尉屠耆归，单弱，请天子：国中有伊循城，城肥美，愿遣一将屯田积谷，得衣（依）其威重。汉遣司马及吏士屯田伊循以镇之，即此城也。胡以西有鄯善大城，遂为小鄯善，今屯

---

① （宋）欧阳修撰，（宋）徐无党注：《新五代史》，北京：中华书局，1974年，第918页。
② 李艳玲：《伊循城地望之争》，《中国社会科学报》2022年8月3日，第10版。

城也。"① 《沙州图经》(P.5034)残卷载："胡〔故屯城〕以西有鄯善大城，遂名为小鄯善，今名屯城也。"② 2012 年，新疆文物考古研究所对米兰遗址进行了考古发掘，出土了大量吐蕃时期的文书及其他遗物③。

瓦什峡（Vash-shari）古城，又称"弩支城"、"萨伏尼克"（Savnik）、"凹石"、"瓦石"，位于今瓦石峡镇东南。2016 年，新疆文物考古研究所对瓦石峡古城附近的瓦石峡墓地进行发掘，其年代可上溯至战国至西汉时期④。据《新唐书·地理志》载："弩支城，又西经特勒井，渡且末河五百里至播仙镇。"《世界境域志》第九章载："萨伏尼克（Savnik）为一村庄，周围有沙漠。"⑤ Savnik，即 Shar-Valik 之转写。《新疆图志》卷七十六称"凹石峡河"有"东凹石渠""西凹石渠"二水渠。《新疆图志》卷八十一载，凹石峡有驿站，注云："有古城周三里，盖唐之弩支城。"⑥ 根据地理位置推算，特勒井在瓦石峡古城以西，今瓦石峡西北车尔臣河东岸，塔塔尔布拉克一带。关于瓦石峡古城的废弃，目前有"河流改道说"⑦ 和"人为因素说"⑧ 两种观点，学界更倾向于后者⑨。

---

① 郑炳林：《敦煌地理文书汇辑校注》，兰州：甘肃教育出版社，1989 年，第 65—66 页。
② 李正宇：《古本敦煌乡土志（八种）笺证》，兰州：甘肃人民出版社，2008 年，第 197—198 页。
③ 赵美莹、党志豪、蒋洪恩：《新疆米兰遗址吐蕃时期的植物遗存》，《人类学学报》2021 年第 6 期，第 1055—1062 页。
④ 新疆文物考古研究所：《新疆若羌县瓦石峡墓地考古发掘简报》，《文博》2021 年第 1 期，第 3—14 页。
⑤ 佚名著，王治来译注：《世界境域志》，上海：上海古籍出版社，2010 年，第 53 页。
⑥ （清）王树枏等纂修，朱玉麒等整理：《新疆图志》，上海：上海古籍出版社，2017 年，第 1546 页。
⑦ 张平：《若羌瓦石峡遗址调查与研究》，马大正等编《西域考察与研究》，乌鲁木齐：新疆人民出版社，1994 年，第 477—493 页。
⑧ 王炳华：《新疆考古现状与前瞻》，马大正等编《西域考察与研究》，乌鲁木齐：新疆人民出版社，1994 年，第 433—439 页。
⑨ 王小甫：《客观反映我国西域研究现状——评〈西域考察与研究〉》，王小甫著《边塞内外——王小甫学术文存》，北京：东方出版社，2016 年，第 521—541 页。

《新疆图志》卷八十二记有清代且末—若羌道之详程："自卡墙（且末县城）一百六十里塔提朗（塔提让乡），一百二十里沙雅拉克①，一百二十里狄敏克海，一百七十里布和拉克，过卡墙河（车尔臣河），一百二十里恰盘卡底（一作茄绊卡的），一百二十里塔底克，一百里沁格里克，接若羌西境支路。"

卡墙，清代又作"卡克里克"（Charklik），光绪年间设置且末县。卡墙河，又作"阁邺河"，贾耽《四夷路程》作"且末河"，《元史》作"阁郦河"，即车尔臣河，发源于昆仑山北坡木孜塔格山，河源海拔 6933 米，河长 813 公里，有三源：一源为乌鲁克苏（Uluksu）；一源出库拉木勒克南；一源出阿其克库勒之南，西流经托固斯（Tugus）达坂后，注入台特玛湖盆。《新疆图志》卷六十二载："乌鲁克苏山乌鲁克苏水出焉，是为卡墙河之源。"《于阗乡土志》载："在县城东南二千四百余里托固斯达坂迤东。"托固斯（Tugus）达坂，又作"托库斯达坂"，《新疆图志》卷六十二称"托固斯岭"，即今且末县车尔臣河南源之九个达坂。《于阗乡土志》载："托固斯岭在县城东南二千余里，摩拉布拉克山迤南。"1948 年《且末兵要地志说明》载："金矿多藏于托库斯达坂及沙依山一带。其中以穷沙依山豆瓣金质佳量较多，九个达坂片金质佳量丰，且末河发源处阿拉牙克金厂质佳最为丰富。"② 1893 年，法国杜特雷依（Dutreuil）探险队即由托固斯达坂进入藏区考察③。

塔提让（Tatyrang），维吾尔语"荒野"之意，《新疆图志》卷

---

① 沙雅拉克（Shayrak），宣统三年（1911）《于阗县图》标示在他提浪（塔提朗）东南，卡墙河之北。
② 新疆维吾尔自治区档案馆档案，卷号：军 3-1-21。
③ 杨镰：《法国杜特雷依探险队遭际考实》，马大正等编《西域考察与研究》，乌鲁木齐：新疆人民出版社，1994 年，第 59—79 页。

八十二作"塔提朗",宣统三年(1911)《于阗县图》作"他提浪",即今且末县城东北 39 公里塔提让乡政府驻地。

沙雅拉克(Shayrak),《于阗县图》标示沙雅拉克在"他提浪"以东、"卡墙河"(车尔臣河)之北。狄敏克海,在买普什力克村一带;布和拉克,在今开开塔力克村以西。

茄绊卡的,位于车尔臣河西北向河湾处,《于阗县图》作"恰盘卡底"。沁格里克,今若羌县孔台依苏拉克村,原有硕勒郭勒汇入此处。《西域同文志》载:"回语,硕勒图,眼前之谓;郭勒,河也。山旁有河,故名。"《西域图志》卷二十三有"硕勒郭勒塔克"[1],在且末县与若羌县交界的苏拉木塔格塔石萨依玉矿一带。

(二)萨毗道

且末至若羌另有一条路线,称"萨毗道"。萨毗,又作"苏毗""璨毗""孙波",佉卢文作 supiya[2],于阗语作 Supīyas,回鹘文《玄奘传》作 Ysabada,是活动于阿尔金山及昆仑山东段的一支古代人群。《旧唐书·尉迟胜传》载,尉迟胜"本于阗王珪之长子",天宝中到长安,"授右威卫将军、毗沙府都督还国,与安西节度使高仙芝同击破萨毗播仙"[3]。《新唐书·西域传》载:"苏毗本西羌族,为吐蕃所并,号孙波,在诸部最大。"《寿昌县地境》载:"萨毗城,在镇城东南四百八十里。其城康艳典所筑,近萨毗城泽险,恒有土(吐)蕃、土(吐)谷〔浑〕贼往来。"[4]《资治通鉴》载:"天宝十四载(755),春,

---

① 钟兴麒等校注:《西域图志校注》,乌鲁木齐:新疆人民出版社,2002 年,第 346 页。
② 孟凡人:《尼雅遗址与于阗史研究》,北京:商务印书馆,2017 年,第 241 页。
③ (后晋)刘昫等撰:《旧唐书》,北京:中华书局,1975 年,第 3924 页。
④ 郑炳林:《敦煌地理文书汇辑校注》,兰州:甘肃教育出版社,1989 年,第 61 页。

正月，苏毗王子悉诺逻去吐蕃来降。四月，癸巳，以苏毗王子悉诺逻为怀义王，赐姓名李忠信。"[1] 萨毗也与且末连称，如吐蕃文书有"萨毗且末"之说，写作 Tshalbyi Car-can。元明时期，撒里畏兀儿在此区域活动，又作"黄头回纥"（Sarig Uigur）。《明史》卷三百三十载："（安定卫）其地本名撒里畏兀儿，广袤千里，东近罕东，北迩沙州，南接西番。"[2]

由且末县城向南经卡子村东行，经肉孜买德阔西、干曼，由苏拉木塔格山南麓，经嘎斯煤矿南至玉素普阿勒克村。至此分两道：一道东北行经铁木里克乡可至青海茫崖镇；另一道东南行经土房子至祁曼塔格乡。沿线苏拉木塔格、阿尔金山、阿尔喀山、祁曼塔格之间，分布着大量的河流、湖泊与湿地，如阿牙克库木湖、阿其克库勒湖、库木库勒湖、色斯克亚河、百泉河、皮提勒克河、库木开日河等，东西长百余公里，即《沙州地志》（P.5034）残卷所载"萨毗泽"[3]，此地是连接新疆、西藏及青海的交通要道，与《沙州伊州地志》（S.367）"恒有吐蕃及吐谷浑来往不绝"[4] 的记载相符。

综上所述，若羌至且末的通道主要为"米兰—卡墙道"与"萨毗道"。其中"米兰—卡墙道"主要由若羌县城出发，经米兰、瓦石峡至且末县，是汉唐时期的塔里木盆地东南缘的主要交通路线。张骞第一次出使西域的返程、岑参《献封大夫破播仙凯歌六首》中破播仙镇之路线，均沿用上述行程。萨毗道则是一条连接青藏高原的重要路线，历史上吐谷浑、吐蕃、萨毗等人群均利用此线路进入塔里木盆地

---

[1] （宋）司马光撰，（元）胡三省注：《资治通鉴》，北京：中华书局，1956年，第6929、6932页。
[2] （清）张廷玉等撰：《明史》，北京：中华书局，1974年，第8550页。
[3] 郑炳林：《敦煌地理文书汇辑校注》，兰州：甘肃教育出版社，1989年，第47页。
[4] 郑炳林：《敦煌地理文书汇辑校注》，兰州：甘肃教育出版社，1989年，第66页。

活动,但受到自然环境的限制,萨毗道并不利于大规模的商业活动与文化交流。

二、且末—于阗道

《新唐书·地理志》载:"(且末城)又西经悉利支井、祆井、勿遮水,五百里至于阗东兰城守捉。"① 此路线即唐代的且末—于阗道。悉利支井,在喀拉米兰河下游主河道附近。喀拉米兰河上游年径流量为1亿立方米,全部在北流过程中散失。祆井,在且末县西境硝尔堂一带。勿遮水,冯承钧认为是"哈剌木兰(喀拉米兰河)西面之一小河",疑为今莫勒切河下游河道。据中世纪旅行家夏乐夫·阿利沙门·泰显·马尔瓦则(Sharaf al-Zaman Tahir Marvazi)记载,从和阗至克里雅需要5天,从克里雅到沙州的旅程为50天,即包括于阗至且末的行程②。据《西域土地人物略》载:"(淤泥泉)泉南为克列牙城儿,其城东至扯力昌行八程。"③ 克里雅城即今于田县城,扯力昌为今且末县城,明代由于田县城至且末县城的行程约为8天。

《新疆图志》卷八十二载,于阗至且末有南、北两道:

北道从于阗县(于田县)出发,"城东五里白石多拉克阑干,五十五里威它拉克阑干,六十里乙斯玉洛滚阑干,四十里阿布拉子阑干,一百四十里尼雅,八十里别列克里克,九十里雅通固斯,八十里雅可托和拉克,二十里额底里什,一百里安得悦,八十里卡玛哈斯,七十里叔旦,八十里塔伊拉克托多罕,七十里拔卡,九十里青格

---

① (宋)欧阳修、(宋)宋祁等撰:《新唐书》,北京:中华书局,1975年,第1151页。
② 冯家昇等:《维吾尔族史料简编》(上册),北京:民族出版社,1981年,第67页。
③ 李之勤:《西域史地三种资料校注》,乌鲁木齐:新疆人民出版社,2012年,第28页。

里克,一百二十里阿哈巴依,一百二十里洋塔克库多可,九十里克提莽,四十里喀拉斯底,四十里卡墙"①。

白石多拉克,即今于田县拜什托格拉克村。威它拉克,今奥依托格拉克乡政府驻地,维吾尔语意为"低洼的胡杨林"。乙斯玉洛滚,今也斯尤勒滚村。阿布拉子,今欧我拉兹村,渡三捷萨依河。尼雅,即今民丰县尼雅镇。别列克里克,今乌宗赛拉克村附近。雅通固斯,今牙通古孜兰干,由此渡牙通古孜河。雅可托和拉克,今安迪尔河西岸科克央塔克村。额底里什,今硝尔亥特村。安得悦,今安迪尔牧场以南。卡玛哈斯,今且末县喀木尕孜村。叔旦,今且末县英休当村。由英休当村,经青格里克(今青格里克村)、塔伊拉克托多罕(今塔依拉克吐特坎库都克井)、阿哈巴依(阿克巴依井)、洋塔克库多可(央塔克库都克井)、克提莽(今科台买艾日克村西)、喀拉斯底(今阔什艾日克村)可至卡墙(今且末县城)。

南道自尼雅傍南山南行,"一百六十里奇吉罕(民丰县其汗兰干)折东行四十里苏格堤(今斯格孜乌依村),二十里玉洛滚布揣克(今尤勒滚布拉克村),六十里科塔子而里,五十里图浪和加(吐兰胡家河),一百二十里喀喇沙衣(喀尔萨依),六十里布和拉克,五十里威鸦衣拉克(且末县奥依亚伊拉克乡),一百一十里卡巴(卡帕),八十里密堤(麦衣提山),五十里卡拉木南(库拉木勒克乡南),一百二十里塔阿尔子(卡子),一百八十里卡墙(今且末县城)"②。

奇吉罕山,位于民丰县叶亦克乡西南其汗兰干附近,润藩《藏

---

① (清)王树枏等纂修,朱玉麒等整理:《新疆图志》,上海:上海古籍出版社,2017年,第1571页。
② (清)王树枏等纂修,朱玉麒等整理:《新疆图志》,上海:上海古籍出版社,2017年,第1571页。

游日记》作"岌岌巷"①。《新疆图志》卷六十二引《于阗乡土志》载："（奇吉罕山）在县城东南六百十里达尔干里克山迤北。"图浪和加（Tulanvja），又作"图朗和加""托兰乌佳"，即今吐兰胡加河。《新疆图志》卷六十二载："图朗和加山，哈尔哈什水经其西。"引《于阗乡土志》云："在县城东南七百七十里，英吉介山迤东。"②吐兰胡加河上游，有地名"坡柯尔玛"，疑为托玛斯释读佉卢文之Parvata，麻扎塔格出土吐蕃文书之Parban，即尼雅（Niya）南山中一处古代聚落。

喀喇沙衣（Karachay），又作"喀尔萨依"，位于新疆民丰县吐兰胡加山东。《新疆图志》卷六十二载："喀喇沙衣山喀喇沙衣之水出焉，东北流入于安得月河。"《于阗乡土志》载："喀喇沙衣山，在县城东南八百五十里图朗和加山迤东。"由此南行，经叶亦克乡库亚克村西南行，可进入藏北。《民丰县兵要地志》载："县市东南沙什克山麓有一边卡，翻越昆仑山脉，即可到达西藏，为由民赴西必经之路。"③

密提，即麦衣提山（Mayty），位于且末县西南与民丰县交界处。《新疆图志》卷六十二载："麦衣提山，麦衣提水出焉，北流入于戈壁。"引《于阗乡土志》载："（麦衣提山）在县城东南一千二百八十里，卡巴山迤东。"④

且末县奥依亚伊拉克至库拉木勒克一带，即《汉书·西域传》所载"小宛"故地。《汉书·西域传》载："小宛国，王治抒零城，去长安七千二百一十里……西北至都护治所二千五百五十八里，东与若羌

---

① 杨镰：《法国杜特雷依探险队遭际考实》，马大正等编《西域考察与研究》，乌鲁木齐：新疆人民出版社，1994年，第59—79页。
② （汉）班固撰，（唐）颜师古注：《汉书》，北京：中华书局，1964年，第3879—3880页。
③ 新疆维吾尔自治区档案馆档案，卷号：军3-1-21。
④ （清）王树枏等纂修，朱玉麒等整理：《新疆图志》，上海：上海古籍出版社，2017年，第1129页。

接，辟南不当道。"① 当在新疆且末县西南约 300 里，喀拉米兰河上游和乌鲁格河区域。苏北海《西域历史地理》认为，小宛应在车尔臣河上游地区。岑仲勉认为，"小宛"读音近似 Endere，当在民丰县安迪尔古城附近，王欣《吐火罗史研究》亦执此说。

安迪尔，又作"安得月""安得悦"，清代设"安迪尔阑干"。据安迪尔古代河道的卫星影像判断，历史上安迪尔河、卡坎达萨依河、莫勒切河、喀拉米兰河尾闾皆汇聚于安迪尔古城附近，与"辟南不当道"的历史记载不符，因此安迪尔非"小宛国"所在地。"小宛"虽得名于安迪尔河，但扜零城应位于安迪尔河上游的昆仑山东麓河源地带。《太平广记》注曰"扜音乌"，"扜零"即 Uling，与奥依亚伊拉克读音近似。奥依亚伊拉克（Uoyaylak），《新疆图志》卷六十二称"窝牙衣拉克"，维吾尔语意为"低洼广阔的草原"，这与小宛以牧业为主的经济生产模式相符合。引《于阗乡土志》载："（窝牙衣拉克山）在县城东南九百八十里，阿卜山迤东，或作阿衣乙拉哈。"《西域水道记》卷二载，且末南有"锡津乌兰山（Uling-Uran），南北与吐鲁番城直，中隔千四百余里"②。《新疆图志》卷六十二载："沙图图之岭，又东北曰额勒图郭勒之岭，又东北沙碛中有山曰碛什达尔乌兰达布逊之山，又东南曰锡津乌兰之山。"沙图图岭，即安迪尔河源西南沙图图达巴。《西域同文志》载："沙图图达巴，准语，沙图，梯也，岭形层出如梯，故名。"③《西域图志》卷二十三载："沙图图达巴，在和阗东南。自和阗东境之塔克村，东逾叶什勒淖尔，又东行沙碛六百里，至

---

① （清）王树枏等纂修，朱玉麒等整理：《新疆图志》，上海：上海古籍出版社，2017年，第1127页。
② （清）徐松著，朱玉麒整理：《西域水道记（外二种）》，北京：中华书局，2005年，第88页。
③ （清）傅恒等撰：《钦定西域同文志》，乌鲁木齐：新疆文化出版社，2017年，第337页。

沙图图达巴迤北。冈峦相属不绝。"① 《西域水道记》载："此岭（沙图图达巴）南北与哈喇沙尔城直，中隔千四百余里。"

硇什达尔乌兰达布逊塔克山，位于且末、若羌南部山区。《西域同文志》载："硇什达尔乌兰达布逊塔克，回语，硇什达尔，硇沙也，乌兰，红色，达布逊，盐也。山多产此，故名。"《西域图志》卷二十三载："硇什达尔乌兰达布逊塔克，在硕勒图郭勒塔克东南二百五十里砂碛中。"②

额勒图郭勒之岭，在安迪尔河源东南。"锡津乌兰山"即且末县西南奥依亚伊拉克一带。安迪尔河的另一河源来自克子里雅山，亦位于且末县奥依亚伊拉克一带。《新疆图志》卷六十二载："克子里雅山，克子里雅水出焉。此山在于子塔哈山东南，水源出山西，于子塔哈迤东。山中诸小水自南来会，合流入于安得月河。"引《于阗乡土志》载："克子里雅山在县城东南九百五十里于子塔哈山东南。"③

三、小结

目前，学界关于且末古城地望尚存较大争议。笔者将其归纳为以下三种：汉代且末城在今且末县城以北约 100 公里的沙漠中，今且末古城（来利勒克古城）为唐城，陶葆廉《辛卯侍行记》和部分遥感工作者持此说④；汉代且末城在且末县东北 60 千米的塔提让乡（Tartrang）一带，法国探险家格伦那德（Grenard）持此说法⑤；来利勒

---

① 钟兴麒等校注：《西域图志校注》，乌鲁木齐：新疆人民出版社，2002 年，第 346 页。
② 钟兴麒等校注：《西域图志校注》，乌鲁木齐：新疆人民出版社，2002 年，第 346 页。
③ （清）王树枏等纂修，朱玉麒等整理：《新疆图志》，上海：上海古籍出版社，2017 年，第 1128 页。
④ 尤江斌、陈富龙：《西域都护府/且末古城数字地望考与长波段雷达次地表考古初探》，《遥感技术与应用》2017 年 10 月第 32 卷第 5 期，第 794—800 页。
⑤ 李肖：《且末古城地望考》，《中国边疆史地研究》2001 年第 3 期，第 37—45 页。

克古城即汉唐时期的且末城,谢彬《新疆游记》、刘文锁《且末县古代文化遗存考察》均持此观点[1]。笔者认为,今来利勒克古城的年代至少可上溯至汉代,即汉晋时期的且末城,主要原因有二:

(一)80—90年代发掘的扎滚鲁克墓地,紧邻来利勒克古城遗址,已发掘墓葬111座,均为多人丛葬墓,数量密集,墓葬分为三期:第一期为公元前1000年前后,仅见1座墓葬;第二期为春秋至西汉时期,墓葬数量较多;第三期为东汉至南北朝时期,墓葬数量11座[2]。90年代发掘的加瓦艾日克墓地位于且末县托乎拉克勒克乡加瓦艾日克村,距离且末古城仅1千米,墓葬分为二期:第一期为春秋晚期至战国时期;第二期为东汉时期,下限可至魏晋[3]。

从扎滚鲁克墓地、加瓦艾日克墓地分布位置判断,二者距今且末古城的距离均不超过3公里,可以认为是且末古城居民的公共墓地。另外,扎滚鲁克、加瓦艾日克发掘的墓葬,主要集中于春秋至南北朝时期,其中尤以汉代墓葬数量最多,上述墓地埋葬的是早期铁器时代至魏晋南北朝时期的"且末先民"。

(二)《汉书·西域传》载:"(且末)南至小宛,可三日行。"小宛,在今且末县奥依亚伊拉克至库拉木勒克一带。今库拉木勒克乡库拉木勒克村西3.5千米处发现一座古城,"三普"材料称"托盖曲根遗址"[4],距离且末县城约43千米,符合《汉书·西域传》"可三日行"的记载。由此推断,汉唐且末城即今来利勒克古城。

---

[1] 刘文锁:《且末县古代文化遗存考察》,《新疆文物》1990年第4期,第20—29页。
[2] 新疆维吾尔自治区博物馆、巴音郭楞蒙古自治州文物管理所、且末县文物管理所:《新疆且末扎滚鲁克一号墓地发掘报告》,《考古学报》2003年第1期,第89—136页。
[3] 中国社会科学院考古研究所新疆队、新疆巴音郭楞蒙古自治州文管所:《新疆且末县加瓦艾日克墓地的发掘》,《考古》1997年第9期,第21—32页。
[4] 新疆维吾尔自治区文物局编:《不可移动的文物:巴音郭楞蒙古自治州卷(2)》,乌鲁木齐:新疆美术摄影出版社,2015年,第570—572页。

结　语

文化区是以不同地区盛行的文化特征的差异而划分的一种空间单位，即在同一区域内，某一种文化要素，甚至多种文化要素（语言、宗教、习俗、艺术形式、道德观念、社会组织、经济特色等）以及反映这些文化特征的景观呈现一致性的特征。历史上，塔里木盆地及周缘的楼兰、龟兹、焉耆、于阗、疏勒等绿洲，均处于"丝绸之路"的交通要冲，长期受到中原文化及外来因素的影响，是多民族、宗教与文化的会集之地，其文化边界在不同历史时期亦有变化，需要考量其区域文化的整体性、交通路线的变迁，以及中心—边缘的等级系统等，考虑其研究的路径、方法与理论建构。

整体而言，塔里木盆地汉唐时期交通路线的变迁，受到自然因素与人文因素的双重影响：自然因素，包括气候、地形和水文、地质和生物等方面，如气候变化引起的河流改道、植被变化、土地沙漠化等问题；社会、人文因素包括经济状况、文化与宗教信仰、文化交流等内容，如战争破坏、宗教冲突、贸易竞争等问题。后者在特定情况下，对交通路线的变化发挥着更重要的作用，有时甚至是决定性的。

学界对塔里木盆地交通路线的研究主要集中于史料的考证，对于交通线路的田野调查仍较为薄弱，严重制约了对相关问题的深入探讨。塔里木盆地历地研究需要花费大量的时间和精力去搜集、整理材料，阅读已有的相关学术著作，加之笔者水平有限，挂一漏万在所难免。已公布的出土文献，涉及佉卢文、粟特文、龟兹文、于阗文、吐蕃文、回鹘文等内容，需要对相关胡语有所涉猎，这也增加了本研究的难度。

需要说明的是，书中部分章节的成文时间跨度已达十年之久，期间经历了读博、婚育、工作等一系列变动。受时代和研究条件的局限性，不同时期对问题的认知会有一定的差异。因此，全书对相关路线调查的侧重点会略有不同。为了尽可能保留不同时期田野调查资料的原貌，文字并未做太多修改，因此与已发表的论著内容会略有出入。本书的学术观点并非最终定论，只是一种阶段性的成果，诸多问题尚有进一步探讨的空间。

原稿中的一些照片、手绘地图及其访谈资料等，出于某些原因无法刊布，敬请谅解。

参考文献

古籍

（汉）司马迁：《史记》，中华书局，1963年。
（汉）班固撰，（唐）颜师古注：《汉书》，中华书局，1964年。
（汉）刘珍等撰，吴树平校注：《东观汉记校注》，中华书局，2008年。
（晋）陈寿撰，（南朝宋）裴松之注：《三国志》，中华书局，1964年。
（晋）法显撰，章巽校注：《法显传校注》，中华书局，2008年。
（南朝宋）范晔：《后汉书》，中华书局，1973年。
（南梁）慧皎撰，汤用彤校注，汤一玄整理：《高僧传》，中华书局，1992年。
（南梁）僧祐撰，苏晋仁、萧錬子点校：《出三藏记集》，中华书局，1995年。
（北魏）郦道元撰，陈桥驿校证：《水经注校证》，中华书局，2013年。
（北魏）杨衒之撰，尚荣译注：《洛阳伽蓝记》，中华书局，2010年。
（北齐）魏收：《魏书》，中华书局，1974年。
（唐）岑参著，陈铁民、侯忠义校注：《岑参集校注》，上海古籍出版社，1981年。
（唐）道世著，周叔迦、苏晋仁校注：《法苑珠林校注》，中华书局，2003年。
（唐）道宣撰，郭绍林点校：《续高僧传》，中华书局，2014年。
（唐）杜佑撰，王文锦等点校：《通典》，中华书局，1988年。
（唐）房玄龄等：《晋书》，中华书局，1974年。
（唐）慧超撰，张毅笺释：《往五天竺国传笺释》，中华书局，2000年。
（唐）李吉甫撰，贺次君点校：《元和郡县图志》，中华书局，1983年。
（唐）李延寿：《北史》，中华书局，1974年。
（唐）李延寿：《南史》，中华书局，1975年。
（唐）李肇：《唐国史补》，上海古籍出版社，1979年。
（唐）令狐德棻等：《周书》，中华书局，1974年。
（唐）韦述：《两京新记》，中华书局，1985年。
（唐）魏徵等：《隋书》，中华书局，1982年。
（唐）玄奘、（唐）辩机著，季羡林等校注：《大唐西域记校注》，中华书局，1985年。
（唐）义净著，王邦维校注：《大唐西域求法高僧传校注》，中华书局，1988年。
（唐）元稹撰，冀勤校点：《元稹集》，中华书局，1982年。
（唐）张籍撰，徐礼节等校注：《张籍集系年校注》，中华书局，2011年。
（唐）张鷟：《朝野佥载》，中华书局，1985年。
（唐）智昇撰，富世平点校：《开元释教录》，中华书局，2018年。
（后晋）刘昫等撰：《旧唐书》，中华书局，1975年。

（宋）道诚撰，富世平校注：《释氏要览校注》，中华书局，2014年。
（宋）郭茂倩编：《乐府诗集》，中华书局，2017年。
（宋）李昉等编：《太平广记》，中华书局，1961年。
（宋）李昉等编：《太平御览》，上海古籍出版社，2008年。
（宋）欧阳修、（宋）宋祁等撰：《新唐书》，中华书局，1975年。
（宋）司马光撰，（元）胡三省注：《资治通鉴》，中华书局，1956年。
（宋）宋敏求编：《唐大诏令集》，中华书局，2008年。
（宋）王溥撰：《唐会要》，上海古籍出版社，1991年。
（宋）王钦若等编：《册府元龟》，中华书局，1960年。
（宋）赞宁撰，范祥雍点校：《宋高僧传》，中华书局，1987年。
（明）陈诚、李暹：《西域番国志》，中华书局，1991年。
（明）陈诚、李暹：《西域行程记》，中华书局，1991年。
（清）董诰等编：《全唐文》，中华书局，1983年。
（清）方希孟撰，王志鹏点校：《西征续录》，甘肃人民出版社，2002年。
（清）傅恒等纂，钟兴麒等校注：《西域图志校注》，新疆人民出版社，2002年。
（清）洪亮吉撰，刘德权点校：《洪亮吉集》，中华书局，2001年。
（清）刘锦棠撰，杨云辉校点：《刘锦棠奏稿》，岳麓书社，2013年。
（清）穆彰阿、（清）潘锡恩等纂修：《大清一统志》，上海古籍出版社，2008年。
（清）裴景福撰，杨晓霭点校：《河海昆仑录》，甘肃人民出版社，2002年。
（清）祁韵士撰，李广洁整理：《万里行程记》，山西人民出版社，1992年。
（清）陶葆廉撰，刘满点校：《辛卯侍行记》，甘肃人民出版社，2002年。
（清）王树枬等纂修，朱玉麒等整理：《新疆图志》，上海古籍出版社，2015年。
（清）王树枬等纂修，史明文等整理：《稿本〈新疆图志〉校理》，中国社会科学出版社，2017年。
（清）汪廷楷辑，（清）祁韵士，（清）松筠修：《西陲总统事略》，中国书店，2010年。
（清）魏源撰：《圣武记》，岳麓书社，2010年。
（清）魏光焘撰：《戡定新疆记》，黑龙江教育出版社，2014年。
（清）徐松撰：《汉书西域传补注》，中华书局，1985年。
（清）徐松撰，朱玉麒整理：《西域水道记（外二种）》，中华书局，2012年。
（清）佚名著，马大正、黄国政、苏凤兰整理：《新疆乡土志稿》，新疆人民出版社，2010年。
（清）佚名撰，李德龙校注：《〈新疆四道志〉校注》，中央民族大学出版社，2014年。
佛陀教育基金会：《大正新修大藏经》，1990年。

论著

北京图书馆敦煌吐鲁番学资料中心等编：《敦煌吐鲁番学研究论集》，书目文献出版社，1996年。
岑仲勉：《汉书西域传地理校释》，中华书局，2004年。
岑仲勉：《中外史地考证》，中华书局，2004年。
陈国灿、刘安志主编：《吐鲁番文书总目（日本收藏卷）》，武汉大学出版社，2005年。
陈国灿：《敦煌学史事新证》，甘肃教育出版社，2002年。
邓缵先著，潘震勘定，黄海棠、邓醒群点校：《叶迪纪程》，华东师范大学出版社，2012年。
法国国家图书馆编：《法国国家图书馆藏敦煌西域文献》，上海古籍出版社，2003年。
方豪：《中西交通史》，上海新世纪出版集团，2008年。

冯承钧、陆峻岭：《西域地名》，中华书局，1980年。
冯家昇等：《维吾尔族史料简编》，民族出版社，1981年。
国家文物局古文献研究室主编：《吐鲁番出土文书》（第一至十册），文物出版社，1981、1983、1985、1986、1987、1991年。
侯杨方：《重返帕米尔：追寻玄奘与丝绸之路》，上海译文出版社，2021年。
黄盛璋：《中外交通与交通史研究》，安徽教育出版社，2002年。
黄时鉴：《东西交流史论稿》，上海古籍出版社，1998年。
黄文弼：《塔里木盆地考古记》，科学出版社，1958年。
黄文弼：《西域史地考古论集》，商务印书馆，2015年。
贾建飞：《清代西北史地学研究》，新疆人民出版社，2010年。
贾应逸：《新疆佛教壁画的历史学研究》，中国人民大学出版社，2010年。
姜伯勤：《敦煌吐鲁番文书与丝绸之路》，文物出版社，1988年。
姜亮夫、郭在贻等：《敦煌吐鲁番学研究论文集》，汉语大词典出版社，1990年。
李德军、王凤翔：《长安与西域之间丝绸之路走向研究》，三秦出版社，2015年。
林立：《西域古佛寺 —— 新疆古代地面佛寺研究》，科学出版社，2018年。
林梅村：《古道西风 —— 考古新发现所见中西文化交流》，生活·读书·新知三联书店，2000年。
林梅村：《汉唐西域与中国文明》，文物出版社，1998年。
林梅村：《丝绸之路考古十五讲》，北京大学出版社，2006年。
林梅村：《西域文明 —— 考古、民族、语言和宗教新论》，东方出版社，1995年。
刘安志：《敦煌吐鲁番文书与唐代西域史研究》，商务印书馆，2011年。
刘文锁：《沙海古卷释稿》，中华书局，2007年。
刘文锁：《丝绸之路 —— 内陆欧亚考古与历史》，兰州大学出版社，2010年。
刘锡淦、陈伟良：《龟兹古国史》，新疆大学出版社，1996年。
马雍：《西域史地文物丛考》，商务印书馆，2020年。
孟凡人：《楼兰新史》，光明日报出版社，1990年。
孟凡人：《尼雅遗址与于阗史研究》，商务印书馆，2017年。
孟凡人：《丝绸之路史话》，社会科学文献出版社，2014年。
孟凡人：《新疆考古与史地论集》，科学出版社，2000年。
穆舜英、张平主编：《楼兰文化研究论集》，新疆人民出版社，1995年。
齐清顺：《中国历代中央王朝治理新疆政策研究》，新疆人民出版社，2004年。
庆昭蓉：《吐火罗语世俗文献与古代龟兹历史》，北京大学出版社，2017年。
任继愈主编：《中国佛教史》，中国社会科学出版社，1981年。
荣新江、党宝海编：《马可·波罗与10—14世纪的丝绸之路》，北京大学出版社，2019年。
荣新江、朱丽双：《于阗与敦煌》，甘肃教育出版社，2013年。
荣新江：《丝绸之路与东西文化交流》，北京大学出版社，2015年。
荣新江：《中古中国与粟特文明》，生活·读书·新知三联书店，2014年。
荣新江：《中古中国与外来文明》，生活·读书·新知三联书店，2001年。
荣新江主编：《吐鲁番文书总目（欧美收藏卷）》，武汉大学出版社，2007年。
荣新江主编：《新获吐鲁番出土文献》，中华书局，2008年。
阮明道主编：《西域地理图说注》，延边大学出版社，1992年。
石云涛：《三至六世纪丝绸之路的变迁》，文化艺术出版社，2007年。
石云涛：《文明的互动 —— 汉唐间丝绸之路与中外交流论稿》，兰州大学出版社，2014年。
石云涛：《早期中西交通与交流史稿》，学苑出版社，2003年。

苏北海:《丝绸之路与龟兹历史文化》,新疆人民出版社,1996年。
苏北海:《西域历史地理》,新疆大学出版社,1988年。
谭其骧:《中国历史地图集》,中华书局,1996年。
汤用彤:《汉魏两晋南北朝佛教史》,中华书局,1983年。
汤用彤:《隋唐佛教史稿》,武汉大学出版社,2008年。
田卫疆主编:《新疆史纲》,新疆人民出版社,2004年。
万斯年辑译:《唐代文献丛考》,商务印书馆,1957年。
王炳华:《西域考古历史论集》,中国人民大学出版社,2008年。
王炳华:《新疆访古散记》,中华书局,2007年。
王国维:《王国维遗书》,上海古籍书店,1983年。
王启明:《天山廊道:清代天山道路交通与驿传研究》,陕西师范大学出版社总社,2016年。
王希隆:《新疆文献四种辑注考述》,甘肃文化出版社,1995年。
王小甫:《边塞内外:王小甫学术文存》,东方出版社,2016年。
王小甫:《唐、吐蕃、大食政治关系史》,北京大学出版社,2009年。
王尧、陈践译注:《敦煌出土吐蕃历史文书》,民族出版社,1980年。
王尧:《王尧藏学文集》,中国藏学出版社,2011年。
向达:《中西交通史》,中华书局,1934年。
篠原典生:《西天伽蓝记》,兰州大学出版社,2013年。
谢晓钟:《新疆游记》,中国国际广播出版社,2016年。
新疆龟兹石窟研究所编:《克孜尔尕哈石窟内容总录》,文物出版社,2009年。
新疆社会科学院考古研究所编:《新疆考古三十年》,新疆人民出版社,1983年。
新疆通志编委会编:《新疆通志·公路交通志》,新疆人民出版社,1998年。
新疆通志编委会编:《新疆通志·人物志》,新疆人民出版社,2006年。
新疆通志编委会编:《新疆通志·邮电志》,新疆人民出版社,1998年。
新疆维吾尔自治区测绘局:《新疆维吾尔自治区地图集》,星球地图出版社,2011年。
新疆维吾尔自治区地方志编纂委员会:《新疆通志·文物志》,新疆人民出版社,2007年。
新疆维吾尔自治区交通史志编委会编:《新疆古代道路交通史》,人民交通出版社,1992年。
新疆维吾尔自治区文物局编:《新疆佛教遗址》,科学出版社,2016年。
新疆维吾尔自治区文物局编:《新疆维吾尔自治区第三次全国文物普查成果集成》,科学出版社,2011年。
新疆文物考古研究所主编:《新疆文物考古新收获(1979—1989)》,新疆人民出版社,1995年。
新疆文物考古研究所主编:《新疆文物考古新收获续(1990—1996)》,新疆美术摄影出版社,1997年。
星汉:《清代西域诗研究》,上海古籍出版社,2009年。
徐中煜:《交通态势与晚清经略新疆研究》,黑龙江教育出版社,2013年。
许序雅:《唐代丝绸之路与中亚史地丛考——以唐代文献为研究中心》,商务印书馆,2015年。
薛宗正主编:《中国新疆古代社会生活史》,新疆人民出版社,1997年。
严耕望:《唐代交通图考》,上海古籍出版社,2007年。
严耕望:《严耕望史学论文集》,上海古籍出版社,2009年。
杨建新:《古西行记选注》,宁夏人民出版社,1987年。
杨铭、贡保扎西、索南才让编著:《英国收藏新疆出土古藏文文书选译》,新疆人民出版社,2014年。
姚士宏:《克孜尔石窟探秘》,新疆美术摄影出版社,1996年。

殷晴:《丝绸之路和西域经济》,中华书局,2007年。
殷晴:《丝绸之路经济史研究》,兰州大学出版社,2012年。
殷晴:《西域史地论集》,新疆人民出版社,2011年。
余太山:《古代地中海与中国关系史研究》,商务印书馆,2012年。
余太山:《两汉魏晋南北朝正史西域传研究》,中华书局,2003年。
余太山:《两汉魏晋南北朝正史西域传要注》,中华书局,2005年。
余太山主编:《西域通史》,中州古籍出版社,2003年。
张安福:《天山廊道军镇遗存与唐代西域边防》,社会科学文献出版社,2021年。
张福安:《环塔里木历史文化资源调查与研究》,上海古籍出版社,2018年。
张广达:《西域史地丛稿初编》,上海古籍出版社,1995年。
张平:《龟兹文明——龟兹史地考古研究》,中国人民大学出版社,2010年。
张星烺编注,朱杰勤校订:《中西交通史料汇编》,中华书局,2003年。
赵莉、荣新江主编:《龟兹石窟题记全三册》,中西书局,2020年。
赵莉:《龟兹石窟保护与研究国际学术研讨会论文集》,科学出版社,2015年。
中国社会科学院考古研究所编:《十世纪前的丝绸之路和东西文化交流》,新世纪出版社,1996年。
中国新疆文物考古研究所、日本佛教大学尼雅遗址学术研究机构编著:《丹丹乌里克遗址——中日共同考察研究报告》,文物出版社,2009年。
钟兴麒编:《西域地名考录》,国家图书馆出版社,2008年。
周连宽:《大唐西域记史地研究丛稿》,中华书局,1984年。
朱雷:《朱雷敦煌吐鲁番文书论丛》,上海古籍出版社,2012年。
朱玉麒、李肖主编:《坚固万岁人民喜——刘平国刻石与西域文明学术研讨会论文集》,凤凰出版社,2022年。

译著

[阿拉伯] 可布·赛叉德等著,穆根来等译:《中国印度见闻录》,中华书局,1983年。
[澳大利亚] 莫理循著,窦坤、海伦编译:《1910,莫理循中国西北行》,福建教育出版社,2008年。
[丹麦] 亨宁·哈士纶著,徐孝祥译:《蒙古的人和神》,新疆人民出版社,2013年。
[俄] A. H. 库罗帕特金著,中国社会科学院近代史研究所译:《喀什噶尔》,商务印书馆,1982年。
[俄] B. A. 李特文斯基主编,马小鹤译:《中亚文明史》第三卷《文明的交会:公元250年至750年》,中国对外翻译出版公司、联合国教科文组织,2003年。
[俄] 巴托尔德著,罗致平译:《中亚突厥史十二讲》,中国社会科学出版社,1984年。
[俄] 雅诺什·哈尔马塔主编,徐文堪、芮传明译:《中亚文明史》第二卷《定居文明与游牧文明的发展:公元前700年至公元250年》,中国对外翻译出版公司、联合国教科文组织,2002年。
[法] L. 布尔努瓦著,耿昇译:《丝绸之路》,中国藏学出版社,2016年。
[法] 贝凯整理,耿昇译:《柏朗嘉宾蒙古行记》,中华书局,1985年。
[法] 伯希和、列维著,冯承钧译:《吐火罗语考》,中华书局,2004年。
[法] 伯希和著,耿昇译:《伯希和西域探险记》,人民出版社,2011年。
[法] 戴密微著,耿升译:《吐蕃僧诤记》,中国藏学出版社,2013年。

［法］戈岱司编，耿昇译：《希腊拉丁作家远东古文献辑录》，中华书局，1987 年。
［法］韩百诗整理，柔克义译：《鲁布鲁克东行记》，中华书局，1985 年。
［法］沙畹著，冯承钧译：《西突厥史料》，中华书局，2004 年。
［芬兰］马达汉著，马大正、王家骥、许建英译：《百年前走进中国西部的芬兰探险家自述：马达汉新疆考察纪行》，新疆人民出版社，2008 年。
［芬兰］马达汉著，王家冀译，阿拉腾奥其尔校订：《马达汉西域考察日记 1906—1908》，中国民族摄影艺术出版社，2004 年。
［荷兰］许理和著，李四龙、裴勇等译：《佛教征服中国：佛教在中国中古早期的传播与适应》，江苏人民出版社，2017 年。
［美］劳费尔著，林筠因译：《中国伊朗编》，商务印书馆，2001 年。
［日］白鸟库吉著，王古鲁译：《塞外史地论文译丛》，山西人民出版社，2015 年。
［日］上原芳太郎编：《新西域记》，有光社，1936 年。
［日］松田寿男著，陈俊谋译：《古代天山历史地理学研究》，中央民族学院出版社，1987 年。
［日］羽田亨著，耿世民译：《西域文化史》，新疆人民出版社，1981 年。
［日］羽田亨著，耿世民译：《西域文明史概论（外一种）》，中华书局，2005 年。
［日］羽溪了谛著，贺昌群译：《西域之佛教》，商务印书馆，1999 年。
［日］长泽和俊著，钟美珠译：《丝绸之路史研究》，天津古籍出版社，1990 年。
［瑞典］斯文·赫定著，江红等译：《丝绸之路》，新疆人民出版社，2010 年。
［瑞典］斯文·赫定著，徐十周等译：《亚洲腹地探险八年》，新疆人民出版社，2010 年。
［亚美尼亚］乞利可思·刚扎克赛著，何高济译：《海屯行纪》，中华书局，1981 年。
［伊朗］阿里·玛扎海里著，耿昇译：《中国波斯文化交流史》，中华书局，1993 年。
［伊朗］火者·盖耶速丁著，何高济译：《沙哈鲁遣使中国记》，中华书局，1981 年。
［意］鄂多立克著，何高济译：《鄂多立克东游录》，中华书局，1981 年。
［英］斯坦因著，刘文锁译：《踏勘尼雅遗址》，广西师范大学出版社，2000 年。
［英］斯坦因著，刘文锁译：《重返和田绿洲》，广西师范大学出版社，2000 年。
［英］斯坦因著，巫新华译：《穿越塔克拉玛干》，广西师范大学出版社，2000 年。
［英］斯坦因著，肖小勇译：《路经楼兰》，广西师范大学出版社，2000 年。
［英］斯坦因著，赵燕译：《从罗布沙漠到敦煌》，广西师范大学出版社，2000 年。
［英］斯坦因著，中国社科院考古所译：《西域考古图记》，广西师范大学出版社，2000 年。

外文著作

A.von Le Coq, *Auf Hellas spuren in Ostturkistan*, Leipzig, 1926.

A.von Le Coq, *Bilderatlas zur Kunst und Kulturgeschichte Mittel-asiens*, Berlin, 1925.

A.Grünwedel, *Altbuddhistische Kultstätten in Chinesisch-turkistan*, Berlin, 1912.

M.Ed.Chavanne, *Dix Inscriptions Chinoises de l'Asie Centrale, d'après Estampages de M.Ch.-E. Bonin*, Paris, 1902, pp.1- 5.

É.Chavannes, *Les documents chinois découverts par Aurel Stein dans les sables du Turkestan Oriental*, Oxford: Imprimerie de l'Université, 1913.

Éric Trombert, avec la collaboration de Ikeda On et Zhang Guangda, *Les manuscrits chinois de Koutcha*, Paris: Institut des Hautes Études Chinoises du Collège de France.

Henri Maspero, *Les documents chinois de la troisiéme expédition de Sir Aurel Stein en Asie Centrale*. London: British Museum, 1953.

Prods Oktor Skjærvø, *Khotanese Manuscripts from Chinese Turkestan in the British Library, A Complete Catalogue with Texts and Translations*, The British Library, 2002.

M.Malzahn, ed., *Instrumenta Tocharica*, Heidelberg: Carl Winter Universitätsverlag, 2007.

M.A.Stein, *Innermost Asia, Detailed Report of Explorations in Central Asia, Kan-su, and Eastern Īrān*, Oxford at the Clarendon Press, 1928.

A.Mongait, *Archaeology in the U.S.S.R.*, Foreign Languages Publishing House, Moscow, 1959.

Christopher I. Beckwith, *The Tibetan Empire in Central Asia: A History of the Struggle for Great Power among Tibetans, Turks, Arabs, and Chinese during the Early Middle Ages*. Princeton, New Jersey: Princeton University Press,1993.

Членова Н. Л., *Об оленных камнях Монголии и Сибири. Монгольский археологический сборник*, Москва, 1962.

Грязнов М. П., *Аржан — царский курган ранне-скифского времени*, Ленинград, 1980.

Kubarev, Кубарев В. Д., *Древние изваяния Алтая (оленные камни)*, Новосибирск, 1979.

Khudyakov, Худяков Ю. С., *Хэрэксуры и оленные камни, Археология, этнография и антропология Монголии*, Новосибирск, 1987.

Савинов, Д. Г., *Оленные камни в культуре кочевников Евразии*, Санкт-Петербург, 1994.

Волков В. В., *Оленные камни Монголии*, Улан-Батор, 1981.

白鳥庫吉:《西域史研究》,岩波書店,1971 年。

曾布川寛編:《世界美術大全集·東洋編》第 15 卷《中央アジア》,小学館。

大英博物館監修、上野アキ翻訳:《西域美術》第 3 卷《染織·雕塑·壁畫》,京都:株式会社講談社,昭和五十七年。

島崎昌:《西域交通史上の新道と伊吾道》,《東方學》第 12 輯,1956 年。

龙谷大学佛教文化研究所编:《大谷文书集成》,法藏馆,1984 年。

森安孝夫:《增補:ゥイゲルと吐蕃の北庭争奪战及びその后の西域情勢について》,流沙海西奖学会編《アジア文化史论丛》3,山川出版社,1979 年。

神户外国语大学外国学研究所:《内陆アジア言语の研究》,1986—1995。

香川默识编:《西域考古图谱》,国华社,大正四年。

论文

艾涛:《新疆阿克陶县克孜勒加依墓地考古新发现》,《西域研究》2013 年第 2 期。

毕波:《粟特人在焉耆》,《西域研究》2020 年第 1 期。

柴剑虹:《岑参边塞诗和唐代的中西交往》,《西北大学学报》(哲学社会科学版) 1984 年第 1 期。

陈国灿:《库车出土汉文文书与唐安西都护府史事》,《龟兹学研究》第 5 辑,2010 年。

陈国灿:《美国普林斯顿所藏几件吐鲁番出土文书跋》,《魏晋南北朝隋唐史资料》第 15 辑。

陈国灿:《唐安西都护府驻军研究》,《新疆师范大学学报》(哲学社会科学版) 2013 年第 3 期。

陈国灿:《唐安西四镇中"镇"的变化》,《西域研究》2008 年第 4 期。

陈国灿:《唐代的"神山路"与拨换城》,《龟兹学研究》第 2 辑,2007 年。

陈世良:《龟兹白姓和佛教东传》,《世界宗教研究》1984 年第 4 期。

陈世良:《龟兹都城研究》,《新疆社会科学》1989 年第 5 期。

陈世良:《唐柘厥关考》,《西域研究》2008 年第 3 期。

程喜霖:《从唐代过所文书所见通"西域"的中道》,《敦煌研究》1988 年第 1 期。

达吾力江·叶尔哈力克:《汉武边塞与西域屯田 —— 轮台、渠犁屯田考古发现初论》,《历史研究》2018 年第 6 期。
戴禾、张英莉：《中国丝绸的输出与西方的"野蚕丝"》，《西北史地》1986 年第 1 期。
党琳、张安福：《克亚克库都克烽燧所见唐代西域治理》，《史林》2021 年第 5 期。
董知珍、马巍：《吐蕃王朝时期吐蕃与西域的交通及驿站述考》，《社科纵横》2012 年第 3 期。
樊自立、张青青、徐海量：《塔克拉玛干沙漠中的古代交通路线》，《中国沙漠》2009 年第 5 期。
何强林：《绝域音书——悟空游记所见之安西北庭》，《唐史论丛》2021 年第 2 期。
侯灿：《论楼兰城的发展及其衰废》，《中国社会科学》1984 年第 2 期。
侯灿：《论楼兰城市的发展及其环境的变迁》，《新疆社会科学研究》1982 年第 7 期。
侯灿：《麻扎塔格古戍堡及其在丝绸之路上的重要位置》，《文物》1987 年第 3 期。
侯杨方：《玄奘帕米尔东归路线的复原——基于 GPS 和实地考察的研究》，《历史地理》第三十七辑，2018 年。
胡平生：《魏末晋初楼兰文书编年系联》，《西北民族研究》1991 年第 2 期。
黄盛璋：《于阗文〈使河西记〉的历史地理研究（续完）》，《敦煌学集刊》1987 年第 1 期。
黄盛璋：《于阗文〈使河西记〉的历史地理研究》，《敦煌学集刊》1986 年第 2 期。
黄文弼：《略述龟兹都城问题》，《文物》1962 年第 7、8 合刊。
季羡林：《丝绸之路与西行记》，《中国海洋大学学报》（社会科学版）2004 年第 6 期。
季羡林：《中国蚕丝输入印度问题的初步研究》，《历史研究》1955 年第 4 期。
贾应逸：《丝绸之路初探》，《新疆大学学报》1980 年第 4 期。
金峰：《清代新疆西路台站》（一、二），《新疆大学学报》1980 年第 1、2 期。
李并成：《塔里木盆地克里雅河下游古绿洲沙漠化考》，《中国边疆史地研究》2020 年第 4 期。
李并成：《新疆渭干河下游古绿洲沙漠化考》，《西域研究》2012 年第 2 期。
李健超：《丝绸之路中国境内沙漠路线的考察》，《西北大学学报》1991 年第 1 期。
李健超：《唐代凌山地理位置考辨》，《西北历史资料》1982 年第 1 期。
李明伟：《丝绸之路研究百年历史回顾》，《西北民族研究》2005 年第 2 期。
李行力、孙雪峰：《焉耆历史沿革考述》，《西域研究》1998 年第 3 期。
李吟屏：《对〈麻扎塔格古戍堡及其在丝绸之路上的重要位置〉一文的两点补正》，《文物》1988 年第 4 期。
李正宇：《敦煌大方盘城及仓城新考》，《敦煌研究》1991 年第 4 期。
李宗俊：《瓦罕走廊的战略地位及唐前期与大食等在西域南道的角逐》，《中国边疆史地研究》2019 年第 1 期。
林梅村、陈凌、王海城：《九姓回鹘可汗碑研究》，《欧亚学刊》第 1 辑，1999 年。
林梅村：《龟兹王城古迹考》，《西域研究》2015 年第 1 期。
林梅村：《考古学视野下的西域都护府今址研究》，《历史研究》2013 年第 6 期。
林梅村：《新疆和田出土汉文于阗文双语文书》，《考古学报》1993 年第 1 期。
林梅村：《中亚写本中的样磨与巴尔楚克》，《文史》第 36 辑，1992 年。
林志纯：《张骞凿空前的丝绸之路——论中西古典文明的早期关系》，《传统文化与现代化》1994 年第 6 期。
刘安志、陈国灿：《唐代安西都护府对龟兹的治理》，《历史研究》2006 年第 1 期。
刘安志：《唐代龟兹白寺城初考》，《敦煌集刊》2002 年第 1 期。
刘文锁：《葱岭古道考》，《欧亚学刊》（新 7 辑），2018 年。
刘子凡：《杰谢营田与水利》，《新疆大学学报》2012 年第 5 期。
刘子凡：《于阗镇守军与当地社会》，《西域研究》2014 年第 1 期。
楼劲：《汉唐的外事体制与丝路古道上的基本外交模式》，《敦煌学辑刊》1995 年第 1 期。

马大正：《新疆地方志与新疆乡土志稿》，《中国边疆史地研究》1989 年第 6 期。
马国荣：《唐代西域的军屯》，《新疆社会科学》1990 年第 2 期。
孟凡人：《简论唐代"热海道"上的凌山与勃达岭——别迭里达坂调查札记》，《历史地理》1991 年第 8 期。
宁强：《龟兹史前文明初探》，《敦煌学辑刊》2020 年第 1 期。
牛健哲：《2019—2020 年新疆维吾尔自治区库车市乌什吐尔遗址的新发现》，《文物天地》2020 年第 11 期。
潘志平：《清代新疆的交通和邮传》，《中国边疆史地研究》1996 年第 2 期。
裴成国：《论 5—8 世纪吐鲁番与焉耆的关系》，《新疆师范大学学报》2016 年第 3 期。
蒲宣伊、孟宪实：《从名岸战役看唐西州府兵》，《西域研究》2019 年第 2 期。
钱伯泉：《先秦时期的"丝绸之路"——〈穆天子传〉的研究》，《新疆社会科学》1982 年第 3 期。
荣新江：《西域粟特移民聚落补考》，《西域研究》2005 年第 2 期。
史国强、赵婧：《岑参赴安西路途考证》，《新疆大学学报》（哲学社会科学版）2017 年第 1 期。
苏北海：《唐代中亚热海道考》，《社会科学》1987 年第 3 期。
田海峰：《唐代于阗经略研究》，《唐史论丛》2020 年第 1 期。
王炳华：《"丝绸之路"新疆路段考古述略》，《新疆社会科学》1982 年第 3 期。
王炳华：《古代新疆塞人历史钩沉》，《新疆社会科学》1985 年第 1 期。
王炳华：《西汉以前新疆和中原地区历史关系考索》，《新疆大学学报》1984 年第 4 期。
王明哲：《伊犁河流域塞人文化初探》，《新疆社会科学》1985 年第 1 期。
王启明：《清代新疆冰岭道研究》，《中国历史地理论丛》2013 年第 1 期。
王启明：《清代新疆伊犁通乌什道——从达瓦齐逃遁路线谈起》，《西域研究》2015 年第 2 期。
王启明：《三通三绝：清朝使用"纳林道"研究》，《历史地理研究》2021 年第 3 期。
王小甫：《安史之乱后西域形势及唐军的坚守》，《敦煌研究》1990 年第 4 期。
王耀：《古代舆图所见达瓦齐南逃路线及伊犁通乌什道》，《故宫博物院院刊》2017 年第 3 期。
王永强、阿里甫江·尼亚孜：《新疆和静县巴仑台—伊尔根铁路沿线考古调查与发掘》，《西域研究》2015 年第 1 期。
王子今：《"北胡""西域"盐色与丝路交通地理》，《历史地理研究》2019 年第 1 期。
文欣：《于阗"六城"新考》，《西域文史》第 3 辑，2008 年。
文欣：《于阗国官号考》，《敦煌吐鲁番研究》第 11 卷，2008 年。
吴焯：《克孜尔石窟兴废与渭干河谷道交通》，《历史研究所学刊》第一集，2001 年。
吴昊、叶俊士、王思明：《从〈宋云行纪〉路线看中原与西域的交流——以鄯善、左末城、末城为例》，《中国农史》2018 年第 1 期。
吴勇：《龟兹故城考古发掘及收获》，《文物天地》2021 年第 7 期。
西北大学丝绸之路文化遗产与考古研究中心：《新疆库车市博其罕那佛寺遗址调查报告》，《西部考古》第 5 辑，2011 年。
向达：《西域见闻琐记》，《文物》1962 年第 7、8 合刊。
新疆维吾尔自治区文物普查办公室等：《阿克苏地区文物普查报告》，《新疆文物》1995 年第 4 期。
新疆文物考古研究所、法国科学研究中心 315 所中法克里雅河考古队：《新疆克里雅河流域考古调查概述》，《考古》1998 年第 12 期。
新疆文物考古研究所：《库车市龟兹故城遗址（2016 年度）考古发掘简报》，《新疆文物》2017 年第 2 期。

新疆文物考古研究所等：《新疆库车龟兹故城穷特音墩遗址 2017 年发掘简报》，《文物》2020 年第 8 期。
邢春林：《新疆渭干河西岸唐代烽燧遗址的调查与研究》，《龟兹学研究》第 5 辑，2010 年。
徐百成、程鸿运：《浅论唐代丝绸之路过天山路径》，《西北史地》1995 年第 4 期。
徐苹芳：《考古学上所见中国境内的丝绸之路》，《燕京学报》1995 年第 1 期。
薛宗正：《安西大都护府治所考 —— 兼论豆勒豆尔奥库尔古建筑群》，《史学集刊》2011 年第 3 期。
薛宗正：《郭昕主政安西史事钩沉》，《龟兹学研究》第 4 辑，2012 年。
闫雪梅：《赤岸守捉考》，《丝绸之路研究集刊》2020 年第 1 期。
闫雪梅：《龟兹都城探析》，《考古与文物》2021 年第 4 期。
杨铭、索南才让：《新疆米兰出土的一件古藏文告身考释》，《敦煌学辑刊》2012 年第 2 期。
杨铭：《唐代吐蕃与于阗的交通路线考》，《中国藏学》2012 年第 2 期。
杨铭：《唐代中西交通吐蕃 — 勃律道考》，《西域研究》2007 年第 2 期。
杨铭：《吐蕃简牍中所见的西域地名》，《新疆社会科学》1989 年第 1 期。
杨逸畴：《克里雅河地貌的形成与演化》，《干旱区地理》1990 年第 1 期。
殷晴：《古代新疆的南北交通及经济文化交流》，《新疆文物》1990 年第 4 期。
殷晴：《古代于阗的南北交通》，《历史研究》1992 年第 3 期。
殷晴：《古代于阗和吐蕃的交通及其友邻关系》，《民族研究》1994 年第 5 期。
殷晴：《汉代丝路南北道研究》，《新疆社会科学》2010 年第 1 期。
殷晴：《汉代于阗的崛起与兴盛》，《西域文史》第 7 辑，2012 年。
殷晴：《和田地区的环境演变与生态经济研究》，《新疆社会科学》1987 年第 3 期。
殷晴：《媲摩绿洲的历史命运 —— 新疆环境演变史的典型例证》，《新疆大学学报》2010 年第 3 期。
殷晴：《丝路重镇：唐宋之际的于阗坎城 —— 媲摩绿洲演变并六城问题辨析》，《新疆师范大学学报》（哲学社会科学版）2015 年第 2 期。
殷晴：《唐宋之际西域南道的复兴 —— 于阗玉石贸易的热潮》，《西域研究》2006 年第 1 期。
余太山：《楼兰、鄯善、精绝等的名义 —— 兼说玄奘自于阗东归路线》，《西域研究》2000 年第 2 期。
臧振：《"玉石之路"初探》，《人文杂志》1994 年第 2 期。
张安福、卞亚男：《安西都护府与唐代龟兹商贸的发展》，《中国农史》2014 年第 4 期。
张安福、田海峰：《城址遗存与汉代西域屯城布局》，《中国历史地理论丛》2015 年第 3 期。
张安福：《唐代丝绸之路中段西州与龟兹的商贸研究》，《中国农史》2016 年第 3 期。
张弛、朱竑：《"阿奢理贰伽蓝"地理方位与玄奘西行"跋禄迦"的交通路线》，《历史地理研究》2019 年第 2 期。
张峰、王涛等：《2.7-1.6KaBP 塔克拉玛干沙漠腹地克里雅河尾闾绿洲的变迁》，《中国科学》2011 年第 10 期。
张广达、荣新江：《和田、敦煌发现的中古于阗史料概述》，《新疆社会科学》1983 年第 4 期。
张平：《龟兹阿奢理贰伽蓝遗址新证》，《新疆文物》2005 年第 1 期。
张平：《龟兹考古中所见唐代重要驻屯史迹》，《唐史论丛》（第九辑），2007 年。
张平：《唐代龟兹军镇驻防史迹的调查与研究》，《龟兹学研究》第 5 辑，2010 年。
张晓虹：《2013 年帕米尔高原历史地理考察报告》，《历史地理》2014 年第 1 期。
张英莉、戴禾：《丝绸之路述论》，《思想战线》1984 年第 2 期。
张玉忠：《天山裕勒都斯河谷的古代墓葬》，《文博》1996 年第 4 期。
郑浩：《塔里木河流域水文化历史变迁》，《水利发展研究》2006 年第 4 期。
朱丽双：《唐代于阗的羁縻州与地理区划研究》，《中国史研究》2012 年第 2 期。

译文

［澳］恩默瑞克著，王欣译：《于阗文文献的历史重要性》，《新疆文物》1992 年译文专刊。
［德］茨默著，王丁译：《有关摩尼教开教回鹘的一件新史料》，《敦煌学辑刊》2009 年第 3 期。
［俄］卢湃沙著，毛铭译，武志鹏校：《从巴比伦主神到于阗毗沙门：一个波斯神谱中的异类》，《内蒙古大学艺术学院学报》2017 年第 3 期。
［美］施杰我著，文欣译：《于阗 —— 西域的一个早期佛教中心》，《西域文史》（第 1 辑），北京：科学出版社，2006 年。
［日］荒川正晴著，章莹译：《唐代于阗的"乌骆"—— 以 tagh 麻扎出土有关文书的分析为中心》，《西域研究》1995 年第 1 期。
［日］吉田丰撰，广中智之、荣新江译：《有关和田出土 8—9 世纪于阗语世俗文书的札记（一）》，《敦煌吐鲁番研究》第 11 卷，上海：上海古籍出版社，2008 年。
［日］吉田丰撰，荣新江、广中智之译：《有关和田出土 8—9 世纪于阗语世俗文书的札记（二）》，《西域文史》第 3 辑，北京：科学出版社，2008 年。
［日］吉田丰撰，田卫卫译：《有关和田出土 8—9 世纪于阗语世俗文书的札记（三）上》，《敦煌学辑刊》2012 年第 1 期。
［日］吉田丰撰，田卫卫译：《有关和田出土 8—9 世纪于阗语世俗文书的札记（三）中》，《敦煌学辑刊》2012 年第 2 期。
［日］吉田丰撰，田卫卫译，［日］西村阳子校：《有关和田出土 8—9 世纪于阗语世俗文书的札记（三）下》，《敦煌学辑刊》2012 年第 3 期。
［日］森安孝夫、吉田丰著，乔玉蕊、白玉冬译：《喀剌巴剌噶孙碑文汉文版的新校注与译注》，《丝绸之路考古》第 5 辑，北京：科学出版社，2021 年。
［日］森安孝夫著，劳江译：《吐蕃在中亚的活动》，王尧主编《国外藏学研究译文集》第一辑，拉萨：西藏人民出版社，1986 年。
［日］羽田亨：《唐光启元年写本沙州、伊州地志残卷考》，引自万斯年辑译《唐代文献丛考》，北京：商务印书馆，1957 年。
［日］长泽和俊著，李步嘉译：《拘弥国考》，《西北史地》1986 年第 2 期。

附 录 尼雅遗址棉桃碳十四数据
（BETA 实验室提供）

Beta Analytic Inc
4985 SW 74 Court
Miami, Florida 33155
Tel: 305-667-5167
Fax: 305-663-0964
info@betalabservices.com

Beta Analytic
TESTING LABORATORY

ISO/IEC 17025:2005-Accredited Testing Laboratory

REPORT OF RADIOCARBON DATING ANALYSES

Chi Zhang
South China Normal University (SCNU)

Report Date: April 08, 2019
Material Received: March 19, 2019

Laboratory Number	Sample Code Number	Conventional Radiocarbon Age (BP) or Percent Modern Carbon (pMC) & Stable Isotopes / Calendar Calibrated Results: 95.4 % Probability High Probability Density Range Method (HPD)
Beta - 521396	HMN2	1800 +/- 30 BP IRMS δ13C: -16.1 o/oo
	(79.0%) 130 - 260 cal AD	(1820 - 1690 cal BP)
	(16.4%) 279 - 326 cal AD	(1671 - 1624 cal BP)

Submitter Material: Plant
Pretreatment: (plant material) acid/alkali/acid
Analyzed Material: Plant material
Analysis Service: AMS-Standard delivery
Percent Modern Carbon: 79.93 +/- 0.30 pMC
Fraction Modern Carbon: 0.7993 +/- 0.0030
D14C: -200.75 +/- 2.98 o/oo
Δ14C: -207.39 +/- 2.98 o/oo (1950:2,019.00)
Measured Radiocarbon Age: (without d13C correction): 1650 +/- 30 BP
Calibration: BetaCal3.21: HPD method: INTCAL13

Results are ISO/IEC-17025:2005 accredited. No sub-contracting or student labor was used in the analyses. All work was done at Beta in 4 in-house NEC accelerator mass spectrometers and 4 Thermo IRMSs. The "Conventional Radiocarbon Age" was calculated using the Libby half-life (5568 years), is corrected for total isotopic fraction and was used for calendar calibration where applicable. The Age is rounded to the nearest 10 years and is reported as radiocarbon years before present (BP), "present" = AD 1950. Results greater than the modern reference are reported as percent modern carbon (pMC). The modern reference standard was 95% the 14C signature of NIST SRM-4990C (oxalic acid). Quoted errors are 1 sigma counting statistics. Calculated sigmas less than 30 BP on the Conventional Radiocarbon Age are conservatively rounded up to 30. d13C values are on the material itself (not the AMS d13C). d13C and d15N values are relative to VPDB-1. References for calendar calibrations are cited at the bottom of calibration graph pages.

BetaCal 3.21

Calibration of Radiocarbon Age to Calendar Years

(High Probability Density Range Method (HPD): INTCAL13)

(Variables: d13C = -16.1 o/oo)

Laboratory number Beta-521396

Conventional radiocarbon age 1800 ± 30 BP

95.4% probability

(79%)   130 - 260 cal AD   (1820 - 1690 cal BP)
(16.4%) 279 - 326 cal AD   (1671 - 1624 cal BP)

68.2% probability

(34.7%) 208 - 252 cal AD   (1742 - 1698 cal BP)
(33.5%) 140 - 196 cal AD   (1810 - 1754 cal BP)

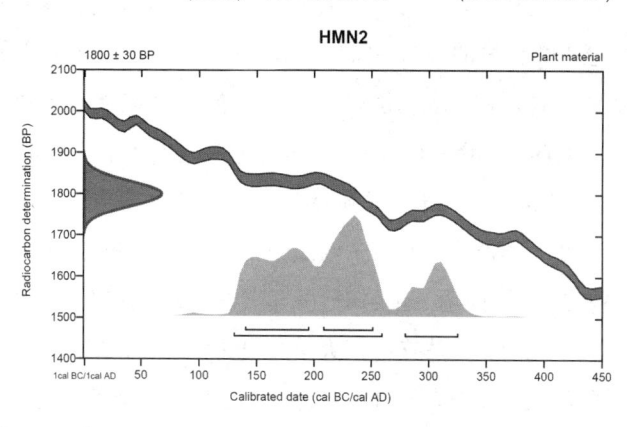

HMN2 — Plant material

Database used
INTCAL13

References
References to Probability Method
Bronk Ramsey, C. (2009). Bayesian analysis of radiocarbon dates. Radiocarbon, 51(1), 337-360.
References to Database INTCAL13
Reimer, et.al., 2013, Radiocarbon55(4).

Beta Analytic Radiocarbon Dating Laboratory
4985 S.W. 74th Court, Miami, Florida 33155 • Tel: (305)667-5167 • Fax: (305)663-0964 • Email: beta@radiocarbon.com

后 记

笔者自2011年参加工作以来，一直关注汉唐时期环塔里木盆地的古代交通状况。由于工作及学习的需要，也曾多次实地参与田野工作，因此积累了一些研究资料、调查日记与人类学访谈材料。特别是"新冠"疫情期间的各种艰辛，只有亲历者方能体会。

本书凝聚了中国博士后科学基金"汉唐时期塔里木盆地交通路线研究"与国家自然科学基金青年项目"汉唐时期环塔里木盆地文化地理研究"的相关成果。非常感谢中国博士后科学基金与国家自然科学基金委员会对本课题的资助。同时，本书的写作也得到诸多学界前辈、同行的大力支持，在此表示由衷的敬意。特别要感谢新疆维吾尔自治区博物馆、新疆文物考古研究所、和田地区博物馆等单位的慷慨相助。

在撰写过程中，离不开恩师的谆谆教诲！感谢中山大学的刘文锁教授、广州大学的朱竑教授，以及华南师范大学的陈立柱教授。此外，本书能够顺利出版，还要向商务印书馆编辑表示感谢。拙作得到华南师范大学社科处、华南师范大学历史文化学院、华南师范大学地理科学学院的大力支持，一并表示感谢。最后，感谢家人的鼓励与关怀，能让笔者安心学术，免于琐事的烦恼。

由于笔者才疏学浅，难免出现疏忽与纰漏，还望学界批评指正。

张弛

2022年9月25日夜

华南师范大学文科楼